नागार्जुन संवाद

नागार्जुन संवाद

विजय बहादुर सिंह

वाणी प्रकाशन

वाणी प्रकाशन
ज्ञान के विविध आयामों के प्रकाशक

वाणी प्रकाशन का 'लोगो' विख्यात चित्रकार मक़बूल फ़िदा हुसेन की कूची से

वाणी प्रकाशन, 4695, 21-ए, दरियागंज, नयी दिल्ली-110002
वाणी प्रकाशन, अशोक राजपथ (पटना कॉलेज के सामने), पटना (बिहार)

NAGARJUN SAMVAD

by Vijay Bahadur Singh

Diary/Interview

ISBN : 978-93-5000-142-4

प्रथम (वाणी) संस्करण

मूल्य : 250/-

वाणी प्रकाशन
फोन : 0091#11#23273167, 23275710
फैक्स : 0091#11#23275710
वेबसाइट : www.vaniprakashan.in
ई-मेल : vaniprakashan@gmail.com
vani_prakashan@yahoo.com

आर.टेक ऑफसेट प्रिंटर्स द्वारा दिल्ली-110095 में मुद्रित

सविता
और
नीलकांत
के
लिए

आ नो नावा मतीनां यातं पाराय गन्तवे।
युञ्जाथा मश्विना रथम् ॥9॥
ऋग्वेद अष्ट. 1/अ.3/ब.34/मं.7/48

हे मनुष्यो!
आओ
आपस में मिल कर
इस प्रकार के यानों को रचें,
जिनसे देश-देशान्तर में
हमारा आना-जाना बने।

आभार

पिछले चौबीस-पचीस सालों से नागार्जुन जैसे रचनाकार और चिंतक पर कुछ न कुछ लिखते-पढ़ते रहने की मेरी कोशिश अब आदत में बदल चुकी है। यह पुस्तक उसी कोशिश और आदत का एक और उदाहरण है। 1967 के दिसम्बर से अब तक कई-कई तरह से कई-कई बार हमारा-उनका मिलना-जुलना होता रहा है। इस कालखण्ड के बीच विश्व-राजनीति, राष्ट्रीय जीवन की उथल-पुथल, विचारधाराओं के संघर्ष, उत्थान-पतन, धर्म, संस्कृति और कला के क्षेत्र में होने वाले तीव्र अवधारणात्मक बदलाव, अपना चेहरा बदलता हुआ चतुर सामन्तवर्ग, काइयाँ और घाघ पूंजीपति घराने, उपभोक्ता समाज में वर्गान्तरित होता मजदूर वर्ग, भारतीय राजनीति का निरन्तर भ्रष्ट और लोकविमुख होता जाता चरित्र, सत्ता की होड़ और घटिया दाँव-पेंच, सुविधाजीवी, समझौतापरस्त, अवसरवादी मध्यवर्ग, दिन-प्रतिदिन अपनी विश्वसनीयता खोता बुद्धिजीवी समुदाय, उसकी बौद्धिक अय्याशी और मानसिक गुलामी, संस्कृति के नाम पर नव अभिजात वर्गों की हृदयहीन उपभोगवादिता और परजीवीपन, लोक विरोधी कलाकारी और साहित्यवाद, नये सिरे से सुसंगठित होता सामन्तवाद और मुनाफाखोर पूँजीवाद, गैर जिम्मेदार राजनेता, बिके हुए रीढ़हीन नौकरशाह, लोकतन्त्र के नाम पर समर्थ राजनीतिक दलों की तानाशाही और सर्वसत्तावाद, मजदूर और किसान वर्गों की रोज-रोज बढ़ती जीवन-यापन सम्बन्धी मुश्किलें, असंगठित लोक शक्तियाँ; पुरस्कारधर्मी, विडम्बनापूर्ण, प्रगतिशील लेखन यदि नागार्जुन जैसे लेखकों को परेशान करता रहा है, तो चुप्पी साधने, कतरा कर निकल जाने के बजाय उस पर मुँह खोलना उन्होंने कहीं अधिक नैतिक और जरूरी माना, भले ही मुँह से निकली वह बात खुद उनके ही खिलाफ क्यों न चली गई हो। मैंने इन बातों को जस का तस नोट कर यहाँ रख दिया है। ऐसा प्रायः हुआ है कि मैंने कोई जिज्ञासा की है और समाधान उसका महीनों या सालों बाद हो पाया है। इसके ठीक विपरीत कभी जो पूछा ही नहीं उसके बारे में अपने आप बहुत कुछ बता दिया गया है। शुरू-शुरू में सवाल-जवाब हुए, पर बाद में सिर्फ बातचीत होती रही। धीरे-धीरे यह क्रम ऐसी गति और निरन्तरता पकड़ता गया कि मुझे डायरी की शैली पर आ जाना पड़ा। एक पकी हुई प्रतिभा की परिणत प्रज्ञा को अपने देश-काल की चिंता और विचारणा के क्रम में,

उसके अपने ही समाज के लिए सार्थक और उपयोगी मान, मैंने उस सब को समेटने और तरतीब देने का प्रयास यहाँ किया, जिसमें उसका अगाध पारम्परिक ज्ञान, प्रखर ऐतिहासिक विवेक, सचेत लोकदृष्टि और क्रान्तिकारी जीवन-बोध, विवाद मुद्रा के साथ अपने समकालीनों से संवादरत हो सके। निश्चय ही इस प्रक्रिया में मेरी अपनी भागीदारी भी रही है। नागार्जुन जैसे तुनकमिजाज, मूडी 'नवदुर्वासा' के लिए, जैसी सहिष्णुता, विनय और जैसा धीरज जरूरी है, उसका भी अभ्यास करने में मुझे वक्त लगा और आज जब यह सध पाया तो लगता है बहुत देर हो चुकी है। फिर भी स्थिति बिल्कुल निराशापूर्ण और असन्तोषकारी तो नहीं ही कही जा सकती।

काफी कुछ नागार्जुन यहाँ हैं, जो कम से कम उन जैसों को समझने का एक और आधार अपने पाठकों को देंगे। एक प्रतिबद्ध किन्तु सचेत, चेतनाजीवी (बुद्धिजीवी नहीं) की, जीवन और समय के बारे में की गईं टिप्पणियाँ और तत्सम्बन्धी विलक्षण सोच को सामने लाने में जहाँ मैं अयोग्यता और अपात्रता का अनुभव करता रहा, वहाँ मेरी सहायता श्री कमलेश दत्त त्रिपाठी—भूतपूर्व संचालक, कालिदास अकादमी, उज्जैन, डॉ. राधावल्लभ त्रिपाठी (आचार्य एवम् विभागाध्यक्ष, संस्कृत, सागर विश्वविद्यालय) ने की है। कमलेश जी बाबा के प्रियजनों में से हैं। राधावल्लभ जी उनके स्नेहपात्र हैं। एकाध जगह डॉ. राममूर्ति त्रिपाठी और जहाँ-तहाँ श्यामाकांत, नरेन्द्र जैन, एकान्त श्रीवास्तव और सविता भी। इन सबका स्मरण यहाँ कदाचित् अनुचित न कहा जायेगा।

'बहुमत' (सम्पादक—विनोद मिश्र, भिलाई), 'सापेक्ष' (सम्पादक—महावीर अग्रवाल), 'नया विकल्प' (प्रथम सम्पादक—अरविन्द कुमार सिंह, कलकत्ता) और 'इसलिए' (सम्पादक—राजेश जोशी, भोपाल) ने इस बातचीत को समय-समय पर छापा है। इन सबके प्रति आभार। यद्यपि बहुत कुछ अछपित भी यहाँ है।

रामकृष्ण ग्रन्थालय के प्रकाशक और मेरे मित्र श्री हरिवंश नारायण सिलाकारी कवि श्री नागार्जुन के भी सुहृद हैं। यह पुस्तक उन्हीं के आग्रह पर तैयार हुई है। अतः इसकी सफलता-असफलता, नेकनीयती और बदनीयती यदि हो तो मेरी और उनकी भागीदारी बराबर की मानी जाए। इसे अधिक परिपूर्णता देने के विचार से कवि श्री नागार्जुन के कुछ पत्र भी यहाँ डाल दिए गए हैं। आशा है, पढ़ने वालों को यह प्रयास अरुचिकर नहीं लगेगा।

16 फरवरी, 1994 **—विजय बहादुर सिंह**

विदिशा, मध्यप्रदेश

दूसरे संस्करण के बारे में

1992-93 में इस पुस्तक की तैयारी की गयी थी। कविश्री नागार्जुन तब जीवित थे और उनका विदिशा-प्रवास यथावत जारी था अब 2009 में वे नहीं हैं। 5 नवम्बर 1998 को वे हमेशा के लिए चले गए। उनकी अनुपस्थिति में इस पुस्तक के स्वरूप में किंचित भी हेर-फेर मुझे उचित नहीं लगा। अतः इसे इसके मूलरूप में ही पाठकों तक पहुँचाया जा रहा है।

वाणी प्रकाशन के श्री अरुण माहेश्वरी इसके लिए धन्यवाद के पात्र हैं।

–विजय बहादुर सिंह

29, निराला नगर
दुष्यन्त कुमार मार्ग,
भोपाल-462003

अनुक्रम

नागार्जुन : एक यात्री अविराम

बिहार के दरभंगा जिले का लोक विख्यात मधुबनी अंचल। इसी अंचल का तरउनी गाँव। गोकुल मिसिर के घर पैदा हुए ठक्कन मिसिर। कई-कई सन्तानों को गँवा देने वाले माँ-बाप ने दैवी-दान समझ बेटे का नाम रखा—वैद्यनाथ।

दरिद्र ब्राह्मण परिवार का खरचा-पानी चले, इस कारण पढ़ाई शुरू हुई संस्कृत में। पर ठक्कन यानी वैद्यनाथ मिसिर की मेधा ऐसी तीव्र कि सत्यनारायण व्रत कथा की पोथी और गरुड़ पुराण को पार कर आगे ही आगे निकलती गई। फिर तो दरिद्र बाप की समझ में आना ही था कि पत्नी उमादेवी के गर्भ से ठक्कन नहीं, सरस्वती पुत्र ही पैदा हुआ है। विद्या-वारिधों की नगरी काशी जाने से वैद्यनाथ को तब रोके भी तो कौन।

काशी जाकर प्राचीन भारतीय वाङ्मय की जो सारस्वत-यात्रा शुरू हुई तो आजीविका की तलाश में कलकत्ता, हैदराबाद, (सिन्ध प्रदेश) फिर गुजरात आदि अनेक विद्या-अंचलों को पीछे छोड़ती, श्रीलंका के मठवासी बौद्ध भिक्षुओं के बीच जा पहुँची। वहीं भिक्षुओं के आचार्य वैद्यनाथ, एक दिन गेरुआ चीवर पहन स्वयं बन बैठे भिक्षु नागार्जुन। पर कितने दिन? बिहार में किसान आन्दोलन चला 1934 में तो महापण्डित राहुल सांकृत्यायन और स्वामी सहजानन्द के आवाहन पर चीवर सहित उसमें कूद पड़े और गिरफ्तार होकर चले गए जेल। छूटे तो पिता गोकुल मिसिर ठीक दरवाजे पर खड़े मिले और शादीशुदा भगोड़े बेटे को धर दबोचा। आखिर अपराजिता देवी यानी कि श्रीमती वैद्यनाथ मिश्र यानी श्रीमती नागार्जुन और कितने दिन इन्तजार करती बैठतीं। फिर गोकुल मिसिर के इसी इकलौते बेटे से ही वे वंश चलना था न? तो नागार्जुन बने गृहस्थ। मानसिकता फिर भी परिव्राजक की-सी बनी रही। गृहस्थी भी अपराजिता जी की मेहरबानी से चलती रही और परिव्रजन का स्वभाव भी बना रहा, नागार्जुन यानी 'यात्री जी' का।

काशी में पढ़ते हुए वैद्यनाथ संस्कृत और हिन्दी में छन्द रचने लगे थे। पर उनका छन्द फँसा हुआ था रजनी-सजनी में या फिर स्तुतिपरकता में। सचेत हुए

तो ऐसे ही आया बलचनमा, पत्रहीन नग्न गाछ, रतिनाथ की चाची, बाबा बटेसरनाथ, वरुण के बेटे, बुढ़वर विलाप, सतरंगे पंखों वाली, प्यासी पथरायी आँखें। ठक्कन मिसिर की प्रज्ञा इतनी बमकी कि बस। उठी तो इस तरह खड़ी हुई कि देखने वाले भी रह गए दंग। और कवि नागार्जुन को मुस्करा-मुस्करा कर कहना पड़ा—'ऐसे भी हम क्या...ऐसे भी तुम क्या...?'

अब आप पूछें कि नागार्जुन माने क्या? हिन्दी और मैथिली के कवि, कथाकार? बस! यही घिसा-पिटा औपचारिक परिचय हुआ राहुल और निराला के इस वंशज का? कालिदास के रसिक और प्राचीन संस्कृत वाङ्मय के अधीत पण्डित और मर्मज्ञ का? नहीं! नहीं !! नहीं!!!

वह जो भारत की मुक्तिकामी जन बिरादरी का पहरेदार है। तुच्छ जनों का 'अ'तुच्छ हिन्दी कवि। जितना ठेठ मैथिल, उतना ही ठेठ हिन्दवी, जितना दरभंगिया, उतना ही कलकतिया। जितना बनारसी-इलाहाबादी, उतना ही भेलसाई (विदिशा का मध्यकालीन एक नाम)। जितना मैदानी, उतना ही पठारी। जितना ग्रामांचलीय, उतना ही उपनगरीय।

महानगरीय कुम्भीपाकों का रजिस्टर्ड बाशिन्दा, गंवई पगडण्डियों की चन्दनवर्णी धूल का गायक, एडवांस ग्रामीणता भी जिसे देखे तो हँसे बिना न रह सके, किन्तु सुपर क्लास शहरी इंटलेक्चुअल भी सामने पड़ते रह जाय भौचक्का।

सरलता ऐसी कि बच्चा भी सट कर बतिया ले और गूढ़ता ऐसी कि बड़े-बड़े पण्डित भी खौफ खा जाएँ। प्रखरता ऐसी कि रौब-दाब वाली कथित प्रवर बौद्धिकता भी पानी भरे।

और रूप! वाह! जैसे कि शबर समाज का सदस्य हो। वेश जैसे नगर पालिका के चुंगी नाके का रिटायर्ड नाकेदार। फिर भी ठाठ देखें तो लगे जैसे खैनी तम्बाकू का कोई बूढ़ा व्यापारी। गले में पुरबिया गमछा। धड़ पर कुरता या कोट। कमर में पतलून या पैजामा और दाढ़ी बिल्कुल ऋषियों जैसी।

हँसे तो कत्थई मटमैले दाँतों के साथ मसूड़े भी मुसकी मारें। खीझे तो भौंहों और नथुनों से बरसे कोप। ठेंपी खुले तो खुली ही रह जाए। बन्द रहे तो गूंगापन भी झख मारे।

कुछ-कुछ अष्टावक्री तेवर!
बहुत कुछ दुर्वासाई अन्दाज!!

ऐसी सतेज जीवन्त उपस्थिति कि गांधी के भक्त-जन तो चौंकते ही रहें, मार्क्स और लेनिन के चेले भी चिढ़ते चले जाएँ।

और तो और, यहाँ तो नागार्जुन को भी औघड़ नागार्जुन का डर बना ही रहे है। कभी-कभी तो वह फन खोल अपने को ही डँसने को तैयार मिले। यानी कि नागार्जुन भी नागार्जुन के लिए कोई खुदा नहीं। लेकिन खुदा भी अगर गलती

करे तो? तो क्या नागार्जुन चुप बैठ जाएगा और उसके डेविएशन और पक्षपात पर कुछ न कहेगा। कभी मान न लेना आप, नहीं तो पकड़ने में चूक हो जाएगी इस आदमी को। यह कोई और थोड़े ही है जिसने लिख मारा—

मुण्ड माल के लिए गरीबों पर निगाह है
धनपतियों के लिए दया की खुली राह है
पैरों के नीचे शंकर करुणावतार है
नंगी हो माँ, तुम पर पागलपन सवार है

यही जानता और बताता रहता है कि सबको दुरुस्त करने वालों को भी दुरुस्त करने वाले चाहिए। दूसरों का कान ऐंठो, पर अपना ऐंठने से चूके तो फिर सबका ऐंठना किस काम का? नागार्जुन को अपना कान ऐंठने में भी देर कहाँ लगती है। सुना नहीं आपने, नागार्जुन ने क्या लिखा खुद अपने ही खिलाफ—'अफ्ना तो पसीना छूट रहा था...घिग्घी बँध गई थी.../साँप सूँघ गया था.../फिर भी हुआ यही कि/उन सबने थूका मेरी तरफ मुँह करके वो हमें चेतावनी देने आए थे/वो हमें चेतावनी दे गए हैं।' यह जो नाग-अर्जुन है न? सुना कि नहीं आपने? देखा तो होगा कभी न कभी जरूर। अगर न देख सके हों तो लीजिए यह गवाही—

'साक्षी रहा तुम्हारे जैसा नौजवान, पोस्ट-ग्रेजुएट
मेरे इस डेविएशन का
नहीं, मैं झूठ कहता हूँ
मुकर जाऊँ शायद कभी...
तुम तो राजेश्वर, मुस्करा भर देना मेरी मिथ्या पर...
जी हाँ। वही जो—
दमा का सनातन मरीज
रात को थोड़ा सोने वाला
घुमक्कड़ी का शौकीन
मैं, यानी
अर्जुन नागा
उर्फ बैजनाथ मिसिर
उर्फ यात्री जी
साकिन मौजे तरउनी बड़की
थाना बहेड़ा
जिला दरभंगा
बिहार राज्य
होशो हवास
अपनी धर्म पत्नी

आदरणीया श्रीमती
अपराजिता देवी के
चन्द लफ्जों के मुताबिक
'हम तो आज तक
इन्हें समझ नहीं पाए'
हाँ
वही, वही, वही जो
'कोटि-कोटि
अन्नहीन, वस्त्रहीन जनों का प्रतिनिधि
नागार्जुन है न।'

हम कब कहते हैं जी! कि वह व्यक्ति नहीं है। व्यक्ति न होता तो इतना 'व्यक्त' कैसे होता? किन्तु किसी भी स्थिति में इकाई नहीं है वह। जातीय समूह-मन की दहाई और दहाई की सम्पूर्ण अभिव्यक्ति। बिल्कुल खांटी सौ टंच।

गल्प, गीत, प्रगीत, आख्यान, पुराख्यान का नवाख्यान। नवता भी रहे जहाँ चकपकाई। भावे सो रेखे, सोचे सो रचे। न वेद से डरे, न लोक से। हर स्थिति में अपने अनुभूत सच के लिए अडिग और निडर। एकदम अपराभूत। अपराजेय। जीवन के नंगे सच की पताका थामे। आडम्बरलिप्त अभिजात की मिथ्या पताकाओं को ललकारता, उन कथित महामहिमों की भी ऐसी-तैसी करता फिरे जिनके खिलाफ जाने-पहचाने गोष्ठीबाजों और नामी-गिरामी सारस्वत दिग्गजों की घिग्घी बँधी हुई हो। जी हाँ! बिल्कुल यही नागार्जुन यह मन्त्र-पाठ कर रहा है—'ओइम् महामहिम, महामहो, उल्लू के पट्ठे...'

जटिल समय के दिगन्तग्रासी चौराहे पर चौबीसों घण्टे खाँसता, खुनकता, बमकता, सनकता, अकड़ता, तनता, दोस्तों-दुश्मनों, खासों और कामनों को निरन्तर मांजता-धुनकता, रह-रह कर उनकी चोटों को सहलाता—'तुम से क्या झगड़ा है हमने तो रगड़ा है, इनको भी, उनको भी, तुम को भी।' आप विश्वास करें न करें, सच तो यही है।

हमारी स्वार्थ-लिप्सा, अवसरवाद, जातिवाद, वर्णवाद, सामाजिक कठमुल्लापन, धार्मिक पाखण्डवाद, घिनौनी राजनीतिक बदमाशियाँ, दोगलापन, बौद्धिक अय्याशी, हमारी जुतचटनी आदतें, संघर्ष-विरोधी जीवनशैली, लोक विमुख कलाकारी, अमूल-निर्मूल उच्छिन्न सोच और इतिहास विरोधी दृष्टि पर निरन्तर प्रहार करता। बार-बार जो पूछ रहा है हम से 'घिन तो नहीं आती, नागवार तो, नहीं लगती, जी तो नहीं कुढ़ता तुम्हारा? कुली-मजदूर हैं। बोझा ढोते हैं। खींचते हैं। धूल-धुआँ भाप से पड़ता है साबका। थके-माँदे जहाँ-तहाँ हो जाते हैं ढेर। किन्तु सपने में भी सुनते हैं धरती की धड़कन। आकर ट्राम के अन्दर पिछले डिब्बे में। बैठ गए

हैं इधर-उधर तुमसे सट कर। सच-सच बतलाओ, तुम्हें घिन तो नहीं आती है।' इन्हीं के लिए, इन्हीं की ओर से जो हमसे, तुमसे, सारी दुनिया से पूछ रहा है—

इनका मुक्तिपर्व कब होगा?
कब होगी इनकी दीवाली?

इसी विशाल आबादी के मुक्तिकामी सपनों में खोया, जो ठीक हमारी आँखों के आगे, धिन-धिन-धा-धमक-धमक करते, मेघ-मृदंगों को बजा-बजा कर चैतन्य महाप्रभु-सा नाच रहा है। जिसके होठों पर परमहंसी मुस्कान जब-तब ऐसे कि बस अभी देखते ही देखते सच हो उठेंगे उसके सपने, कोहरे को चीर कर निकल पड़ेगा सूरज, टूसों से भर जाएँगी भूरी नंगी टहनियाँ, खिलखिला कर हँस पड़ेगा कचनार, अमलतास के फूलों की लाली से हो जायेगा सब लाल-लाल। फिर 'हश्मतों' को इसकी मुक्तता पर हैरानी हो तो क्यों? यह तो एक संघर्षकारी जीवन-स्वप्न का एक क्रान्तिकारी जीवन-यथार्थ ही है न, जिसकी पीठ निरन्तर ठोकता चल रहा है—एक लोकमंगलकारी जीवन-दर्शन। उसी से पैदा हुई है यह उन्मुक्त प्रखर जीवन्त काव्य-सृष्टि अपनी समूची स्वाधीनता के साथ।

जी हाँ!!

कविता की बनी-बनाई लीकों पर चलना जानते हुए, जिसने कभी भी उन पर चलना मंजूर नहीं किया। काव्य-सिद्धों के बीच अपनी 'सिद्धता' साबित कर लेने पर भी जिसने हमेशा 'सिद्ध' और 'प्रतिष्ठित' कविताई को मुँह ही चिढ़ाया। जिसकी चकित कर देने वाली अनगढ़ता ने चिकनी-चुपड़ी तथाकथित सम्मोहक रमणीयता की कान्ति छीन ली। एक ऐसी जिन्दादिल सम्प्रेषणीयता जो कभी भी सिर्फ कविता की बपौती न बन पाएगी। एक ऐसा मनोरम काव्य-संगीत जो बार-बार हमें जीवन के विविध छन्दों और लयों की याद दिलाता चलेगा। जी बिल्कुल वही।

ऐसा युगान्तरकारी सृजन जो अनुभवों की निपट बेढबता लिए हुए इतिहास, समाज और सभ्यता की पारम्परिकता के बीच नये भावान्मेषों और कल्पमुद्राओं से भरपूर हो। हमारे राष्ट्रीय सपनों और उनसे जुड़े संकल्पों की याद दिलाता हमें उस दुर्दम, अपराजेय और जिजीविषु मानवता के बोध से सम्पन्न करता चले, जो संज्ञाशून्य कर देने वाली आपदाओं में भी अनाहत और संज्ञ बनी रहे। एक सप्राण क्रांतिकारी सनातनता, किन्तु परम्परावाद की परम्परा से सावधान। एक ऐसी परिनिष्ठित प्रज्ञा जो माने-जाने मेधा-धुरंधरों के बीच अपनी उस प्यारी धरती को सम्हालने और बचाने के सारस्वत उद्यम में लगी हुई हो, जिसे दुर्दान्त काल ने कीचड़ और दलदल में पटक कर दबोच रखा हो। समकालीन कविता का यह महावाराह उसे अपने 'काव्यार्थों' के थूथन में उठाए, उसका उद्धार कर रहा है। देख पा रहे हैं आप कि नहीं? देखिए जरा आँखें खोल कर। दिखेगा जरूर।

यदि यह काव्य-पुरुष अब भी हमारे साथ, हमारे बीच है, तो मानना पड़ेगा कि हमारी अपराजेय चेतना, हमारी दुर्दम स्वाधीनता, हमारा अविचल पुरुषार्थ और हमारा जातीय तेज सुरक्षित है। सुरक्षित है हमारा जीवन-विवेक और कलाबोध, वह विश्व-बिरादरी भी, जिसकी मंगलकामना में इस प्रतिभा का अक्षर-अक्षर जुटा हुआ है।

1993

लेखक को अपनी बौद्धिकता का रुख जनाभिमुख रखना चाहिए

बंगलादेश के मुक्ति संघर्ष के आखिरी दिनों में कवि श्री नागार्जुन मेरे अतिथि थे। बंगलादेश की मुक्ति की ऐतिहासिक घटना का समाचार उन्होंने यहीं सुना और इतने पुलकित हुए कि चैतन्य महाप्रभु की तरह दोनों हाथ उठा कर नाचने लगे। वे जाड़े के दिन थे और बाबा अपनी कुलही, बढ़ी हुई दाढ़ी, गेरुई लुंगी और खैरे रंग के कुरते में काफी छबीले लग रहे थे। मिथिला की मिट्टी, मालवा की आबो-हवा में बंगलादेश के मुक्ति समाचार पर इतनी मगन थी कि उसे पुलकित होकर नृत्य करने के अलावा और कुछ सूझ ही नहीं रहा था। उन दिनों उन्हें डॉ. लोहिया की वह भविष्यवाणी याद आ रही थी जिसमें बंगलादेश की नियति की राजनीतिक विवेचना की गई थी। बाबा नागार्जुन बारह दिन यहाँ रहे और रोज रेडियो की सुई को बंगलादेश से जोड़ते रहे। वहाँ की हरियाली, वहाँ की नदियाँ, लोकगीत—सब उनको याद आते रहे। एक दिन उन्होंने मुझसे कहा कि इस बार कलकत्ता से ढाका जरूर जाऊँगा। उन्हीं दिनों बाबा ने इंदिरा शतक भी लिखा, जो बाद में 'उत्तरार्ध' के कुछ अंकों में प्रकाशित हुआ। 'मन्त्र' कविता भी लिख ली गई थी तब तक, पर 'कल्पना' को भेजी नहीं गई थी। एक घरेलू गोष्ठी में उन्होंने वह कविता सुनाई थी और हिन्दुस्तान के 'चितकबरे विकास' को लेकर बेढब टिप्पणी भी कसी थी।

एक लेखक के नाते उनकी चिन्ता यह थी कि हमारे राजनेता जनता की ओर से बिलकुल उदासीन हैं और वे उसे झांसे पर झांसे देते चले जा रहे हैं। उसी सिलसिले में उन्होंने व्यापक जनान्दोलन का सपना देखना शुरू किया और कहा था कि भारतीय राजनीति में सही बुद्धिजीवी के लिए अब बहुत कम गुंजाइश है। या तो वह जाति या गोत्र का सुरमा लगा कर चुनाव लड़ ले या फिर जातिवाद का विरोध करता हुआ राजनीति से निरन्तर बाहर रहे। इतना ही नहीं, उन्होंने बहुत साफ शब्दों में कहा था कि आज की राजनीति का मुख्य कार्य विष्टाशोधन है। आदर्श राजनेता को हर क्षण इस कार्य में लगे रहना चाहिए।

नागा बाबा की उन दिनों की मुखरता और उत्साह का लाभ मैंने व्यवस्थित बातचीत के जरिए लेना चाहा। इसके पहले कि उन्हें अपने सवालों की सीध में लाऊँ मैंने स्वयं भी उन पर एक प्रसन्न लेख तैयार कर लिया था और वे उसे एकाध पत्रिकाओं में भेजने की सलाह भी दे चुके थे। पर अपनी आदत के मुताबिक उस लेख को भी भेज नहीं सका और इस बातचीत को भी।

बाबा से बात करना जितना आसान है, उसी मूड में उसे जारी रखना उतना ही कठिन भी। वे विचारों में बहते-बहते उबलने लगते हैं। उफनते हैं और कोई आश्चर्य की बात नहीं कि इसी बीच उनका बरसों पुराना साथी दमा न उठ खड़ा हो। फिर तो धनुष-बाण रख ही देना पड़ता है। इस टूट गए सूत्र को जोड़ने में काफी मशक्कत करनी पड़ती है। चाय, कॉफी, पकौड़े और न जाने कितनी पान-सुर्ती की दुकानों का चक्कर लगाना, लगवाना पड़ता है तब कहीं जाकर देवता थान पर आते हैं। यह बातचीत भी ऐसे वातावरण के बीच, कई दिनों में की गई थी। मुझे याद है, वह अक्सर चार बजे शाम का समय हुआ करता था और दोपहर की नींद से उठ कर चाय पीने के बाद बाबा टहलने लगते थे। मैं अपना सवाल, कलम, कागज और कुर्सी लेकर उनके सामने उठा-बैठी करता, उन्हें अपनी ओर मुखातिब करने के करतब किया करता था। आज उस घटना को बीते काफी समय हो गया है, तब भी यह बातचीत नागार्जुन के विचारों को समझने और उन्हें नये सिरे से जानने के काफी रास्ते खोलती है।

वि.ब.सिंह–बाबा, आपकी कविताओं में क्रम-विकास कैसे खोजा जाए...

नागार्जुन–गद्य में यह समस्या नहीं है। गद्य का मार्केट बहुत अच्छा है। कहानियों और निबन्धों के एक-एक संकलन हो सकते हैं। पर यह नहीं हो सका क्योंकि मैंने कुछ इसकी उपेक्षा की। कविताओं में बहुत कुछ ऐसा है जिसे संकलनों में नहीं लाया जा सका।

(खँखारना और लघुशंका जाना। लौट कर वाक्य पूरा करना)

–खासकर राजनीतिक रचनाएँ असंकलित रह गई हैं।

वि.ब.सिंह–आप कविता कब लिखते हैं?

नागार्जुन–कविताएँ जब गुस्सा आता है तब लिखता हूँ और तब बहुत मूड में होता हूँ।

वि.ब.सिंह–गुस्सा किस पर...

नागार्जुन–समाज या व्यवस्था पर। कविता का औसत साल में मुश्किल से पन्द्रह-बीस या पच्चीस तक ही हो पाता है।

वि.ब.सिंह–बाबा! आपकी कुछ कविताओं पर संस्कृत काव्य का प्रभाव बहुत है।

(वे थोड़े उत्तेजित हुए। स्वर कुछ तीखा और तेज हो गया)

नागार्जुन–रात-दिन जो अंग्रेजी पढ़ेगा उस पर कौन-सा प्रभाव पड़ेगा? मैं तो मूलतः संस्कृत का आदमी हूँ। वैसे अकाल वाली कविता पर विपन्न अंचल का असर है। मन्त्र वाली कविता विडम्बनाओं वाली परिस्थितियों की उपज है।

वि.–*(बातचीत को मोड़ देकर मैंने पूछा)* मुक्त छन्द के बारे में आपका क्या ख्याल है?

बा.–मुक्त छंद के कई स्तर और लेयर होते हैं और जिस व्यक्ति की संगीत में अभिरुचि है, उसके जो वाक्य खण्ड होंगे, वे गीत शैली में ढले-ढलाये अनजाने में भी निकलते रहते हैं। शमशेर में यही बात हम देखते हैं। परन्तु उनके तो मुक्त वाक्य खण्ड हैं। वे उर्दू नज़्मों और ग़ज़लों के टुकड़ों की छाया का आभास देते हैं क्योंकि उनका निकट से उन्हीं से परिचय रहा है। लयात्मकता की दृष्टि से मुक्तिबोध की पंक्तियाँ अक्सर ऊबड़-खाबड़ प्रतीत होती हैं। बचपन से ही पदों को गुनगुनाने की लत पड़ जाने पर किस प्रकार गीत शैली अभिव्यक्त होती चलती है इसका उदाहरण हमें जानकी वल्लभ शास्त्री में मिलता है।

वि.–लयात्मकता के बारे में आपका क्या ख्याल है?

बा.–लयात्मकता हमारी परम्परा में गुंफित होकर उतरती है तो ज्यादा पहचान में आती है। कल्पना कीजिए, कोई तरुण कवि जो कॉनवेन्ट में बरसों गुजार कर कॉलेज की देहरी पर आया है और महानगर के उच्च मध्य तरुण सर्कल में आता-जाता है, उसकी अभिव्यक्ति पर रॉक एण्ड रॉल, जॉज या पॉप शैली का प्रभाव अनायास देखा जा सकता है।

वि.–तो क्या कवि की समूची शैली का निर्धारण वातावरण करता है?

बा.–वातावरण...? *(चुप्पी)*

पिछले बीस-पच्चीस वर्षों में फिल्मी गीतों का ढाँचा जिस क्रम में बदलता आया है, उससे सूर, तुलसी, मीरा के पद गायन का क्या लगाव रह गया है? फिल्म वाले तो कभी-कभी सीधे गद्य को भी गा देते हैं। एक गद्य पंक्ति को दो सौ संगीतकारों की पंक्ति जब गाती है, तब चमत्कार उत्पन्न हो जाता है। यह चमत्कार हमारे शास्त्रीय कलाकार भी करते हैं। यानी 'चलत राजकुमारी' को कम से कम बीस छन्दों में गा कर दिखा देते हैं।

वि.–बाबा! क्या प्रगतिशील या वाद नाम आपको अपने सन्दर्भ में पसन्द है?

बा.–कैसा भी विशेषण हो, कवि को सीमित कर देता है और कालक्रम में विशेषण झड़ते चलते हैं। फिर भी उसका शब्द-शिल्प, भावात्मक भास्वरता के चलते सही कवि को कवि बनाए रखता है। अर्थात् लगातार साठ वर्षों तक नाना प्रकार के विशेषणों से अलंकृत रहने पर भी अस्सी की आयु वाला वृद्ध कवि, महाकाल की निर्मम छँटनी के बाद कवि के रूप में यदि शेष रह जाए तो यह उसकी बहुत बड़ी उपलब्धि होगी।

वि.–ऐसे में नितान्त सामयिक विषयों पर लिखी गई रचनाओं का क्या महत्त्व है?

बा.–नितान्त सामयिक कह कर जिन रचनाओं को हम छाँट देते हैं या हमारे मित्रों की दृष्टि में जो गौण होती हैं, हो सकता है ऐतिहासिक सन्दर्भ में आगे चल कर उनमें से कुछ रचनाएँ विशिष्ट मान कर ऊपर उठा दी जाएँ। उदाहरण के लिए भारतेन्दु की सामान्य पंक्ति "का सखि साजन, ना सखि पुलिस" को उनकी प्रगतिशीलता बताने के लिए 'कोट' किया जाता है। अर्थात् सौ वर्ष बाद बहुजन समाज का जीवन सुखमय हो जाने की स्थिति में हमारी निर्णायक स्थिति में हमारे वंशधरों की विवेचनाशक्ति एक और अभिनव वर्चस्विता से निर्देशित होगी। उस हालत में आज के तथाकथित बहुविज्ञापित कवि सम्भवतः पीछे छूट जाएँ। यह कसौटी नहीं है कि किन्हीं विशिष्ट कारणों से बड़े प्रकाशक जितने अनेकानेक संकलन आज धड़ल्ले से छाप रहे हैं और विश्वविद्यालयों के पाठ्यक्रमों में किन्हीं कारणों से, जिन्हें इन दिनों अपनाया जा रहा है, सौ वर्ष बाद भी उतने ही भाग्यशाली रहेंगे?

वि.–आपके इस सोचने का कोई आधार भी है?

बा.–बिल्कुल स्पष्ट है और सब जगह होता है। एक उदाहरण नज़ीर अकबरबादी का हमारे सामने है। कुछ दिनों पहले तक उर्दू शायरी में उनका कोई विशेष स्थान नहीं था। परन्तु अब उनकी कविताओं के संकलन कई स्थानों से प्रकाशित हो रहे हैं।

वि.–किसी कवि को उभारने वाले तत्व स्वयं कवि में होते हैं या बाहर?

बा.–प्रत्येक युग में चेतना सम्पन्न पीढ़ियों में से भी एक प्रखरतर विवेचक वर्ग उभरता रहता है। इसका श्रेय उसी को होता है।

वि.–हर युग में क्या कई प्रकार की समझ विद्यमान रहती है?

बा.–चाहे हम कितना ही कहें, शासक वर्ग से जुड़ा हुआ बौद्धिक वर्ग अपना एक दायरा बना कर चलता है। उस दायरे में समकालीन और दिवंगत प्रतिभाधर प्रवेश पाते चलते हैं।

वि.–शासक वर्ग से आपका क्या आशय है?

बा.–बहुजन समाज का पक्षधर जो शासक वर्ग है...वह।

प्रखरता, साफगोई और युग-दृष्टि के कारण मुक्तिबोध की उपेक्षा नहीं की जा सकेगी और कवि के रूप में 'कृष्णायन' के रचयिता की कोई स्थिति नहीं रहेगी। और फिर यह भी समकालीन विवेचक वर्ग–जो अध्यापक वर्ग में है–उसका काम है कि वह यह करे। एक कवि जब स्वयं अपने बारे में कुछ नहीं कहता तब वह दूसरे साथी कवि के बारे में क्या कहेगा। यह बीमारी तो प्रयोगवादियों में है कि वे एक-दूसरे के बारे में कहते हैं।

वि.–आदर्श कवि के बारे में आपकी क्या धारणा है?

बा.–एक अच्छे कवि की अपेक्षा एक अच्छे नागरिक को हम कहीं अधिक अच्छा और महत्त्वपूर्ण मानते हैं।

वि.–तब क्या आप अपने को कवि नहीं मानते?

बा.–*(सांस खींच कर, जोर देकर)*–भाई। कविता की हमने कभी परवाह नहीं की है और इस सवाल के पूछने के हम सही पात्र नहीं हैं। एक पंक्ति मेरे दिमाग में गूँजती रहती है–

फरिश्ते से इंसान बनना है बेहतर
मगर इसमें पड़ती है मुश्किल ज्यादह

वि.–इस मुश्किल को आपने कितना आसान कर लिया है?

बा.–हम तो ऐसे लोगों में से हैं–याने साधू का लबादा छोड़ने पर भी जो एक अच्छा पति नहीं बन सका, एक अच्छा पिता नहीं हो सका, वह भला अच्छा कवि और अच्छा नागरिक कैसे होगा? प्रत्येक प्रकार के बन्धन से छुटकारा पाने की कोशिश में, किसी प्रकार के दायित्व को न निभा पाने की निराशा में आहिस्ता-आहिस्ता औघड़ बन जाना ही मैं अपने लिए सहज मानता आया हूँ। मुझे इस बात की कभी परवाह नहीं रही कि मेरी तारीफ में किसी मित्र ने कुछ कहा है या नहीं? जन साधारण के बीच निर्बाध-निर्द्वन्द्व होकर विचरना ही मेरे लिए तुष्टि का, ताजगी और जीवन्तता का सबसे बड़ा आलम्बन रहा है।

वि.–फिर 'भस्मांकुर' आप कैसे लिख गए?

बा.–'भस्मांकुर' लिखना मेरी प्रकृति के अनुरूप नहीं है। पर अगर लिखना पड़े तो मैं लिख कर दिखा सकता हूँ, क्योंकि मेरी अध्ययन की परम्परा रही है। प्रकाशक के कई वर्षों के अनुरोध के बाद मैंने वह काम किया। अब मुझे लगता है कि स्वान्तः सुखाय मुझको अव्यावसायिक खण्ड काव्य लिखना चाहिए।

वि.–ऐसी क्या मजबूरी थी आपके साथ कि आपको यह कार्य करना पड़ा?

(वे क्षुब्ध हो गए, आवाज का स्तर ऊँचा हो गया। फर्श पर पाँवों की चहल-कदमी तेज हो गई। लगभग हकलाने-से लगे। लगा, जैसे कहीं और खो गए हों और सचमुच उनका उत्तर देने का मूड खत्म हो गया हो। पर नहीं वे मोर्चे पर डटे ही रहे। आवेश तीखा और गहरा हो गया था। लगता है, बहुत देर शायद यही सोचते रहे कि अगली बात कहें या नहीं। फिर स्वयं बोलने को आतुर हो गए।)

बा.–किसी भी साहित्यकार को अत्यन्त पुलकित नहीं होना चाहिए कि कोई प्रकाशक हमें छापेगा। प्रकाशक एक प्रकार का चिकवा होता है। चिकवा का काम होता है, हर बकरे के पुट्ठे और टाँगों को टटोल कर गोश्त का अन्दाज़ा लगाना और खरीदना। साहित्यकार की स्थिति इससे कुछ भिन्न नहीं होती। वह जब भी किसी प्रकाशक द्वारा छापा जाता है, तब उसे या प्रकाशक को मुगालते

में नहीं रहना चाहिए। घर-परिवार और समाज के अधिकांश लोग बकरियों की तरह होते हैं। जैसे बकरियाँ हर नये टूसे को टूंगती रहती हैं, लोग भी हर नई सम्भावना को खाने और पचाने का शौक करते हैं। प्रतिभा वाले काज़ी नजरूल इस्लाम का गूंगा हो जाना या निराला जी का विक्षिप्त हो जाना समझ में आता है। कोई भी संवेदनशील आदमी इन सामाजिक विडम्बनाओं के बीच कभी भी हो सकता है।

बाबा देर तक दाँत चियार कर हँसते रहे। जैसे उन्होंने कुछ कहा ही न हो। फिर भी उनके चेहरे पर अभिव्यक्ति का संतोष था। बुद्धिजीवी कहलाने वाले प्राणियों की अच्छी तरह पहचान रखने वाले औघड़ कवि ने समूची व्यवस्था को अहं की व्यवस्था करार देते हुए एक कविता सुनाई—

हजार फन फैलाए
बैठा है मार कर गुंजलक
अहं का शेषनाग
लेटा है मोह का नारायण
वो देखो नाभि
वो देखो संशय का शतदल
वो देखो स्वार्थ का चतुरानन
चाँप रही चरण-कमल लालसा-लक्ष्मी
लहराता है सात समुद्रों का एक
समुद्र
दूधिया झाग
दूधिया झाग...

(अब तक वे काफी थक चुके थे। दमा उठ ही जाता अगर कुछ देर और बोलते रहते। मैंने कागज-कलम एक किनारे सरका दिया। वे जाकर लेट गए। शाम के 4 बजे मैंने अपना हथियार फिर सम्हाला। वे ताड़ गए। मैं सवाल करता, इसके पहले ही बोलने लगे)—"इधर मैंने एक शैली अपनाई, जो मुझे बहुत तिक्त कहना रहता है, उसे छन्दों में डाल कर कहता हूँ—बरवै, दोहा, बच्चन, दिनकर के गीत और मुक्तछंद तथा आख्यानक प्रगीत व मुक्तछन्द सब में लिखता हूँ। कहीं-कहीं प्रोजाइक भी हो गया हूँ। विचार प्रेरित कविताएँ लिखने से ऐसा हो ही जाता है। मैंने लोकगीतों की अनुभूति भी अपनी कविताओं में ढाली है। असल में लेखक को अपनी बौद्धिकता का रुख जनाभिमुख रखना चाहिए।"

(मैंने उनके 'जनाभिमुख' शब्द को पकड़ा और अगला सवाल उसी के बारे में रख दिया। उनके चेहरे पर एक अपूर्व तेजस्विता आ गई। ऐसा लगा, जैसे वे इसी सवाल के इंतजार में थे।)

"कैसी भी बात हो उसे हम इसी कसौटी पर कसेंगे जो बहुजन समाज की तात्कालिक आवश्यकताओं को पूरा करने की दिशा में हो। रूस में लेनिन के पहले ऐसे लेखक हुए थे जिनसे जारशाही काँपती थी और उन्हें साइबेरिया भेज देती थी। अपने यहाँ रजनीश बहुत बिकते हैं पर उनकी बौद्धिकता जनाभिमुख नहीं है। हमारा मन वहाँ भटक जाता है। सुनते हैं, वहाँ कार वाले ही इकट्ठा होते हैं। रजनीश मजदूरों में जाकर क्यों नहीं बोलते? क्या कारण है कि पैसे वाला वर्ग ही बटुर-बटुर कर उनके आस-पास इकट्ठा होता है। बड़े वर्ग वाले इसी प्रखरता के कारण निराला को बदनाम करते थे। उनके विरुद्ध पैसे वालों और पौराणिकों का एक मोर्चा था। निराला जी के भक्तों का वर्ग रजनीश के भक्तों का नहीं है। रजनीश में सुगन्धित आडम्बर है। इसके विपरीत सामान्य जनता के लिए ही जो संगठन है, हम उसी को आशीर्वाद देंगे। यहाँ के बौद्धिक अपने को देवता मानने के रोग से ग्रस्त होते हैं। सार्त्र वगैरह ने भी तो रूढ़ियाँ तोड़ी हैं। दूसरे, वहाँ की सामाजिकता यह नहीं है कि आप क्या खाते हैं, बल्कि आप किसके साथ खड़े हैं और क्या बोलते हैं। सार्त्र ने विद्यार्थियों का साथ दिया।

वि.–अपने यहाँ ऐसा कोई नहीं है?

बा.–चर्वित चर्वण वाली पुस्तकें आ रही हैं। इसका एक कारण होता है। अपने यहाँ का जो बौद्धिक वर्ग है, वह जातिवादी कुसंस्कारों से लदा होता है। फल यह कि जो अस्सी प्रतिशत श्रमिक वर्ग होता है, वह उसके पैरों के नीचे छूट जाता है।

वि.–लोहिया के बारे में आपका क्या ख्याल है?

बा.–बहुत अच्छा है। वह आदमी अगर बेईमान होता तो वह बहुत बड़ा न होता। उसकी कसौटी वही है। वह उसकी बौद्धिकता ही थी कि उसने कोई संगठन इस प्रकार का तैयार नहीं किया।

वि.–पर वे खुद को तो गाँधी की परम्परा में मानते थे?

बा.–गाँधी परम्परा कई टुकड़ों में बँट गई है। मठी, परम्पराबद्ध और कुजात। लोहिया बिगड़े हुए, कुजात गाँधीवादी थे और वही अपने को कहते थे। कार वाले छिप-छिप कर उससे मिलना चाहते थे, वह भगा देता था। *(बाबा रौ में बहते गए)*–और एक चमत्कार देखो, नया अभिजात्य और पुराना अभिजात्य दोनों मिल कर रहते हैं, क्योंकि पुरानों को ऐसों से कोई खतरा नहीं होता। रजनीश नये अभिजातवादी हैं। अपने यहाँ श्रमविमुख चिन्तनपूर्ण संस्कृति रही है। इसी आधार पर वे दोनों एक हो जाते हैं। इसी में से उनका पुरोधा निकल आता है। जैसे दूल्हा बनने के लिए आँखों में काजल लगाना पड़ता है, वैसे ही भारतीय अभिजात का प्रतिनिधि बनने के लिए ढोंग का सहारा लेना पड़ता है।

वि.–श्रमविमुख से आपका क्या तात्पर्य है?

बा.–कौन वर्ग श्रम करता है। आपने एक पूरा का पूरा वर्ग श्रम के लिए तय कर दिया है। वैसे तो सटोरिया अठारह घण्टे चिन्ता में रहता है, श्रम तो वह भी करता है। श्रम से हमारा मतलब था कि हमारे पूर्वजों ने श्रम करने के लिए छोटे-छोटे कटघरे कायम कर दिए। मोटी वास्तविकता पर आओ। सम्पूर्ण देश में भंगियों की संख्या क्या होगी? सबसे घृणित श्रम है, जिसे कोई करना नहीं चाहता। अपने यहाँ की सामाजिकता, सामन्तशाही और पुरोहिती शैली की संयुक्त सामाजिकता रही है और उसमें कोई फर्क नहीं आ रहा है। इतने दिनों में किसी ने इसको छुआ नहीं। केवल एक नेता रहा, वह था लोहिया। उसने ग्वालियर में एक मेहतरानी को खड़ा कर दिया रानी के खिलाफ। हरिजन, मुसलमान और औरत के लिए उसने जीवन भर संघर्ष किया। जानते हो, अभिजात-प्रधान चिन्तन, प्रमुखतः जो वर्णाश्रम का ढाँचा है, उसके कारण ही हजारों मुसलमान बन गए।

वि.–अपने यहाँ के बौद्धिकों की क्या भूमिका है?

बा.–प्रखर बौद्धिक जो होगा उसे भी दुम कटा कर किसी न किसी दल से लड़ना होगा। उसकी राजनीति इलेक्शनमुखी राजनीति होगी। इसलिए विरोधी दलों की भूमिका भी लद्धड़ भूमिका है। यानी पूँछ कटाइये और उनके साथ दस बार मॉस्को हो आइये। दस बार लन्दन हो आइये। अपने यहाँ तो सौ वर्ष पहले जो बौद्धिक हुए उनकी भूमिका देखिए और हम में जो हुए उनकी भूमिका देखिए।

वि.–क्या आपका मतलब राजा राम मोहन राय, दयानन्द और विवेकानन्द से है?

बा.–यह ठीक है कि वे बहुत व्रतबद्ध और संकल्पदीप्त लोग थे, उनके मन में रहा होगा कि मध्य वर्ग को ठीक कर लेंगे तो समूचा समाज ठीक हो जायेगा, क्योंकि यही 'जेनरेट' करता है। इस कसौटी पर गाँधी जी बिल्कुल अलग पड़ जाते हैं। यानी लन्दन का पढ़ा-लिखा बैरिस्टर लंगोटी लगा कर या घुटने तक धोती पहन कर देहातियों के साथ रहने लगता है। गांधी जी को बाद में पूँजीपतियों ने यूटीलाइज कर लिया। दरअसल हमारे यहाँ का निम्न वर्ग इतना कुचला हुआ है कि उसमें गोर्की नहीं पैदा हो सकता। दक्षिण भारत के राजनीतिक दलों के नेता पंचम वर्ग के हैं संजीवैया, कामराज, अन्नादुराई, करुणानिधि। अपने यहाँ एकाध को छोड़ कर और कौन है? उत्तर भारत में बहुजन समाज के हितों की बात करने वाला वामपंथ भी पंगु वामपंथ है। हमारे आचरण सोशलिज्म से इतनी दूर चले जा रहे हैं कि वह एक फैशन हो गया है। इमरजेंसी लगा रखी है पर मन्त्रियों ने अपने वेतन कम नहीं किए हैं। बिजली का खर्च कम नहीं किया। व्यक्तिगत पैमाने पर ठेकेदारी से पैसा बचा-बचा कर अपना बंगला बना लेने का कोई औचित्य नहीं। वेतन की, शिक्षा की, आवास की समानता सोशलिज्म है। इस दृष्टि से लगता है कि बहुत बड़ी उथल-पुथल अभी होनी है। समता और समाजवाद के

कारणों से कहीं अधिक इस बीच विषमता और असमाजवाद के कारण अधिक उभर आए हैं। भावनात्मक एकता केवल शब्दों से नहीं होती। उसके लिए आचरण जरूरी है। यह तो ऐसा ही है कि कोई कोढ़ी आदमी चन्दन लेप ले और घर से निकले।

बाबा काफी मानसिक तनाव में आ गए थे और उन्हें उत्तेजित करना मुझे इसके बाद सर्वथा अन्यायपूर्ण लग रहा था।

1971

नये अभिजात में खाली प्रदर्शन है, रसिकाई नहीं

मैंने पूछा—''क्या आप लायन्स क्लब[1] वालों के बीच काव्य-पाठ करना पसन्द करेंगे?'' सुनते ही उनका मूड उखड़ गया—"आप जबान तो नहीं दे आए हो? कौन होते हो आप बिना मुझसे पूछे मेरा प्रोग्राम तय करने वाले? ठेकेदारी करने के लिए मुझे यहाँ पकड़ के रखते हो?" *वे बौखला से उठे। मैं सकते में आ गया। कभी-कभी अपने प्रिय लोगों पर भी किस तरह बरसते हैं वे दुर्वासा की तरह।*

थोड़ी देर बाद उनका पारा उतर गया। वे भाँप गए कि कुछ ज्यादा ही डाँट पिला चुके हैं मुझे। मैं चुपचाप अपने कमरे में चला आया था। गर्दन मेरी ओर घुमा कर मुझे सुनाते हुए बिस्तर पर से ही कहा—"सुनिये। ये लायन्स क्लब में कौन-कौन लोग हैं? अब उनके बीच कविता पढ़ना कितना टार्चरिंग होता है, आप जानते हैं।"

उनके वाक्य के खत्म होते ही कहता हूँ—"लायन्स क्लब में भी कुछ तो अपने 'लोकायतन' ही वाले लोग ही हैं, गुलाबचन्द जी, शाह साहब (रतन शी) लड्ढाजी, नरेन्द्र ताम्रकार और नरसिंह दास गोयल।"

"तो ठीक है, मैं वहाँ एक घण्टे का काव्य-पाठ करूँगा और सौ रुपए लूँगा। आप कह दो। मैं कोई नौकरी नहीं करता। मेरी कविता सुनें तो उसका पारिश्रमिक भी चुकाएँ। लायन्स क्लब वालों के पास पैसे की क्या कमी है?" उन्होंने कहा।

उनका यह उत्तर मैंने क्लब के तत्कालीन सचिव नरेन्द्र ताम्रकार को भिजवा दिया कि यह शर्त है बाबा की। दूसरे दिन उनका संदेश आ गया—'इसी रविवार को दस बजे दिन में काव्य-पाठ है।'

मैंने लक्ष्य किया रविवार को अचानक बाबा सुबह से ही गम्भीर हो गए। कौन-सी कविताएँ पढ़ेंगे इसका चुनाव नहीं हो पा रहा है। वे मुझसे सलाह लेते हैं—

"वहाँ आपके मित्रों में तो शायद ही कोई रहे?"

"नहीं, कोई भी नहीं।"

"ये रघुनाथ सिंह, प्रेमशंकर रघुवंशी, पं. गंगाप्रसाद पाठक आदि कोई नहीं रहेगा?"

---

1. 1967 के दिसम्बर में गठित साहित्यिक संस्था जिसका उद्‌घाटन नागार्जुन ने ही किया था।

"सब वही लोग रहेंगे लायन्स क्लब वाले।" मैंने कहा।

"तब तो सब बहुत ठण्डा-ठण्डा रहेगा। लायन्स क्लब वाले बहुत कोल्ड होते हैं। इनकी हँसी भी नपी-तुली होती है।" उन्होंने टिप्पणी की।

मैंने कहा—"आप तो चार-पाँच कविताएँ सुना दें। इससे ज्यादा वे लोग भी क्या सुन पाएँगे। उनमें से ज्यादातर तो अपने सचिव के निमन्त्रण पर हाजिरी भर लगाने आएँगे।"

"...तो फिर यही ठीक रहेगा, आप मेरे पहले थोड़ा बोल-बाल देना। कुछ वक्त इसमें तो निकल ही जायेगा।" बाबा ने योजना-सी रखते हुए इच्छा जताई।

"हाँ! परिचय तो मुझे देना ही है। शहर का सवाल है। सब जानते-पहचानते हैं। एकदम से सबकी बात टालना ठीक न रहेगा।" मैंने कहा।

"तो देखिए! हमने ये छह कविताएँ छाँटी हैं—'बादल को घिरते देखा है', 'कालिदास' वाली, 'जयति नखरंजनी', 'तो फिर क्या हुआ', 'प्लीज एक्सक्यूज मी' और 'उन्मत्त प्रदर्शन'। ठीक रहेगा न?' यह जो अपने यहाँ अभिजात वर्ग है, उसकी पोल-पट्टी भी इन कविताओं में आ गई है। पुराने अभिजात में रसिकाई थी। नये अभिजात में रसिकाई के नाम पर खाली प्रदर्शन है। समझें चाहे कुछ नहीं पर मूड़ सबसे ज्यादा हिला-डुला कर बताएँगे कि वे ही समझ रहे हैं।"

मैंने महसूस किया कि बाबा को इस प्रोग्राम ने काफी डिस्टर्ब कर दिया भीतर ही भीतर। खुद को मैं अपराधी-सा महसूस करने लगा। पर गलती हो तो गई थी! काव्य-पाठ का समय हो गया है। दस बजने में अब केवल पन्द्रह मिनट रह गए। उन्होंने अपना झोला कन्धे पर टाँग लिया, डायरियाँ सहेज लीं। 'प्यासी पथराई आँखें' और 'सतरंगे पंखों वाली' की प्रतियाँ भी झोले में रख लीं। रास्ते में चलते हुए उन्होंने कहा—"ये जो लायन्स क्लब है न, शहर के पैसे वालों और जिले के बड़े-बड़े अधिकारियों का मिलन-मण्डप है। यहाँ दोनों का पाणिग्रहण बहुत आसानी से हो जाता है। इसीलिए उन बनियों की, जिनकी समाज सेवा में कोई दिलचस्पी नहीं होती, वे भी इसके सदस्य बन जाते हैं। कुछ नहीं तो टाई-सूट पहन कर जिले के बड़े अफसरों के साथ प्लेट लेकर खाना खाने का सुख तो मिल जाता है। अफसरों से जान-पहचान हो जाएगी तो कई-कई तरह से बिजनेस में भी लाभ होता रहेगा।" उन्होंने बात आगे बढ़ाई—"आप जानते हैं, समाज का यह सुरक्षित मेल-जोल एक और भ्रष्टाचार को जन्म देता है। जिन्हें निगरानी रखनी है, वे ही ऐसे मौकों पर लिहाज में निगाह मूँद लेते हैं। यही न लायन्स क्लब का रहस्य है।"

रास्ते भर मैं उन्हें सुनता रहा। उसमें कुछ जोड़ना या उसके समर्थन में टिप्पणी करना, उनके उखड़े हुए मूड को और खराब करना था। वे बीच रास्ते से भी लौट सकते थे।

हम पहुँचे तो मुश्किल से वहाँ पच्चीस-तीस 'लायन्स' रहे होंगे। परिचितों ने शिष्टाचार में हाथ जोड़े, मुस्करा कर उनका स्वागत किया। बाबा ने भी गम्भीर भाव से उनका शालीन प्रत्युत्तर दिया। सारे लॉयन अच्छे बच्चों की तरह चुपचाप अपनी-अपनी जगह बैठ गए। मुझे परिचय देने को कहा गया तो मैंने कहा—"नागार्जुन जनता के लेखक हैं। उसी का सुख-दुख, इनका सुख-दुख है। जनता के दुश्मन इनके दुश्मन और उसके दोस्त इनके दोस्त हैं। पर यह नहीं समझना चाहिए कि नागार्जुन नारेबाज कम्युनिस्ट और पार्टी के लेखक हैं। सन् 62 में इन्होंने ही चीन की क्रान्ति के महानायक माओ को अपनी गालियों से अलंकृत किया था। अन्तर्राष्ट्रीय सर्वहारावाद और भाई-चारे के विरोधी नहीं हैं, किन्तु इसका मतलब यह नहीं कि वे राष्ट्रीय स्वाधीनता और सम्प्रभुता के समर्थक नहीं हैं। उनके लिए राष्ट्रीयता सर्वोपरि है। ऐसी राष्ट्रीयता जो दूसरी राष्ट्रीयता के आड़े नहीं आती, बल्कि दूसरी राष्ट्रीयताओं के सुख-दुख में हिस्सा लेती है। उसमें भाग लेना अपना फर्ज समझती है।"

इसी के साथ मैंने उपस्थित श्रोताओं को यह भी सूचित किया कि नागार्जुन केवल खड़ी बोली के कवि और 'बलचनमा', 'बाबा बटेसरनाथ', 'वरुण के बेटे', 'दुखमोचन', 'कुम्भीपाक', 'जमनिया का बाबा' और 'उग्रतारा' जैसे उपन्यासों के लेखक भर नहीं हैं, वे मैथिली के 'पत्रहीन नग्नगाछ' की कविताओं के असाधारण सर्जक भी हैं। संस्कृत और बंगला में भी उनकी प्रतिभा का सृजन-व्यापार अहमियत रखता है। वे जितने आधुनिक हैं, उतने ही परम्परा प्रेमी भी। क्लासिक कविता उन्हें आज भी मोहित करती रहती है। किन्तु गरीब भारतीय समाज का दुःख-दर्द उन्हें अपने समय में बराबर सक्रिय और सचेत किए रहता है।

लायन्स क्लब के सदस्यों को यह बताना मैंने उस दिन जरूरी समझा कि नागार्जुन आधुनिक भारतीय कविता के असाधारण रचनाकार हैं। गाँव, कस्बा, नगर, महानगर और उपनगर का जीवन उनकी कविता में एक साथ देखा जा सकता है। भारतीय समाज की चरित्र-दुर्बलता, उसके पाखण्ड, अन्धविश्वास और रूढ़ियों के प्रति उनकी निगाह अत्यन्त पैनी है। वे समाज की अन्तर्निहित आस्था और अपराजेयता की अद्वितीयता से भी परिचित हैं। इतना कह कर मैंने अपना वक्तव्य समाप्त किया। यह भूमिका जरूरी थी या गैर जरूरी, पर उनके कविता पाठ को बूस्ट करने के लिए तो यह वक्तव्य उपयोगी ही साबित हुआ। क्लब के सचिव नरेन्द्र ताम्रकार ने सविनय उन्हें कविता पाठ के लिए आमंत्रित किया। बाबा उठे और बगैर किसी प्राक्कथन के अपनी कविता 'कालिदास' का पाठ करने लगे। इसके बाद उन्होंने 'बादल को घिरते देखा है' का पाठ किया। श्रोताओं में से एक-दो जरूर कुछ रिस्पॉन्स करते रहे, पर जब उन्होंने 'जयति नखरंजनी' का पाठ किया तो उन सबकी बाछें खिल गईं। अपने ही घरों की फैशनेबुल आधुनिकाओं के अश्लील और फूहड़ नागरिकता-बोध पर वे सब खूब हँसे। इसी के ठीक बाद

कवि नागार्जुन ने 'प्लीज एक्सक्यूज मी' कविता सुनानी शुरू की जिसकी कुछ पंक्तियाँ उपस्थित श्रोता-वर्गों के वर्ग-चरित्र को रेखांकित करती थीं...

"चाँदी के बापू...
गजदन्त के तथागत...
चन्दन के विनोबा...
ताँबे के लेनिन
उमग आई आस्था
झुका नहीं फिर भी मस्तक।"

अपने यहाँ अभिजात वर्गों के ड्राइंग रूमों में गाँधी, गौतम, विनोबा और लेनिन को लेकर भी एक वर्गदृष्टि अगर काम नहीं कर रही है तो फिर हाथी दाँत के गौतम बुद्ध और लेनिन ताँबे के क्यों हैं? नागार्जुन जैसे कवि ने आज उसी वर्ग के बीच अपनी कविता का पाठ किया और अपनी निगोड़ी जीभ को उसी तरह कोसा जैसे कविता में कोसा है–

और भला कहाँ हुआ था नसीब
उतना अच्छा आइसक्रीम
कदन्न-दग्ध इस निगोड़ी जीभ को?

इसके बाद उन्होंने शादी-विवाह के मौकों पर धनिकों के वैभव का 'उन्मत्त प्रदर्शन' चित्रित करने वाली कविता सुनाई। सब खामोशी से सुनते रहे। वे सब वहाँ अपनी जीवन-शैली पर पुनर्विचार करने तो नहीं आए थे। कविता उनके लिए अन्य चीजों की तरह एक और उपभोग सामग्री भर थी। इस बार उन्होंने यही सलूक जाने-अनजाने नागार्जुन के साथ भी किया। पर क्या नागार्जुन इस तथ्य से अनवगत थे? इसीलिए तो उन्होंने ऐसी कविताएँ चुनी थीं उनके लिए कि वे सब अपनी जीवन-शैली और सामाजिक व्यवहार पद्धति पर सोचते हुए घर लौटें।

नागार्जुन भी अपना झोला कन्धे पर टाँगे एक अपराधी की तरह घर लौटे। हम दोनों ने रास्ते भर एक-दूसरे से कुछ नहीं कहा-सुना। एक चुप्पी जरूर हमारा पीछा कर रही थी और हम उसे भगा पाने में असमर्थ थे।

1973

पार्टी की इनर सर्कल में आएगा तो मूलतः साहित्यकार नहीं रह सकता

तय कर लेने के बाद आप बातचीत कर ही लेंगे—नागार्जुन के सन्दर्भ में यह एकदम झूठ है। हो सकता है कभी आपके हाथ में कागज, कलम न हो और उनकी ठेंपी खुल जाए और वे आपको पकड़ कर खड़े हो जाएँ, कॉलरिज के उस नाविक की तरह जिसकी पकड़ इतनी मजबूत है कि आपको कहीं जाने की अपनी सारी आतुरता ही भूल जाए।

वे बिना भूमिका के शुरू होते हैं और बीच-बीच में मुद्दे से बाहर भी चले जाते हैं। मैंने उन्हें केवल कविता सुनाते हुए अत्यन्त ध्यानस्थ देखा है। उनके पास छोटी-छोटी डायरियाँ हैं, जेबी नोटबुक टाइप, जिनमें अपन धोबी का हिसाब लिखते हैं। नागार्जुन की कविताएँ लिखी रहती हैं उनमें। वे उनके झोले में नहीं, जेब में रहती हैं। कहते रहेंगे—मैं तुम्हें कुछ कविताएँ सुनाना चाहता हूँ, जब फुर्सत में रहोगे। और इस ताक में रहेंगे कि उन्हें और आपको कब फुर्सत मिलती है। जरूरी यह भी है कि वे तरोताजा हों। थकान के वक्त वे अक्सर चुप रहना पसन्द करते हैं। नहीं तो नाचते नजर आएँगे।

जो बातचीत मैं यहाँ प्रस्तुत कर रहा हूँ, वह महीने भर के टूटे-बिखरे और बार-बार जुड़े हुए सिलसिले की देन है। कुछ बातें दिल्ली के टैगोर पार्क वाले उस कमरे में हुईं जो उनका स्थायी निवास-सा बन गया है। अधिकांश बातें अपने घर पर हुईं जब महीने भर के लिए वे मेरे मेहमान थे। कई-कई बैठकों में की गई यह बातचीत कभी काफी सजग भाव से हुई है, तो कभी मना करते-करते मैंने चुपके-से टाँक लिया है। ऐसी भी चर्चा हुई जिसे रिकार्ड करने से मना किया गया, फिर भी मैंने उसे याद रखा और नोट किया। वे सारी चर्चाएँ अब आपके सामने हैं।

कवि नागार्जुन मेरे यहाँ 17 नवम्बर की शाम आए थे। 18 को उन्हें कालिदास समारोह वाले कवि सम्मेलन की अध्यक्षता करनी थी। इसके बाद उन्हें सात-आठ रोज का एकान्त चाहिए था, एक बाल उपन्यास (गरीबदास) पूरा करने

के लिए। तय हुआ कि 20 नवम्बर की शाम को साँची चल देंगे और बौद्ध धर्मशाला में अपना काम पूरा कर लेंगे। तब तक कोई बातचीत नहीं हो सकेगी। पर वे 25 को ही लौट आए, अधूरा काम लिए-दिए—'तीन दिन और लगेंगे—तब तक मैं तुम्हारे पास न रह कर रघुनाथसिंह के यहाँ रहूँगा। डिक्टेशन के वक्त शोभाकान्त मेरे साथ रहेंगे और रात में लौट आया करेंगे। मैं उपन्यास खत्म करके ही लौटूँगा' उन्होंने कहा।

26 की सुबह उठते ही मैंने पाया कि जाने के पहले वे कुछ कहना चाहते हैं। 25 को राजेन्द्र माथुर[1] (नई दुनिया) ने उन्हें कई मुद्दों पर कुरेदा था। भीतर ही भीतर वे बेचैन थे। चाय पीते-पीते उन्होंने पुकारा—"सुनते हो विजय बाबू! सी.पी.आई. वालों में कठमुल्लापन बढ़ रहा है। जनसंघी एक बार उदारता दिखा सकता है पर ये नहीं। और जब साँठ-गाँठ करनी होगी तो जनसंघी और काँग्रेसी सबके साथ कर लेंगे। कहेंगे—क्या हम तो घुसपैठ कर रहे हैं। और कहीं हम जनसंघियों के साथ बैठकर बातचीत करने लग जाएँ तो कहेंगे—अरे साहब, वो तो गुमराह हो गए हैं। वो तो हमेशा से कन्फ्यूज्ड रहे हैं। अभी इम्येच्योर (अपरिपक्व) हैं।...अब उन लोगों से कौन पूछने जाए कि आप विधानसभा में एक साथ गाँठ जोड़ कर जब प्रगतिशील बने रह सकते हैं तो बातचीत करने से हम ऐसे कैसे हो गए। हमें छूत लग जाएगी और उन्हें नहीं।..."

"आपको इसीलिए तो वे लोग टाट-बाहर किए रहते हैं"—मैंने कहा।

"पार्टी के इनर सर्किल में आएगा तो मूलतः साहित्यकार नहीं रह सकता। मैं तो 62 तक सी.पी.आई. का सदस्य रहा। यह और बात है कि मेरी सदस्यता हमेशा ढीले किस्म की रही। इसीलिए कोई रिकॉगनिशन भी नहीं रहा। **हिन्दी प्रदेशों के राजनेताओं को राजनीति के अलावा साहित्य-फाहित्य की परवाह नहीं है।** गान लेता हूँ साहब कि जनता के अगले फ्रंट पर लड़ते हुए आपके पास इतना समय नहीं है, लेकिन उतना तो हो जितना गोर्की के पास जाने के लिए लेनिन के पास था। लेनिन गोर्की के पास जाता था। अक्तूबर क्रान्ति के दिनों में गोर्की लेनिन के खिलाफ पर्चे निकालते थे। पर लेनिन को चिन्ता यह रहती थी कि गोर्की जाड़े में राशन-कपड़ा न मिलने पर ठिठुर कर मर न जाएँ। उसने गोर्की की हिफाजत के लिए एक आदमी रख दिया था। उतना दर्द तो हम हिन्दुस्तान के किसी राजनेता में नहीं पाते। जवाहरलाल नेहरू को तो हिन्दी वालों से कोई मतलब नहीं था। अब तो खैर अपना-अपना घर भरने वालों का मोर्चा बड़ा विशाल है।"

---

1. 25 नवम्बर 1979 को इन्दिरा गाँधी चुनावी दौरे में विदिशा आई थीं। उनके भाषण से निपटकर श्री राजेन्द्र माथुर (पत्रकार/सम्पादक) बाबा से मिलने घर आए थे।

"इसीलिए मैं आपको प्रचलित अर्थों में प्रगतिवादी नहीं कहता।"

"हाँ, यह ठीक भी है। आजकल तो मार्क्सवादी/जनवादी तमाम संज्ञाएँ हैं। मार्क्सवाद के भी इतने शेड्स हो गए हैं कि राष्ट्रीय, अन्तर्राष्ट्रीय मार्क्सवाद से लेकर चारु मजुमदार और चेग्वारा तक फैला हुआ है। अब आप किसे सही कहेंगे, किसे गलत? और इस बीच वे चतुर बौद्धिक भी हैं जो छलाँग मार कर विदेश चले जाते हैं। वे लोग भी हैं जिन्हें लाभ-लोभ की राजनीति आती है। मैं ऐसा मार्क्सवादी नहीं हूँ। **मेरे सन्दर्भ में राष्ट्रीय मार्क्सवाद शब्द ज्यादा सही होगा। भारत में ही क्यों, सम्पूर्ण दक्षिणी एशिया में मार्क्सवाद तभी फलदायी होगा जब वह राष्ट्रीयता से जुड़ेगा।**"

(अचानक उन्हें चीन आक्रमण का सन्दर्भ याद आया)

"अब देखो, सन् 62 में मैंने चीन के खिलाफ लिखा। मेरे लिए जरूरी नहीं था कि मैं पार्टी-महन्तों का मुँह ताकूँ। विडम्बना तो यह कि चीन को गाली छापने वाला सम्पादक चीन हो आया। अपने यहाँ ऐसे राष्ट्रवादियों की भी कमी नहीं है—गंगा गए गंगादास, जमुना गए जमुनादास। पर ईमानदार कवि यह नहीं कर सकता। उसे अपनी आवेगशीलता की इज्जत तो करनी ही होगी। और ऐसे में वह अथर्ववेद की अभिशाप शैली से पनघट की गालियों तक उतर सकता है।"

"आप जिसे राष्ट्रीय मार्क्सवाद कह रहे हैं जरा उसे समझाइए बाबा!"

"अन्तर्राष्ट्रीय साम्यवाद जब राष्ट्रीय हो लेगा तभी वह राष्ट्रीय मार्क्सवाद की संज्ञा पा सकेगा। मेरे लिए इसका मतलब स्थानीय समस्याओं और निकट के संघर्षों से जुड़ना है। बाहर-बाहर तो हम प्रगतिशील बने रहें और भीतर वही प्रतिक्रियावाद काम करता चले तो फिर कैसी राष्ट्रीयता और कैसी साम्यवादिता?

मैंने देखा, इधर के वामपंथी काफी असहिष्णु होते जा रहे हैं। वे लेखक को पार्टी की शर्तों पर पाना चाहते हैं, जबकि आजकल पार्टी खुद साल-छः महीने में अपने को बदल लेती है। उसे वे लोग बुरा नहीं कहते। तर्क यह देते हैं कि कई दिमागों के मिले-जुले निर्णय के तहत यह बदलाव आता है। पर उन्हें कौन बताए कि लेखक तो हजार दिमागों का प्रतिनिधि होता है। इस रूप में वह अगर पार्टी से हट जाए तो कोई हर्ज नहीं।

1917 की क्रान्ति में गोर्की खिलाफ थे, पर लेनिन ने उन्हें दुश्मन घोषित नहीं किया। अपने यहाँ स्थिति और है और यही कारण है कि रामविलास शर्मा जैसे घनघोर मार्क्सवादी निस्पृह—स्लीपिंग पार्टनर—हो गए हैं। सज्जाद जहीर जैसे लोग हैदराबाद के पार्टी कार्यकर्ता का हालचाल पूछने तो चले जाएँगे, पर आगरा नहीं।

62 में मैंने माओ त्से तुंग को घरेलू सम्बन्धों के चलते गाली दी, पर बापपन

से तो इनकार नहीं किया। बाप रण्डीबाज हो जाए तो क्या कहा जायेगा उसे। मैं स्थानीय घटनाओं से निर्लिप्त होकर मार्क्सवादी नहीं रहना चाहता।"

"मुझे लगता है इसीलिए डॉ. प्रभाकर माचवे जैसे मित्र आपको अराजकतावादी कहना पसन्द करते हैं।"

"माचवे उन रिटायर्ड बौद्धिकों में से हैं जिन्हें कुछ मामलों में अज्ञेय भी पसन्द करते हैं। कुछ में दादा धर्माधिकारी भी पसन्द करते हैं। अब स्थिति ऐसी बनती है कि...अराजक एक प्रकार से हल्का विशेषण है...समझ जाइए कि... उनकी बातों का मतलब क्या है। यानी इस आदमी पर ज्यादा ध्यान देने की जरूरत नहीं है। अगर कोई सोशलिस्ट हो जाए तो वह अपने को उससे अलग कर लेंगे। अज्ञेय ने सम्पूर्ण क्रान्ति के दिनों में 'एवरीमैन' के सम्पादन से अपने को अलग कर लिया और बाद में जे.पी. का दर्शन भी महीने-दो महीने में कर आते थे। यह लाभ उठाने वाली बात है। साहित्य में ऐसे लोग खुद को निर्दलीय-अदलीय मानते हैं, पर किसी दल से गहरे रूप में जुड़े रहते हैं। जैसे कोई राज्यपाल निर्दलीय हो तो बाद में कहे—मुझे भी पंक्ति में ले लो। या फिर किसी महाकुबेर के परिवार में उसकी रसाई हो जाती है। आचार शुद्धि के मामलों में ऐसे व्यक्तियों के प्रमाण-पत्र पर मैं ध्यान नहीं दूँगा।

(कुछ देर बाद गुस्सा शान्त करते हुए वे फिर भभक उठते हैं।)

"सूप कहे चलनी से तेरे बहत्तर छेद। हमें तो अपने इर्द-गिर्द के लोगों के रिमार्क का ज्यादा ख्याल रहता है। जिन पात्रों पर लिखता हूँ या लिखूँगा उनका ख्याल रहता है।"

"इसका मतलब तो यह कि आप किसी से सन्तुष्ट नहीं?"

हम तो इस प्रतीक्षा में हैं कि कोई ऐसी पार्टी निकले जो इन तमाम वामपंथियों से अलग हो और जिसका नेतृत्व शोषित वर्ग से उभरे।"

"क्या कर्पूरी ठाकुर और जगजीवन राम इस वर्ग के नहीं हैं?"

"नहीं भाई। गरीब ब्राह्मण भी हो सकता है। विधवा हो। जन्म से सिर्फ रविदास कुल का न हो। रैदास भी हो। ये जगजीवन राम हरिजनों के नेता बनते हैं। नेता तो अम्बेडकर थे। इनका चुतियापा लोग बर्दाश्त कैसे करते हैं (हम तो साहब साठ पार कर गए हैं गाली भी बक सकते हैं)"

"फिर आपकी प्रगतिशीलता कैसे पहचानी जाएगी?"

"प्रगतिशीलों को सबसे पहले जमीन से जुड़ना चाहिए। अब आप कहेंगे साहब कि बुड्ढा है। बकने दो। तो हम चाहें न चाहें बुढ़भस के शिकार तो हैं ही। तो हम कहते-सुनते कुछ कह भी जाएँगे और इसका भी ख्याल रखेंगे कि कोई ऐसी बात मुँह से न निकल जाए जो व्यक्तित्व पर बुरा असर डाले। बहुत सारी बातें ऐसी हैं जिन्हें हम सबके सामने नहीं कहते-करते। और कोई आ के

कहे—आइने के सामने हँसो। ऋषियों ने कहा है—हमारे जो आचरण अनाचरणीय हैं उनको मत देखो। बातचीत करते वक्त हम इसलिए बच्चों को भगा देते हैं। समाज में कुछ मर्यादा-बन्धन तो चाहिए ही जो कुल मिलाकर सामाजिक स्वास्थ्य के लिए लाभकारी होता है।

अब स्थिति यह है कि जिसे हम आशीर्वाद देते हैं, उसी में आगे चलकर कुछ धूर्त तत्व उभर आता है, तो मेरी वितृष्णा हो जाती है। पर जैसे हर प्रवाह में लाशें और सड़ी चीजें बहती रहती हैं और उन्हें छोड़ना पड़ता है, वैसे ही बहुत सारी बातें हैं। जैसे बूढ़ा पीपल नये पत्तों के लिए आग्रहशील हो तो यह गलत है।"

"आपकी बात से लगता है कि आप हिन्दू धर्म के काफी नजदीक जा रहे हैं।"

"हिन्दू धर्म को व्यापक पैमाने पर मैं जनधर्म मानता हूँ। पर उसमें से आप सामन्तशाही और ब्राह्मणशाही हटा दीजिए। तुलसीदास के प्रति हमारी आपत्ति सिर्फ यही है—'पूजित विप्र जदपि गुनहीना।' यह क्या मजबूरी है हमारी?"

"सामन्तशाही हटेगी कैसे?"

"यह बहुत बड़ी बीमारी है। वामपंथी पार्टियाँ भी इसकी शिकार हैं। सभी ऊँचे पदों पर ब्राह्मण बैठे हैं। या तो छोटे-छोटे टुकड़ों में कभी भारत बँटे और गृहयुद्ध में ये चीजें जल जाएँ। पर हम जानते हैं—हमारी कल्पना से जैसे आशीर्वाद सफल नहीं होते वैसे अभिशाप भी सफल नहीं होंगे। हमें तो वे घोषित कर देंगे साला पगला गया है। इन्हीं स्थितियों में प्रखर बौद्धिक कभी-कभी ऊब कर गूंगा हो जाता है।

अतिचातुर्य तब गुण है जब जनमुखी हो। अगर उसका गुण सिर्फ अपना स्वार्थसिद्ध करना है तो रोग है, जिसके उदाहरण हमारे बहुत सारे मित्र हैं।

अब देखिए नोबुल प्राइज रवीन्द्रनाथ को मिला। मुझसे कोई पूछे तो हम शरत बाबू को देंगे। साहित्यिक गुणों के कारण शरत का ही नाम पहुँचता है, रवि का नहीं। अगर उनके पास खानदान और ऊँची प्रचार सुविधा न होती तो वे क्या होते?"

"रवीन्द्रनाथ तो हमारे अमर साहित्यकार हैं?"

"अमरता बहुत बड़ा भ्रम है। सापेक्ष शब्द है। कालिदास के समय में उसी चोटी के कवि रहे होंगे। पर उन्हें सुविधा नहीं मिली होगी। इसी तरह शाश्वत शब्द भी भ्रम है।"

चाय ठण्डी हो चुकी थी। उनकी साँस तेज हो गई थी। चेहरे का तनाव बढ़ गया था। आगे की चर्चा स्वास्थ्यकर नहीं होगी यह सावधानी बरतनी ही थी। बाबा पलथिया कर तख्त पर बैठे थे। मैंने उनसे छुट्टी ली और वे अपना उपन्यास पूरा करने के लिए रघुनाथ सिंह के यहाँ जाने को तैयार हो गए। लौटे वे 28 नवम्बर की शाम जब हल्की फुहार पड़ रही थी। ठण्डक कुछ अधिक ही बढ़ गई थी। नींबू की चाय सामने रखते हुए मैंने छेड़ा—"बाबा, आपको अब कुछ कतिवाएँ भजन

शैली में भी लिखनी चाहिए। गीत तो आपने 'यूनिक' लिखे हैं।"

"हाँ। इसकी जरूरत तो है। रमेश रंजक वगैरह लिखते हैं तो प्रगतिशीलता का बघार जरा ज्यादा ही लगा देते हैं। सब गुड़-गोबर हो जाता है। जनता के मन की पहचान नहीं कर पाते। भजनों में तनाव कम करने की अद्भुत शक्ति है। सूर ने बच्चों के गीत बहुत लिखे। बेचारा बिन बेटे का था। अच्छा लगता रहा होगा उसे बच्चों का गीत लिख कर।"

भजन वाली बात पर बाबा को अपनी मालाएँ याद आने लगीं जो इन दिनों वे अपने पास रखने लगे थे और यहाँ भी एक खरीद कर लाए थे। बोले–

"तुम्हें एक मजेदार किस्सा सुनाएँ। मेरे पास पिछले दिनों दो-तीन मालाएँ थीं–तुलसी की, रुद्राक्ष की। दो-एक प्रगतिशीलों की निगाहों में यह बात आई तो कानों-कान प्रचार करने लगे कि बुड्ढा सठिया गया है। दूर-दूर तक के दोस्तों तक खबर पहुँची कि नागार्जुन के ये हाल हैं। माला जपने लगे हैं। मगर सामने कोई कुछ न कहे। मेरे एक देहरादूनी मित्र थे–ट्रेड यूनियन के लीडर। आए तो कहने लगे–'यह आपको बुढ़ौती में क्या हो गया है? क्या रिएक्शनरीपन है यह?' मैंने उनसे कहा– आप अपनी सिगरेट-विगरेट सुलगाइए फिर बताता हूँ। वे बोले–'नहीं साहब! पहले तो इस कमरे से बाहर चलिए।' मैंने कहा–देखिए, आपको एक गुर की बात बताता हूँ। माला से सिर्फ रामनाम का जाप ही नहीं होता। मन की गाड़ी ट्रेक पर रहे–इसके लिए यह हमारे पूर्वजों की बहुत बढ़िया ईजाद है। अब इस उमर में अगर आपका मन भागने लगे तो आप क्या करिएगा। सुनते हो विजय बाबू–मैंने उन्हें समझाया कि अगर जवानी के दिन याद आ जाएँ तो माला से बढ़िया क्या है? चुपचाप दो-चार बार नाम फेर लीजिए। दूसरे, मान लीजिए जुलूस निकला हो और आप इस बुढ़ौती में उसमें शामिल होने लायक न रहें तो कम से कम इसे लेकर बैठ जाइए और नारे दुहराते रहिए। आप को लगेगा आप जुलूस के साथ हैं। कोई जरूरी नहीं कि इस्तेमाल भी हम पूर्वजों की तरह करें। हम इस्तेमाल बदल देंगे। हमारे उन दोस्त को यह तरकीब काफी पसन्द आई। तुमने सुना होगा, नेहरू जी भी बुढ़ौती में माला रखने लगे थे। जवानी के बाद विद्यापति के जीवन में भी एक क्षण आया था जबकि उन्हें 'माधव हम परिनाम निरासा' जैसा पद लिखना पड़ा। आदमी खाली बाहर की सुख-सुविधा से संतुष्ट नहीं हो सकता। उसे भीतरी तौर पर भी शान्ति चाहिए। भीतर के सारे माहौल को नजरअन्दाज करके सिर्फ बाहर के भरोसे कोई संस्कृति कब तक जिन्दा रहेगी? रूस गए तो वहाँ हम लोगों को गिरजाघर ले जाया गया। मैंने देखा–चार-छः लाशें थीं जिनको दफनाने के पहले पादरी के द्वारा मन्त्र पढ़ा जाना था। कुछ नये तरुण जोड़े थे जो शादी के इन्तजार में थे कि पादरी निपटें तो विवाह की रस्म पूरी हो। यह वहाँ का जीवन है–जहाँ बाहर-भीतर का तालमेल है। यहाँ तो यह सब होने पर हम

घटिया किस्म के बुद्धिजीवी कहे जाते हैं।

"प्रगतिशील कवियों को देखो, वे कितने सिकुड़ते जा रहे हैं। अपने ही प्रतीकों को छोड़ रहे हैं। नेरूदा और चेग्वारा किस तरह अपने प्रतीकों का इस्तेमाल करते हैं। इसे न सीख कर ये लोग अपने प्रतीकों से नफरत करने लगे हैं और बात करते हैं जातीय इतिहास की। मैंने तो काली, दुर्गा, त्रिमूर्ति, पंचमूर्ति जैसे प्रतीकों का इस्तेमाल हमेशा किया है। सिन्दूर तिलकित भाल पर कविता लिखी है। अब कोई कहे कि मैं बिगड़ गया हूँ तो कहे। यह निर्णय करना लोगों का काम है कि मैं फेल हुआ या पास।

बौद्धिक क्षेत्रों में तो जबरदस्त गुलामी चल रही है। कौन कितना अपने को कठमुल्ला साबित कर सकता है। पराए साहित्य का जूठन लेकर कूड़ा परोस सकता है। प्रेम पर लिखना रिएक्शनरीपन मान लिया गया तो मैंने हिन्दी में न लिख कर बंगला में प्रेम कविता लिखी।"

"हिन्दी में आप अपने निकट किन-किन को पाते हैं?"

"रामविलास, केदार (अग्रवाल) और त्रिलोचन को। शमशेर से बन्धुता जरूर है और कभी-कभार उनकी रचनाओं को पढ़ भी लेते हैं, पर वैसी नहीं जैसी केदार या त्रिलोचन से।

गीतकारों में वीरेन्द्र मिश्र और नईम के गीत मुझे अच्छे लगते हैं। रमेश रंजक तो है ही। पर उसे अभी ऊँचा उठना है। शलभ श्रीराम सिंह को मैं शिल्प की दृष्टि से अच्छा मानता हूँ। उसे छन्दों की पकड़ है। उर्दू पर कमाण्ड है। पर उसे अपना हेड क्वार्टर कलकत्ता नहीं बनाना चाहिए। वहाँ से निकलना चाहिए। अभिमन्यु की तरह उसे हमेशा सात महारथियों से तो नहीं, क्षुद्र महारथियों से लड़ना पड़ता है।"

"भवानी भाई के बारे में आप क्या सोचते है।?"

"गाँधीवादी कवि वणिक केन्द्रित होने को बाध्य है। भवानी भाई इसके परम उदाहरण हैं। इसलिए राष्ट्रीय स्वयं सेवक संघ और बनियों–दोनों को प्रिय है। उनका मानवतावाद शोषण का उतना तीखा विरोध नहीं कर सकता। भवानी बाबू से मेरा अच्छा सम्पर्क था लेकिन बाद में नहीं रह सका। जैसे घर का कोई आदमी ताड़ी पीने लग जाए–तो उन्होंने हमको इस तरह घोषित किया। और हम से यह होता नहीं कि मन भी दहाड़ता रहे और मुस्कराते भी रहें। आलोचनात्मक रुख मन में हो और पूँछ लेकर पहुँच जाऊँ–नेता लोग करते हैं। हम से नहीं होता।"

"अपनी कविता के बारे में क्या आप सोचते हैं?"

"मेरी रचनाएँ भी ऐसी होती हैं जिन्हें आप विदग्ध जनों की कह सकते हैं। 'बादल को घिरते देखा है', 'कालिदास जैसी'। लेकिन शिक्षा का अनुपात कभी इतना नहीं होगा कि सब के सब कालिदास के 'मेघदूत' का आनन्द ले सकें।

इसलिए हमारे युग के कवि को मोटे मुद्दों को लेकर भी कविता लिखनी होगी। मेरे लिए भूख अभी तो स्थायी भाव है। जब तक है तब तक मुँह कैसे फेरा जा सकता है इस ओर से? अब अगर आप को जन सामान्य तक पहुँचना है तो कविता की स्थिति-रंजकता पर भी विचार करना होगा। मुगालता छोड़ना होगा कि आपकी हींग अच्छी, आपका हलवा अच्छा। मानता हूँ कि एक ही कलछी से सब नहीं चलाया जा सकता पर कुछ भावों को अगर जनता तक पहुँचाना है तो तुकों का, संगीत का, राग का सहारा लेना पड़ सकता है। भाषा की नाटकीयता भी हमारा साथ दे सकती है।

मराठी में देखिए अभंग को लोग कैसे गाते हैं। कानों से घुस जाता है। तुलसी ने रामलीला का आविष्कार किया। रवीन्द्र संगीत का बंगला में अलग दर्जा ही है।"

"इसका मतलब यह है कि आप कविता को आम जनता तक उतारने के लिए यह सब जरूरी समझते हैं। पर आम जनता भी कुछ कम गड़बड़झाले वाला शब्द नहीं है?"

"आम जनता से मेरा मतलब बौद्धिक स्तर पर दर्जा चार तक पढ़ी हुई जनता से है। आर्थिक स्तर पर जो दोनों जून की रोटी खा लेती हो उसके लिए किया गया कवि कर्म।"

"यानी कि फॉर्म की चौकसी भी जरूरी है?"

"हाँ। फॉर्म को मैं इनकार नहीं करता। वह एक जरूरी चीज है। स्वयं रचनाकार होने के नाते यह स्वीकार करना होगा कि तीव्र आवेग कभी-कभी मुक्त छन्द में जब आएगा तो हम उसे रोकेंगे नहीं। किन्तु छन्द, लय आदि बहुत जरूरी है। और उसे पकड़ने के लिए हमें जनता के बीच जाना पड़ेगा। मुहावरे, बिम्ब सब लेने होंगे वहाँ से।

पर इसका मतलब यह नहीं कि मैं प्राणहीन तुकबन्दी का समर्थन कर रहा हूँ। ऐसे नमूने हिन्दी कविता में बहुत हैं और ये उदाहरण मेरे लिए काफी यन्त्रणादायक होते हैं। तब भी मैं इस निर्णय पर हूँ कि फॉर्म की उपेक्षा नहीं होनी चाहिए। यह बात मेरी समझ में शुरू से ही आ गई थी। संस्कृत परम्परा में कालिदास ने पचासों छन्दों का इस्तेमाल किया।...मान लो आज मैं अन्धा हो जाऊँ तो पाठ्य काव्य का मुक्त छन्द मेरा साथ न देगा। मेरे लिए उस वक्त इकतारा लेकर भजन रचना और गाना ज्यादा सुलभ होगा। सन्तों ने एक इकतारा क्यों लिया? उनको लगा कि यह छन्द को और मजबूत करेगा। अगर हिप्पी कवि गिटार पर अपनी कविता चौराहे पर गा सकता है तो मैं क्यों नहीं? दिनकर, माखनलाल, सुभद्राकुमारी, नवीन क्यों जनता तक पहुँच सके? उनका छन्द ही उन्हें वहाँ तक पहुँचा सका। मुक्त छन्द की कविता भी अगर नाटकीय बातचीत से

सम्पन्न हो तो लोगों की जुबान पर चढ़ जाएगी। सुरेश उपाध्याय जैसे कवि क्यों घण्टों मंच पर सुने जाते हैं। उसका कारण उनका नाटकीय कथन है। उन्हें चाहें तो कथा-कथक कह सकते हैं। महाराष्ट्र में यह शैली खूब प्रचलित है। हिन्दी में लोग इसे अछूत माने बैठे हैं। एक तो वाचन (पाठ्य) के द्वारा ज्ञानार्जन की सुविधा जब से हुई तभी से रचना की मौलिकता, ताजगी और प्रखरता खत्म हो गई। **मौलिकता किताबी ज्ञान में निहित नहीं रहती। वह कवि के व्यापक जीवन अनुभव और उससे पैदा होने वाले साहस के भीतर से जन्म लेती है।**...विजेन्द्र लम्बी कविताएँ लिखते हैं। अगर वे नाटक लिखते तो जनता का ज्यादा कल्याण होता। सुमन का नाटकीय लहजा श्रोताओं को बाँध कर रखता है। इसलिए कविता में श्रोतृत्व होना उसकी जन व्याप्ति के लिए जरूरी है। मलयज जैसे कवि कविता पाठ के वक्त बोर क्यों करते हैं। उनका वाचन श्रोता को पकड़ नहीं पाता। तुलसीदास जैसे बड़े कवि ने जब रामलीला शुरू करवाई होगी तो सोचिए क्या प्लानिंग रही होगी। कविता के अनेक-अनेक स्तरों को अनेक-अनेक ढंगों से खोलने की जुगत थी यह। इसी योजना के तहत नवाह परायण का विधान आविष्कृत हुआ। उर्दू में मुशायरा होता है। बड़े से बड़ा और गम्भीर से गम्भीर शायर वहाँ जाकर अपने को उपकृत करता है। संस्कृत नाटकों में प्राकृत का प्रयोग क्यों किया गया—दूहा क्यों लिखे गए, जिससे आम जनता भी अपने लिए उसमें कुछ पा सके। प्राकृत उन दिनों जनभाषा थी।"

"क्या आप यह नहीं मानते कि कविता में कथ्य ही सबसे महत्वपूर्ण है और आप खुद इसके चरम उदाहरण हैं?"

"मैं मानता हूँ कि कविता में कथन महत्वपूर्ण है। पर कथन-पद्धति कम महत्वपूर्ण नहीं। इसीलिए हमने ज्यादातर छन्द ही चुना। बरवै छन्द में भस्मांकुर लिखा जो विछोह या शृंगार का प्यारा छन्द है। रहीम, तुलसी ने लिखा था इसमें। इधर खड़ी बोली में 'साकेत' में एक जगह छह पंक्तियाँ बरवै की आई हैं। मैंने बरवै को लेकर उसे तोड़ा—अमित्राक्षर बना दिया। जहाँ वर्णनात्मक अंश हैं, वहाँ भाषा संस्कृत निष्ठ हो गई है। किन्तु बातचीत के प्रसंगों को एकदम ठेठ चलती भाषा में लिखा है। चूँकि कथांश बहुत सूक्ष्म था इसलिए उसे फुलाना भी था। मैंने वह कार्य यहाँ किया। पर हमारे समकालीन बूढ़े कवि लोग इस मायने में काफी दयनीय हैं। उन्हें भय है कि छन्द की ओर जाएँगे तो नये छोकरे क्या कहेंगे।

(बाबा की ठेंपी खुल गई थी और वे बातों में बहने लग गए थे)

कलकत्ता के रिजर्व बैंक में जो सरकाऊ सीढ़ियाँ लगी हुई हैं, पास ही कुछ बच्चे बैठे रहते हैं। जब कोई बूढ़ा आदमी आता है तो उसे सहारा देकर ऊपरी मंजिल तक छोड़ आते हैं और बदले में कुछ सिक्के घोंट लेते हैं। मैंने उन्हें देखा और उन पर लिखा—

विद्युत अभिमन्त्रित हैं सरकाऊ
सीढ़ियाँ
चढ़ नहीं पा रहीं, उतर नहीं पा रहीं
पुरानी पीढ़ियाँ

मिर्जापुर में जब मैंने यह कविता सुनाई तो दो-तीन लोग उठ खड़े हुए। कहने लगे—आप सरासर गप्प मार रहे हैं। हमारा हिन्दी क्षेत्र इतना कूपमण्डूक है। साहित्यकार हो या पत्रकार, हमारे ये सारे लोग अल्प सूचित हैं। सरकार अगर उनकी आर्थिक सहायता नहीं कर सकती तो यही कर दे कि साल में एकाध बार उन्हें देश-दर्शन ही करवा दे। कम-से-कम उनकी कूपमण्डूकता तो खत्म होगी। दुर्भाग्य तो यह है कि हिन्दी क्षेत्र के पास कोई समुद्र का किनारा नहीं है।"

"बम्बई तो है। वहाँ तो कुछेक हिन्दी लेखक रहते भी हैं?"

"बम्बई में हमारी मानसिकता बम्बइया हो जाती है। हम अपने प्रति एलर्ट नहीं रह पाते। महीनों चाँद ही नहीं देखते। जब महीने में एक दिन खीर खाई जा सकती है तो चाँद क्यों नहीं जाकर देखा जा सकता। पर हमारी मण्डलियों को इसकी फुर्सत नहीं है। 'सूर पंचशती' पर लाखों खर्च करेंगे, पर हिन्दी की आम जनता पर, उसके ज्ञानवर्धन के लिए कुछ भी नहीं करेंगे। मजा तो देखो। समुद्र के किनारे होने पर भी बंगला और मराठी कविता भी इस मानसिकता से मुक्त नहीं है। सभी शंखधर्मी हैं। हाँ! बंगला में ईश्वर गुप्त, एंटनी फिरंगी जैसे कवि हुए जो आम भाषा में चार-चार पंक्तियों का 'छाड़ा' लिखते थे। पर यह तभी सम्भव है जबकि आपके मन में अपनी जनता के प्रति प्रेम और आदर हो। मैं तो अपने बंगाली युवक मित्रों से कहता हूँ—'आमा के ग्रामेर अंचले निये चलो।' पर वे खुद भी कहाँ जाते हैं।

बौद्धिकता की चाप कम करने के लिए जरूरी है कि हम ऐसा बार-बार करते रहें। किन्तु बंगाली कवि भी इससे बचता है। विष्णु दे बंगला के शमशेर हैं। बुद्ध देव बसु भी बौद्धिकता से ग्रस्त हैं। छद्म आधुनिकता को छाँटने का यही तरीका है कि हम छन्द की ओर लौटें। दुर्भाग्य है कि इप्टा[1] (Ipta) टूट गया। अपने यहाँ के अच्छे-अच्छे फॉर्म थे, वे हमसे छूट गए। छन्द में अपने को प्रकट करने में हमारी आधुनिकता को शर्म आती है। कला परिषदों वाले अगर छन्द वाली कविताओं का पाठ करायें तो क्या उनकी जात चली जाएगी। हाँ, यह खतरा तो है कि उनकी अपनी पहचान जरूर खत्म हो जाएगी।"

"आधुनिक हिन्दी कविताओं में वे कौन लोग हैं जिन्हें जनता अपना कवि कह कर मानेगी?"

"भारतेन्दु के बाद हिन्दी कविता को जनता के बीच खड़ी करने की कोशिश

1. जन नाट्य मंच।

मैंने की। अगले पचास बरसों बाद जब हिन्दी कविता की जीवन्तता के प्रमाण खोजे जायेंगे तो हमारी वे पंक्तियाँ उद्धृत की जाएँगी जो चलताऊ ढंग से आन्दोलनों को लक्ष्य करके लिखी गई हैं। तुलसीदास से मैंने बराबर फॉर्म के प्रति जागरूकता सीखी है और यह जैसे-तैसे नहीं आ जाता। कवि को अपनी सनक के बल पर कविता के साथ सलूक नहीं करना चाहिए। मैं तो हमेशा फॉर्म तलाशता रहता हूँ। पश्चिमी यू.पी. में जब रहता हूँ तो नौटंकी जरूर देखता हूँ। नौटंकी में अवधी, उर्दू और खड़ी बोली सब मिल-जुल कर प्रभाव पैदा करते हैं। इसलिए मेरी कविता में भी फॉर्म के धरातल पर आपको वैविध्य मिलेगा। मैं दूसरी ध्वनियों की ओर भी ध्यान लगाए रहता हूँ चाहे वे बंगला की ही क्यों न हों! काव्य और संगीत अगर एक-दूसरे की सहायता करें—आम जनता तक पहुँचने में—तो हर्ज क्या है। यह काम कवि का है कि वह अपने को सम्प्रेष्य बनाए। यह कैसे होगा—इसे सोचना हमारी जिम्मेदारी है। कवि के लिए हर समय ऐसी चुनौतियाँ मिलती ही रहती हैं। फ्रांस में लुई अरागो, पाल एल्युआर जैसे समृद्ध लेखक उस समय नाम बदल कर जन आन्दोलनों में कूद पड़े जब हिटलर ने फ्रांस को दखल कर लिया। उस समय ये बुद्धिजीवी जनता के बीच सारी आधुनिकता त्याग कर उनकी ही बोली में लिखने लग गए। और जन-जीवन की इस लय को पकड़ना आसान नहीं है। इसके लिए नदियों, तालाबों, पगडण्डियों, बगीचों तक आना-जाना पड़ता है। बेतवा[1] किनारे जाकर सिर्फ टहल आने से काम नहीं बनेगा। मोजा उतार कर पाँवों को लहरों में डुबाना होगा। फिर एकाध दिन तक किसी गीत की पंक्ति गुनगुनानी पड़ेगी। तब कहीं लय हाथ लग पाती है। 'थीम' तो खैर बहुत बाद में आ पाती है। पर जो चीज मँहगी है, उसे भी खरीदना पड़ता है, अगर उसकी जरूरत है तो। 'तीन दिन तीन रात' कविता लिखने के लिए मुझे तीन दिन उस माहौल में रहना पड़ा। लेकिन जब आपने तय कर लिया कि लोग समझें या न समझें, तब यह रूढ़ाग्रह बहुत दयनीय होता है। ऐसी कठिन कविताओं को सुनते हुए हमारे श्रोताओं का वही हाल होता है, जो पक्के संगीत वाले श्रोता का होता है।"

अचानक वे एक और रौ में बहने लगे—

"हिन्दी को लोकप्रिय बनाने में फिल्मी गीत बहुत सहायक हैं। हिन्दी विरोध वाले इलाकों के उन्हीं परिवारों में लड़के फिल्मी गीतों को दुहराते रहते हैं। पारसी थियेटर में—गुलबकावली वगैरह, नौटंकी वगैरह में, हिन्दी को गरिमा और ख्याति देने में, उसकी मौजूदा स्थिति भले सहायक हो पर भाषा वहाँ पण्डिताऊ हो गई है। बताइए! उर्दू क्या हिन्दी से इतनी अलग है, जितनी पण्डित लोग बताते हैं।

1. विदिशा से होकर बहने वाली इतिहास विख्यात नदी वेत्रवती जिसका उल्लेख करते हुए कालिदास ने मेघदूत में लिखा 'पयो वेत्र वत्याश्चलोर्मित्र'

मैं कहता हूँ आधुनिक हिन्दी के एम.ए. की क्लास में एक परचा अगर गालिब पर हो तो क्या हर्ज है। उर्दू की कथन भंगिमा से हिन्दी कोसों दूर चली गई है। हिन्दी के महन्त कवि–अज्ञेय टाइप के–इस तरह के शायरों से बहुत डरते हैं। और हिन्दी काव्य को सहज बनाने का मतलब तुकबन्दियों का अम्बार लगाना भी नहीं। यह भी सही है कि फिर से दिल्ली-लखनऊ वाली शायरी को वापस नहीं लाया जा सकता। पर निबन्ध के लिए हम रामविलास शर्मा की भाषा को आदर्श मानते हैं। सुनते हो विजय बाबू! पुरानी हिन्दी में अलग एम.ए. होना चाहिए। नई हिन्दी में अलग। इसी तरह कवि सम्मेलन अलग विधा है। उसके लिए अलग ट्रेनिंग की जरूरत है। आजकल बेरोजगार युवक मंच पर फूहड़ कविता पढ़ता है। एक वो कुंडलियों वाला कवि है *(उनका इशारा काका हाथरसी की ओर था)* जिसकी कविता भूसा है, पर लहराती दाढ़ी रख कर मंच पर उतरता है। दरबार में श्रीमंतों का मनोरंजन करने के लिए श्रव्य कविता की परम्परा रही है। आगे भी श्रव्य कविता की यह परम्परा खत्म नहीं होगी। अच्छे, गम्भीर कवियों को लेकर यह प्रयोग करना होगा। नगर के टाउन-हाल में सेलेक्टेड (चुने हुए) लोगों के बीच काव्य-पाठ। और पैसा कवि को उतना ही दिया जाए, जितना कवि सम्मेलन में कवियों को दिया जाता है। पर अब अगर मलयज जैसे लोग सामान्य कार्यक्रम में जाकर कविता सुनाएँ तो दो मिनट भी कोई नहीं बर्दाश्त करेगा। वहाँ सागर के हिन्दी विभाग में अच्छी श्रोता मण्डली है। काव्य-पाठ के दौरान श्रोताओं की आँखों में चमक रहती है। आज कविता की भाषा बौद्धिकता से आक्रान्त हो गई है। यह ठीक नहीं। मध्य प्रदेश में कुछ मुसलमान नौजवान कविता लिख रहे हैं। पढ़ भी रहे हैं। उनकी भाषा में जीवन्तता है।

(तभी उन्हें आचार्य महावीर प्रसाद द्विवेदी का ध्यान आया, कहने लगे।)

आचार्य द्विवेदी की सम्पादन भाषा संस्कृतनिष्ठ होती थी। कालिदास पर लिखते हुए कोई भी संस्कृतनिष्ठता की ओर जा सकता है *(सम्भवतः उनका इशारा स्वयं अपने प्रति भी रहा हो–'बादल को घिरते देखा है' या 'कालिदास' जैसी कविताओं में)* पर वही जब उत्तर प्रदेश के कृषि विभाग पर लिखते थे, बिल्कुल चुस्त थे। उनके शिष्य थे भाषा में, पत्रकारिता में, गणेश शंकर विद्यार्थी। साहित्य में श्रीराम शर्मा। किन्तु मार-मार कर किसी से संस्कृतनिष्ठ भाषा नहीं लिखवा सकते आप।

(फिर तो वे अपने ऊपर ही आ गए) अब मैं तो ढेर सारी जगहों आता-जाता हूँ। मेरी भाषा पण्डिताऊ हो कैसे सकती है। वह तो सीधे-सीधे लोगों से जुड़ी है। यह उस व्यक्ति पर निर्भर करता है कि वह कहाँ-कहाँ जाता है। जाता है तो ग्रहण भी करता है या नहीं। हम तो शुरू-शुरू में हैदराबाद (सिन्ध-अब पाकिस्तान) में प्रधानाध्यापक थे तो इस घूमने का मेरी भाषा पर असर हुआ। तुम देखोगे कि

मैथिल पण्डितों में सौ में नब्बे जनसंघी या भाजपाई होते हैं। पर मेरा यह हुआ कि 'बलचनमा' में मेरी भाषा शूद्र मैथिली है, कुलीन मैथिली नहीं। भाषा की दृष्टि से देहात का भूमिहीन परिवार जब शहर आता है, जिस तरह मैं अगर दिल्ली, इलाहाबाद, बनारस या कलकत्ता न रहता तो हमारी भाषा में यह लोच न आती, जो आज है।

शब्दों को गढ़ने की ताकत मुझे संस्कृत से प्राप्त हुई। संस्कृत में तो यह क्षमता अद्भुत है। पहले तो बाप पर गुस्सा आता था कि दारिद्र्य के चलते संस्कृत पढ़ा दी। पर बाद में लगा कि यह पढ़ना अच्छा ही रहा। विजय बाबू! मैट्रिक में एक परचा संस्कृत का होना ही चाहिए। अपभ्रंश भी जानना चाहिए। फिर लोक भाषाओं का तो हमारा ज्ञान पहले ही से था। तो यह कुल मिला कर अच्छा ही रहा।" *(तभी मैंने उनसे पूछा—क्या किसी भाषा को आप अपने लिए स्टैण्डर्ड भी मानते हैं तो उनका उत्तर था—)* "भाषा की तराश या बुनावट के लिए इलाहाबाद की भाषा को हम प्रमाण मानते हैं। घुमन्तू जीवन रहा तो जगह-जगह के मुहावरे भी ले लिए हैं। जो मजदूरों को सुनानी है, उसमें शब्दों की कसावट को ढीला कर दिया है। इधर बीस-पच्चीस साल की रचनाओं में कसावट ज्यादा आई है। प्रयोग भी हमने खूब साहसिक किए हैं। परम्परागत और आधुनिक, दोनों डरते हैं। संस्कृत और अंग्रेजी, दोनों ही भाषाओं के जानकार हिन्दी लेखक का आत्मविश्वास खत्म हो गया है। पर मैं तो धड़ल्ले से प्रयोग करता हूँ और यह मानता हूँ कि हर भाषा का जादू अपना होता है। यह कर न पाता, अगर संस्कृत न पढ़ी होती। संस्कृत पढ़ना अच्छा ही रहा। काफी काम आई। नहीं तो 'प्राभातिक खुमारी' और 'साडम्बर आरती' जैसे प्रयोग हो ही नहीं पाते।"

"आपकी दृष्टि में सच्चा प्रगतिशील और सही आधुनिक कौन है?"

"ये सब स्थितियाँ कार्य सापेक्ष हैं। एकाएक लाद देंगे आप सब पर, यह मुमकिन नहीं। एक बार घर से निकलने पर हमने अपनी पत्नी से कहा—'सिन्दूर पोंछ लो' तो वह रोने लगी और दिन भर रोती रही—तब हमने उसे समझाया कि सिन्दूर में रखा क्या है, जैसे राख वैसे सिन्दूर। पर वह नहीं समझी। ग्रामकन्या टाइप युवतियों के माथे से आप इतनी जल्दी सिन्दूर नहीं पुँछवा सकते। इतनी आधुनिक वह नहीं हो पाएँगी अभी। और न यह कहकर आप अपने को प्रगतिशील ही सिद्ध कर पाएँगे। संस्कार रूप में जो आएगा, वही हमारे काम का होगा।

आधुनिकता और प्रगतिशीलता की असली पहचान हमारे सामाजिक संघर्षों से होगी। कोई चुटिया रखता है या कोई सिन्दूर लगाती है, इससे निपटारा नहीं होगा। बीच में हमारा कामरेडों का साथ रहने वाला पीरियड भी गुजरा है, उससे हमारा संतुलन बिगड़ने-बिगड़ने को हो गया था। चन्दन लगाने वाला भी हमारे

लिए प्रगतिशील हो सकता है, अगर वह संघर्ष का समर्थन करता है तो। और कोई कामरेड घर का मालिक हो और छोटे भाई या बेटे के लिए दहेज माँगे तो हम वहाँ उसके नम्बर काट लेंगे और उस पण्डित को नम्बर ज्यादा देंगे जो चन्दन-चुटिया के बावजूद दहेज नहीं माँग रहा है। इस विचार तक पहुँचने में हमको काफी वक्त लगा है। ये सब चीजें धीरे-धीरे होती हैं। संस्कार के उखड़ने और जमने में समय की जरूरत पड़ती है।"

"क्या आप जे.पी. वाले सम्पूर्ण क्रान्ति आन्दोलन और अपने परस्पर विरोधी रवैयों के बारे में भी कुछ कहना पसन्द करेंगे?"

"जे.पी. वाले जन आन्दोलन से मेरा जुड़ना और जेल से बाहर आने पर उस आन्दोलन से अपने को अलग कर लेना हमारे मित्रों एवं पाठकों के मध्य बार-बार चर्चित हुआ है। इस सिलसिले में डॉ. शिवकुमार मिश्र डी.लिट. ने 'प्रतिमान' 'शाहजहाँपुर' के एक अंक में बड़े विस्तार से प्रकाश डाला था। आप ने शायद वह नहीं देखा। *(थोड़ा रुक कर)* मेरा जे.पी. के व्यक्तित्व के प्रति कभी अनुराग नहीं रहा। सन् 40 और 70 के बीच जे.पी. के विरोध में दसियों व्यंग्य कविताएँ मेरी छपी होंगी। उनमें से कुछ एक ही अब प्राप्य हैं। फिर घटनाचक्र कुछ ऐसा घूमा कि 71-72 के बाद सत्तारूढ़ पार्टी के नेतृत्व में तानाशाही मनसूबे साफ-साफ उभरने लगे। गुजरात की नई पीढ़ी ने 'नव निर्माण आन्दोलन' के जरिए एक प्रतिरोध खड़ा किया। उसी की अगली कड़ी बिहार की तरुण पीढ़ी ने थाम ली। मार्च-अप्रैल 74 में बीसों छात्र एवं युवक बर्बरता के शिकार हुए। तब हमारा धीरज छूट गया। हमें लगा कि बर्बरता के खिलाफ लिखना ही काफी नहीं होगा।

हम प्रतीक अनशन पर बैठे। चौराहों और नुक्कड़ों पर कविताएँ सुना-सुना कर शासन के प्रति हमने अपनी बौखलाहट जाहिर की। अपने प्रगतिशील बन्धुओं की ओर से मुझे बार-बार समझाया गया कि यह सब फासिस्टों का सत्यानाशी तमाशा है...परन्तु मेरा विवेक मुझे ले जाकर चौराहों पर खड़ा कर देता था।

जेल के अन्दर मैंने शिद्दत से महसूस किया कि समूचा आन्दोलन दक्षिणपंथी तत्वों की गिरफ्त में है। बाहर लाखों की भीड़ वाले प्रदर्शनों में इस तथ्य का पता नहीं चला, इसीलिए जेल से बाहर आने पर मैंने आन्दोलन के विरोध में खुल कर वक्तव्य दिए।"

नवम्बर 1979*

---

* 'नया विकल्प' (कलकत्ता, विदिशा) और 'नागार्जुन का रचना संसार' में साथ-साथ प्रकाशित।

पाँच साल के लिए मैं महिला होना चाहता हूँ

महाकवि कालिदास को जो शहर अपने जान पड़ते थे, उनमें से एक विदिशा भी था। यहाँ की प्राकृतिक शोभा, नैसर्गिक जीवन, शौर्य और विलास उन्हें हमेशा मुग्ध और बेचैन किए रहता था। शायद उन्हीं की कल्पनाओं ने आधुनिक रसिकों के लिए विदिशा को एक मिथ-सा बना दिया है। संस्कृत काव्य के रसिक चाहे हजारीप्रसाद द्विवेदी हों, चाहे भगवत शरण उपाध्याय या फिर कवि नागार्जुन, विदिशा के पुरातन ऐश्वर्य और मोहक रूप पर इतने मुग्ध हैं कि उनकी रस-पिपासा इस धरती तक उन्हें खींच ही लाती है। नागार्जुन का तो यह उपनिवास-सा बन गया है। साल में एकाध मास यहाँ गुजारे बिना उनका मन ही नहीं भरता। यहाँ की आबोहवा, चैती फसलें, होला और भुट्टे, बेतवा की मछली और साँची के स्तूप उन्हें एक साथ खींचते और पुकारते रहते हैं और वे खिंचे चले आते हैं, कभी बरसते पानी में, कभी ठिठुरती रात में, कभी एकदम सुबह ठीक चाय के वक्त। पिछले बीस बरसों से उनका यह क्रम टूटा नहीं है। साल में कम-से-कम एक बार उनकी धूनी यहाँ रमती और चिमटा गड़ जाता है। यात्री, वे हैं तो इसी अर्थ में कि उनकी यात्रा में पड़ाव ज़रा कुछ लम्बे और घरेलू हैं। उनका अपना कोई मठ नहीं। न वे कोई भभूत ही अपने भक्तों को बाँटते चलते हैं। पर उनकी उपस्थिति से जो रस झरता है, उनकी मुस्कान से जो संतई आभा फूटती है, निरी सहज दुर्बल और क्षीण काया से जो प्राण महकता है, वही उनके प्रेमियों को तन्मय और विभोर किए रहता है। इस तन्मयता में प्रविष्ट होते ही एक ऐसी जीवन हिलोर उठती है कि काव्य-रसिकों के सनातन आस्वाद सकते में आ जाते हैं और नये काव्य-संस्कार अँखुए फेंकने लगते हैं।

नागार्जुन नयों को तो मोहते ही हैं, पुराने भी उनके आस-पास, क्लासिक आभा की इक्की-दुक्की झलक के लिए मँडराते रहते हैं। पुरानों और नयों का यह वशीकरण या तो निराला में है या फिर नागार्जुन में। दोनों में अगाध गहराई और अनुपम विस्तार है। जीवन महासमुद्र के ये अद्‌भुत ज्वार हैं। अपने बूढ़े दिनों में

निराला ने क्षेत्र-संन्यास जैसा ले लिया था। धीरे-धीरे आत्मस्थ से होने लगे थे। पर नागार्जुन ने चीवर ही इसीलिए उतार फेंका कि जीवन के संघर्षों की तेज आंधियों में वह बहुत-बहुत उड़ता और अनावश्यक रूप से लिपटने की चेष्टा करता था। इससे आवश्यक गति में अनपेक्षित विघ्न आते थे।

जीवन व्यवहार के धरातल पर नागार्जुन कुछ ज्यादा ही दुस्साहसी, उन्मुक्त और अनौपचारिक हैं। उनकी विरसता में भी रस और कसैलेपन में भी एक चटखार है। तिक्तता में वत्सल किन्तु गुस्सैल माँ की झिड़क और आगाह करने वाला तेवर और रुक्षता में एक अन्तर्निहित स्निग्धता है, जो कंटीलेपन के बावजूद जानकारों को लुभाती रहती है।

अपने जीवन के पचहत्तर साल उन्होंने 1986 में पूरे किए। इसी पूर्णाहूति के दौरान जब वे विदिशा आए तो उज्जयिनी से डॉ. राममूर्ति त्रिपाठी जैसे साहित्य-पण्डित और श्री कमलेश दत्त त्रिपाठी जैसे सहृदय और रसज्ञ, राजेश जोशी, शशांक, राम प्रकाश जैसे युवा कवि-साहित्यिक उनके इस मास पारायण विश्राम में यदा-कदा शामिल होते रहे। नागार्जुन जो अब 'बाबा' नाम से ही प्रायः जाने जाते हैं, अपने 'मूड' के स्वामी हैं। गुलामी उन्हें कहीं से भी नहीं जँचती। इसीलिए कुछ लोग, जिन्होंने 'गुलामी' को ही जीवन-पुरुषार्थ माना, नागा बाबा को अराजक ही कह बैठते हैं। स्वाधीनता की इतनी गहरी लगन और तड़प बाबा में है, तो 'मूड' में, वह भी बातचीत के 'मूड' में होना—उनके सन्दर्भ में बड़ी कठिन बात है। यह सब मौसम, स्वास्थ्य और आने-जाने वालों के ऊपर भी है कि वे उन्हें कितना पुलकित और उत्प्रेरित कर पाते हैं।

नागा बाबा कभी-कभी तो कठिन मौन साध लेते हैं, और कभी खाँसते, खुनकते, गुनगुनाते, चुहल करते, बतियाने के लिए एकदम पास आ खड़े होते हैं—"क्या कर रहे हो जी। थोड़ी देर ये लिखना-पढ़ना बन्द करो, मेरा बात करने का मन हो रहा है...तो देख रहे हो न श्रीलंका के जयवर्द्धने को। बुद्ध के अनुयायी देश में तमिलों का कैसा नरसंहार चल रहा है। यही है बुद्ध की करुणा? अब वहाँ लंका के बौद्ध महन्त प्राज्ञातिस्स लोग तो चुप हैं ही, दलाई लामा भी और दीक्षा भूमि (नागपुर) के भदंत कौसल्यायन भी मौन में चले गए हैं। मैं तो बोलूँगा। पहले भी मैंने गौतम की करुणा की विडम्बना पर एक कविता लिखी है मैथिली में और 'हजार-हजार बाँहों वाली' में भी है एक कविता। उठा लाओ दोनों किताबें और देखो कि मैंने क्या कहना चाहा है। *(मैं दोनों संग्रह उठा कर लाता हूँ)* हाँ! पहले खोलो वो मैथिली वाली कविता...

आहुक महाकारुणिक बुद्ध
छपबइ छपि अपन वक्तव्य
अमेरिका-इंग्लैंड-फ्रांस-जापान में,

ने जानि, कत 'कत' सँ अबइ छनि भक्त-अनुरक्त
जाइत छन्हि चढ़ा नानाविध नैवेद्य।
आजुक महाकारुणिक बुद्ध
पहिरि लइ छथि कउखन कउखन
शए टाकावला जोड़ा चढ़उआ चप्पल
ओढ़ि लइ छथि कउखन कउखन
हजार टाकावला जोड़ा पशमीना चद्दरि

'आधुनिक महाकारुणिक बुद्धों' का यह चरित लेख उनके जिस भयानक पतन की ओर इशारा करता है, उसका असली रहस्य भेदन इस कविता के अन्त में है, जिसका अनुवाद इस प्रकार है–

साइंस के मसाले की पड़ी है छौंक
आज के बुद्ध के विवेक और संयम में
शोधित है मैत्री-भावना इनकी
अर्थशास्त्र राजनीति आदि के पुटपाक से
वियतनाम की ओर किए पीठ
देखते हैं तिब्बत की तरफ
आज के महाकारुणिक बुद्ध।

'हजार हजार बाँहों वाली'–में एक और कविता है–'संशय में पड़ गए तथागत–'

अर्थचक्र से पिष्ट• प्रपीड़ित जन-जीवन है क्षुब्ध,
धर्मचक्र है झण्डों पर ही, टिकटों पर है बुद्ध।
जितनी जिसमें बुद्धि, लोभ भी उतना ही विकराल
घूम रहे हैं राज पथों पर डाकू अंगुलिमाल।
शासन के कुछ और सत्य हैं, जनता के कुछ
और।
संशय में पड़ गए तथागत, संतों के सिरमौर।

देखा न! मैं अब तीसरी कविता भी लिख रहा हूँ। और लोग कई फायदों के लिए जबान सिले रखना चाहें तो रखें पर मैं नहीं बर्दाश्त कर सकता यह नरसंहार। यहीं मैं औरों से अलग हो जाता हूँ। मुझे भयानक पीड़ा होने लगती है। जब तक यह पूरी न होगी, मेरी पीड़ा मुझे परेशान करती रहेगी। कविता देखो..."

यह भी होना था
वो भी हुआ
यह भी होना था

करुणा की शीतल छांह में नाच रहे हैं प्रमत्त पिशाच
कहाँ गया तुम्हारा शासन
अनुशासन तुम्हारा कहाँ गया
यत्र-तत्र दिखाई पड़ रहे हैं
डाकू अंगुलिमाल के अनुचर
नित्य नियमित तुम्हारी प्रवचन-सूक्तियों का
होता है वहाँ अब भी पारायण
चीवरधारी भिक्खु
उनके संघ-नायक महास्थविर
निरन्तर आशीष बरसाते हैं
अंगुलिमाल के सैनिकों पर
क्या तुम भी उनके साथ हो?
कैसे अभागे हैं तमिल
तुम्हारी करुणा का एक बूँद भी उन्हें प्राप्त नहीं
हुआ
अभागे तमिल जनों को एक बूंद भी नहीं मिला

(कविता सुनाते-सुनाते वे बिफर पड़ते हैं।) बहुत बड़ा कलेजा चाहिए इसे प्रकट करने के लिए। यह मानवतावादी ढोंग है कि मानवतावाद में कमी आ जाएगी। विराट मानवता में। विराट सहृदयता में। अगर इन छोटी-छोटी घटनाओं पर *(साँस लेकर)*—छोटी नहीं है ये, हम अपना मत व्यक्त करते हैं तो हमारा व्यक्तित्व बौना हो जायेगा, हम आदरणीय नहीं रह जाएँगे...इस बात की हम परवाह नहीं करेंगे...तमाम गाँधी जी के बन्दरों को भी मात कर दिया है इन्होंने, *(उनका कथन बौखलाहट से भर गया)*

विजय बहादुर सिंह—"ये खतरा तो आप ही जैसे लोग उठाते आ रहे हैं। जिसकी संवेदन तन्त्रियों में राष्ट्रीयता और अन्तरराष्ट्रीयता की सीमा रेखाएँ बँटी नहीं हैं। नहीं तो 'जय जानकी यात्रा' ही बड़ी बात हो उठती है...नदी में खड़े होकर कविता पाठ..." *(हँसी)*

नागार्जुन—"अब ऐसी जगहों पर हम बहुत ही टार्चरिंग महसूस करते हैं। जब तक यह पूरी होगी, अभी तो मुश्किल से 30-35 पंक्ति गई है, सौ-डेढ़ सौ पंक्ति जाएगी, तो इसके और भी जो आयाम होंगे...हम लेंगे। सामान्य बौद्धजन जो है न...शरणं गच्छामि...हजारों में झुकता है...वो तो पसन्द करेगा इस कविता को, पर महन्त टाइप व्यक्ति नहीं करेगा। कहेगा कि तुमने क्या पढ़ा है, तुम क्यों बोलते हो? इसमें...यह कहने में उसका लाभ है न भाई!"

विजय बहादुर—"उसका मठ टूट जायेगा न?"

नागार्जुन—"हाँ...यही लोहिया ने कभी कहा था न...कुजात गांधीवादी मठधारी गांधीवादी।"

विजय बहादुर—"सो तो आप हैं..."

नागार्जुन—"हाँ...बिलकुल हैं। कुजात...यही है, अपनी खींची हुई लीक को लाँघ कर आगे बढ़ जाना और देखना कि लोग क्या कहते हैं और हमारा दिल क्या कहता है...इसी को न हम प्रमाण मानेंगे...हाँ! तो कविता...सुनो—

नहीं प्राप्त होगा एक बूँद भी
एक बूँद भी
बुद्ध तुम पत्थर हो...वज्रसार पाषाण...

विजय बहादुर—"बहुत गहरे दुःख और अछोर पीड़ा से निकली हुई है यह पंक्ति...ये 'वज्रसार पाषाण' क्या?"

नागार्जुन—संस्कृत में जिसे नीरंध्र-छिद्रहीन पाषाण कहते हैं, उसकी प्रतिमा नहीं बनती, छेनी फेल हो जाती है उसमें। प्रतिमा तो केवल कोमल पत्थर से बनती है...

वज्रसार पाषाण
हाँ। तुम सीमेंट बनते हो
बहुत बढ़िया शिलाचूर्ण तैयार होता है
तुम्हारे खण्डों से...

हाँ! हाँ! जलने दो उनकी बस्तियाँ
उजड़ने दो उनके घर-बार
अर्धदग्ध तमिल शिशु
परितृप्ति प्रदान करें गीधों को
कुत्तों को/कौओं को
तुम तो बस इसी तरह देखते भर रहना

किन्तु तुम सचमुच निर्लिप्त हो क्या
हमें तो अति लिप्त दिखते हो
ऐसी-तैसी करवा रहे हो अपनी करुणा की..."

(सुनाते-सुनाते वे रुकते हैं, आवेगों की बाढ़ ने उन्हें थका-सा दिया है)

विजय बहादुर—"वाह बाबा। आप ही लिख सकते थे ऐसा।"

नागार्जुन—"इसमें बड़ा 'टार्चरिंग' हो रहा है। पर जैसे-जैसे कागज पर उतर रही है, तो राहत महसूस हो रही है। यह छत्तीसवीं पंक्ति है। अब ये देखिए...

कल्पना करो कि...हमने पहले भी एकाध जगह छुआ है इसे। जिस रिक्शा पर हम जा रहे होते हैं, मान लीजिए कि ऐसा कोई सुविधा वाला सफर नहीं है—जमशेदपुर से रांची जाइए तो पाँच-छह आदमी को बिठा लेते हैं, लेकिन उन पहाड़ी नगरों में रिक्शा नहीं चल सकता, क्योंकि बहुत ऊँचा-नीचा होता है। मध्य प्रदेश में भोपाल में कैसे चलेगा? पर मैदानी इलाकों के शहरों में—यू.पी., बिहार के—कभी-कभी बड़ा विचित्र दृश्य होता है। जिस रिक्शा पर आप होते. हो, उस रिक्शेवाले की फटी-फटी बनियान तार-तार हो गई है, उससे आपकी आँखें बार-बार टकराती हैं, तो संवेदनशील आदमी का मन करेगा कि उछल के नीचे आ जाए और पैदल-पैदल चले। सोचने लगे कि इसको हम तीस-पैंतीस साल में एक बनियान भी नहीं दे सके हैं, तो दृश्य असह्य हो उठता है। वो मैथिली वाली कविता है 'पसेनाक गुण-धर्म'

> क्षार-अम्ल
> विगलनकारी, दाहक
> रेचक उर्वरक...
> रिक्शा बलाक पीठ दिशुका फाटल तार-तार
> बनियाइन
>
> (पत्रहीन नग्न गाछ)

इस नरवाहन की प्राण शक्ति और कितना पकेगी? और कितना...आओर...कते...क्षार-अम्ल, दाहक विगलनकारी...यानी कि पसीने के गुण तत्व का विश्लेषण जब वैज्ञानिक करेगा तो प्रयोगशाला में पाएगा कि इसमें कितना अम्ल होगा, कितना खारापन होगा, ये मैं किसी विज्ञान के छात्र से जानना चाहूँगा...।"

वे कविता का अगला हिस्सा उठाते हैं—

> विज्ञानक कोनो छात्रसँ जा कए पुछिअइन
> बेशी सँ बेशी की सभ होइत छइक
> पसेनाक गुण-धर्म?
> रिक्शाबलाक पीठक चाम
> आओर कते शुष्क-श्याम हेतइ?
> स्नायुतंतुक ऊर्जा आओर कते बरकतइ?

"विज्ञान के किसी छात्र से जाकर पूछो।...अधिक-से-अधिक क्या सब होता है, पसीने का गुण-धर्म? रिक्शावाले की पीठ की चमड़ी और कितनी शुष्क-श्याम होगी? स्नायुतन्तु की ऊर्जा और कितनी पिघलेगी...?

विजय बहादुर—"आप की करुणा के तो और भी छोर हैं बाबा? उसका एक रूप 'विज्ञापन सुन्दरी' कविता में दिखता है। वो बेचारी जो रोजी-रोटी के चक्कर में दर-दर की खाक छानती फिरती है और विज्ञापन एजेंसियों के प्रबन्धक या

मालिक उससे फ्लर्ट करते हैं। ऐसे लोगों से निपटते-निपटते वो थक जाती है। आप अपनी कविता में उसे सम्बोधित करते हुए लिखते हैं...

आओ, बेटी, आ जाओ पास बैठो
तफसील में बतलाओ...
कहाँ-कहाँ जाना पड़ा? कै-कै बार?
क्लाईव रोड?
डलहौजी?
चौरंगी?
ब्रेबोर्न रोड?
बर्बाद हुए तीन रोज : पाँच शामें
ओ, हे युग नन्दिनी विज्ञापन सुन्दरी...

नागार्जुन—"हाँ...आँ (उदास गम्भीर स्वर में) हमने अपनी भाभी से एक बार कहा, पाँच साल के लिए मैं महिला होना चाहता हूँ...हाँ महिला। तो भाभी ने कहा, पाँच साल ही क्यों? तो मैंने कहा—पाँच साल में पहला काम तो यह कि मैं माँ बनूँगा तो मातृत्व के जो आँसू होते हैं न, वो मरदों की रुलाई के जो विषाक्त आँसू होते हैं, उससे अलग होते हैं, मैं निकट से उसका अनुभव करूँगा। दूसरी बात यह कि मुझे—जो मेरा पति है, मारता-पीटता रहेगा...फिर छोड़ देगा। *(गद्गद् होकर चुनौती पूर्ण अन्दाज में)* तो मेरी तृष्णाएँ हैं कि मैं अवैध रूप से गर्भ धारण करूँ और फिर हमारे घर में कोई ऐसा निकले, कहे कि नहीं—अवैध नहीं है यह, वैध है। ऐसा..."

"वाह! वाह!..." विजय बहादुर सिंह

(साथ बैठे हुए अन्य युवक और युवतियाँ स्तब्ध)

नागार्जुन—समझे न? मुझे जापान का सन्दर्भ याद आता है। जापान में जब लड़कियाँ नौकरी करने लगीं तो इस प्रकार के काण्ड सम्भावित हुए। जापान सरकार ने तब गर्भपात को वैध कर दिया...अब अपने यहाँ सरकार करे साली! ये सब घोंचू लोग बैठे हैं सरकार में...*(चुप्पी)*...एक ही बहादुर मिला है इस सम्बन्ध में। बड़े दिल का आदमी था। फौज में से रिटायर होकर आया था। हमको कहा कि कल आपको हमारे घर आकर चाय पीनी है। मैंने कहा—'चाय तो हम कई बार पी आए हैं, कल क्या बात है?' कहा कि कल हमारी नाती जो है, उसका एक वर्ष पूरा होता है। खुशी में हम चाय पिलाएँगे। ये नाती अवैध है। तो मैंने कहा—'अच्छा'।

हाँ। उसने आगे बताया कि जिसने इससे वायदा किया था शादी का, वो भाग गया अमेरिका। तब पाँच महीने का गर्भ था इसे। जब वो भागा ये स्कूल में पढ़ाती थी। स्कूल वालों ने निकाल दिया। माँ बनने के लिए मैटर्निटी में यह होता है कि पिता की जगह किसी का नाम होता है, तो उसके नाना जो

होते हैं, उन्होंने इनकार कर दिया...तो इस रिटायर फौजी अफसर चतुर्वेदी ने कहा–'मैं नाना हूँ। मैं जिम्मा लेता हूँ इसका...*(अपने हाथ पर ताली मार कर ऐसा...वाह...)* मैं इसका नाना हूँ...नाम नोट करो मेरा। अब वही लड़का साल भर का हो गया है..."

"यह तो गजब घटना है न बाबा..." विजय बहादुर सिंह।

"हाँ! है ही। हमको कुल लिखित-अलिखित साहित्य में यह अनोखी घटना लगी। हमने चतुर्वेदी जी को कहा–'आप कह दीजिए अपने घर। मैं जरूर चाय पीने आऊँगा।'

विजय बहादुर सिंह–"यह जो आपने भाभी का जिक्र किया उसकी एक-दो बातें ही आपने सुनाईं?"

नागार्जुन–"बातों में बातें खुलती हैं तो याद आती हैं।"

विजय बहादुर सिंह–"वैसे आपने इन भाभी का जिक्र किया नहीं है कहीं।"

नागार्जुन–"हमारी भाभी जो एक थीं न, वो हमारी प्रेमिका होते-होते रह गईं। उनका जिक्र किया है हमने कविता में।"

"कौन सी कविता में?"–विजय बहादुर सिंह।

नागार्जुन–अब उसका शीर्षक नहीं याद आ रहा है। ये है कि उस कविता में वो बिजनी से पीठ खुजला रही हैं..."

विजय बहादुर सिंह–"अच्छा। वो इलाहाबाद में मन्दिर वाली...'झुक आए कजरारे मेघ'। आपने एक बार कहा भी था मुझसे कि मैं इस कविता के सन्दर्भ को पकड़ने में चूक गया...रामविलास जी ने जरूर पकड़ा है इसे।"

नागार्जुन–"हाँ! हाँ! रामविलास वहाँ गए हुए हैं। त्रिलोचन जी गए हुए हैं। वो वहाँ मन्दिर की पुजारिन थी। जौनपुर या सुल्तानपुर की रहने वाली थीं। शायद प्रतापगढ़ की। अब ठीक से याद नहीं।"

विजय बहादुर सिंह–"किताब (नागार्जुन का रचना संसार) के अगले संस्करण में मुझे उस प्रसंग को शामिल करना है।"

नागार्जुन *(पुलकित होकर)* "अरे क्या-क्या लिखोगे...?"

विजय बहादुर सिंह–"यह जो उग्रतारा वाला प्रसंग है, घटित हुआ था या कल्पित ही है?" *(नागा बाबा के शाम के भोजन का वक्त हो चला था। बार-बार उनका ध्यान उसी ओर जा रहा है। वे सुनील जैन को सम्बोधित करके पूछ रहे हैं–क्यों भाई भोजन की प्रक्रिया में कितना विलम्ब है?)*

विजय बहादुर सिंह–"आप टाल रहे हैं बाबा–"

नागार्जुन–"नहीं। यह नहीं कहता। अगर समय का अन्दाज़ा करा दो... यानी...समय की शिला पर...तो अच्छा रहेगा। घण्टा भर में...फिर घण्टा भर में

आए तो कोई हर्ज नहीं।"

"क्या वो घटना बता पाएँगे आप अग्रतारा वाली?" विजय बहादुर सिंह।

"अतीत में मत ले जाओ। अभी हल्की बातें करो..." नागार्जुन।

(अन्तराल...मौन...थोड़ी देर चुप रह कर) "अब बताओ, आपने कहा था—आप नहीं रह पाओगे। हमने रह कर दिखा दिया वहाँ...। *(व्यंग्य से)*...नहीं रह पाएँगे।... हमने कहा था न कि नहीं रहा जायेगा तो तुम्हें पोस्टकार्ड डाल देंगे..." नागार्जुन।

"वैसे उन्होंने आपके अनुकूल वातावरण बना दिया था न?" विजय बहादुर सिंह।

"कहाँ साहब...*(श्यामाकान्त*[1] *ने प्रतिकार किया...)* कपड़े तो ये ले नहीं गए थे और ह...सिंह ने काफी गन्दी लुंगी दी थी...आपके पहनने के लिए" *(बाबा से)*।

बाबा "अरे लुंगी क्या? लुंगियों की तो बरसात होती है साहब। ये लुंगी *(जो सुनील*[2] *ने अपने घर पहनने को दी उसे उठा कर)*...और है।"

विजय बहादुर सिंह—*(कटाक्ष करते हुए)* "नहीं, ये तो काफी साफ़-सुथरी है...वह तो आपके योग्य न थी।"

नागार्जुन..."देखिए। योग्य पर नहीं जाता हूँ मैं...कब, क्या...कौन-सी वस्तु हमारे योग्य होगी..." *(चिढ़ते हुए)*

विजय बहादुर सिंह—"कल जब मैं आपके पास शाम को वहाँ गया तो उन्होंने मुझे कहा—बाबा काफी तकलीफ में हैं। 'ईनो साल्ट' वहाँ आपके घर इनके झोले में रखा हुआ है...जबकि तकलीफ आपको दोपहर से थी। तो क्या बाजार से मंगवा नहीं सकते थे? पर मंगाया नहीं।

ऐसे लोग तो बहुत हैं जो चाय पिलाएँगे, ड्राइगरूम की इज्जत बढ़ाने के ख्याल से अपने घर ठहरा लेंगे पर जिसे ठहराएंगे उसे समझने और उसकी समस्याओं से निपटने की कोशिश कभी नहीं करना चाहेंगे। यह बात उनके या उन जैसे तमाम मध्यवर्गीय अभिजात कहे जाने वाले परिवारों में आम है। भवानी भाई एक बार ऐसे ही घर में कविता की एक छपी हुई किताब के हाशिए पर अपनी कविताएँ लिख रहे थे और उक्त परिवार उनकी इस अनूठी (?) चेष्टा पर पुलकित था। मैं तत्काल गया और बाजार से एक डायरी खरीद कर उन्हें भेंट कर दिया। वो विस्मित होकर कहने लगे 'अच्छा। ये लोग तो समझ नहीं पाए। तुम कैसे समझ गए कि मुझे इसकी जरूरत है?'

नागार्जुन—"भाई! अखबारों की पूँछ पर लिखी जाती हैं कविताएँ। ऐसी कविताओं को खोज या पकड़ पाना असम्भव है। शोभाकान्त *(बाबा के ज्येष्ठ पुत्र और उनकी कृतियों के सम्पादक)* ने जिक्र किया है कहीं इसका वो जो 'सम्पर्क' वाला लेख है...

---

1. कवि नागार्जुन के चौथे बेटे।
2. एक काव्यप्रेमी नवयुवक।

"बाबा–पानी-वानी कुछ लेंगे तब तक?" सुनील ने पूछा।

"हाँ! पानी लाओ तो...मटका वगैरह है या नहीं–" बाबा।

"नहीं, मटका तो नहीं है"–सुनील

"फिर पानी कैसे पीते हो?"–बाबा

(इस बीच दलिया आ गया है और प्लेट में ठण्डा होने के लिए रख दिया गया है। बाबा की कविता की कई कापियाँ कटनी, कलकत्ता और पहाड़ के रास्ते वाचस्पति के यहाँ जहरीखाल आते-जाते इधर-उधर हो गई हैं...सहसा उन्हें उनकी याद आती है)

"कापियाँ खो जाएँ तो अच्छा रहता है। क्योंकि रचनाएँ जब नहीं छपेंगी तो प्रमाण मिलता है कि नहीं लिख रहे हैं आजकल।...हाँ...उन्हीं में से एक बांग्ला कविता है छोटी-सी। कविता तो अब याद नहीं, थीम याद है–"

'अन्तरजातिक शिशु वर्षेर प्रथम दिन'–उसी में लिखा था–'ढाई बछर होबे कि तीन बछर होबे, ओर आयु। अमाके द्याखचे...कपाटे अन्तराल ते...अमा के द्याखचे पासें। आमि ओके लुब्ध करी एई जन्मे। निद्राय भंगिमाय एबू बिछानाय एई घूमोवाय निजी के पड़िया दाउ। ओउ आस्ते एकट्ट वोइ निकटे यालो आमार दाढ़ि चूमिये पालालो। ऐ छिलो अन्तरजातीय शिशु वर्षेर आमार प्रथम दिन। ये हुआ साहब अन्तर्राष्ट्रीय शिशु वर्ष का प्रथम दिन *(ताली मार कर खुश होते हुए)* अब इन बालिकाओं–सविता[1] *(हिन्दी)* छाया *(अर्थशास्त्र)* की युवा प्राध्यापिकाओं की ओर इशारा करके) को समझाएँ...ये बेचारी तो बांग्ला समझती नहीं..."

"अन्तरराष्ट्रीय शिशु वर्ष पहला दिन। ढाई-तीन साल का एक बच्चा है कोई। किवाड़ के अन्तराल से मुझे देख तो रहा है पर डर के मारे पास नहीं आता दाढ़ी-वाढ़ी देख कर। तो मैं उसके अन्दर कॉन्फिडेंस पैदा करने के लिए कि आप उसकी तरफ न देखें तो वो खुद आपकी ओर लपकेगा...तो मैं लेट गया हूँ बिस्तर पर और ये लड़का आकर मेरी दाढ़ी सहलाता है और चुम्मा लेकर भाग जाता है।

"यह किसकी कविता है बाबा, आपकी?–" सविता ने पूछा

"हूँ! नहीं!..." *(सामूहिक हँसी। जिसका मतलब था कि तुम कितनी भोंदू हो)*

"वो कविताएं जो खो गई हैं उसमें से है यह एक। इसे रिराइट करूँगा। है दिमाग में" *(बाबा सविता का समाधन-सा करते हुए बोले)*

(दलिया अब तक ठण्डा हो चुका था। वे चम्मच से खाने लगे। खा चुकने पर...प्लेट में छीलकर रखीं सन्तरे की फांकें खाना शुरू करते हैं। इसी दौरान फिर टूटे सिलसिले को जोड़ते हुए...)

विजय बहादुर सिंह–"यह जो पीढ़ी है...सुबह मैं कह रहा था न...श्यामाकान्त,

---

1. युवा कवयित्री

सुनील वगैरह की...इनके सामने जीवन की नई स्थिति आती है—जो इनके पहले के लोगों के जीवन में नहीं घटित हुई है तो ये लोग समझते हैं कि हौआ या तूफान सा आ गया हो...अपने युग के अनुसार उस मूल्य की परीक्षा नहीं करते...पुराने नियमों-मानदण्डों की अवमानना करते हुए, तर्कहीन ढंग से उसे काट कर फेंक देते हैं—न पुराने पर आस्था, न नये पर भरोसा..."

नागार्जुन—"ऐसा है कि...भारत में... उसमें भी तुम्हारे हिन्दी बेल्ट में... छात्र—छात्राओं-अध्यापकों-अध्यापिकाओं वाला जो युवा वर्ग है—वह नया स्टेप लेते वक्त घर का मुकाबला तो कर लेता है, पर बाहर का जो मित्र या साथी वर्ग होता है, उसमें एक से एक दाकियानूस होते हैं, तो उनके बीच उसे पहला धक्का लगता है। फिर तो अंतरंग मित्र बनाता है। मैत्री जो है वो अन्तरंगता की कोटि में आती है। दो या तीन बस। जिनसे सारी बातें हम कर सकें। भरोसे लायक सलाह ले सकें। ऐसे मित्रों की संख्या ज्यादा नहीं होती...तो ये होता है आधार...अब ये जो युवक वर्ग है, वो देखता है कि ऐसे-ऐसे लोग हैं...तो उनका अविश्वास बढ़ता जाता है। पता नहीं लगता उसे कि कौन-सा अच्छा स्टेप ले रहा हूँ...कौन-सा बुरा। और जहाँ भी ऊँचा-नीचा जरा-सा भी दिखा तो उसमें एक प्रकार की आवारगी आती चली जाती है। और आवारागर्दी के भी कई रूप हैं। आवारागर्दी का सबसे निकृष्ट रूप वो है जो खिचड़ी किस्म की होती है।"

विजय बहादुर सिंह—"ये क्या है?"

नागार्जुन—"इसका कोई रूप नहीं होता। वो शुद्ध आवारा नहीं होगा। सुनियोजित ढंग से कभी मौका आएगा तो बहुत अच्छा बिहेव करेगा—लगेगा लड़का बहुत जिम्मेदार है...चाय बना लेता है...दूध गरम कर लेता है, टाइम से खा लेता है, दही भी जमा लेता है वगैरह...वगैरह...। फिर जब वो दूसरा रूप धारण करता है तो शिकायत आती है...*(वे कहना जारी रखते हैं)*

"अच्छा। इस मामले में लड़कियों की दुनिया बिल्कुल अलग है...उन बेचारियों को भारतीय समाज में सबसे बड़ा हरिजन-दलित क्लास माना जाता है। उनको समझने को कोई तैयार नहीं। और घरवालों की नियति होती है घेर-घार कर शादी करके विदा करो। पश्चिम में ऐसा नहीं है। वहाँ पर शादियों के योग्य होने पर भी बहुधा...इत्यादि, इत्यादि। प्रसंग दूसरा हो जायेगा। नहीं कहता..." *(आई बात टाल जाते हैं बाबा)*

"नहीं, आप कह डालिए"—विजय बहादुर सिंह

"नहीं। नहीं...कहूँगा"—नागार्जुन

"हम सुन सकते हैं"—विजय बहादुर सिंह।

"आपके लिए नहीं है वो...फिर हम घण्टा भर बोलेंगे।" नागा बाबा

"बोलिए बाबा"—सविता।

"नहीं, हम थक जाएँगे"—बाबा

"अरे पाँच मिनट ही कह लीजिए..." विजय बहादुर सिंह

"नहीं...।" बाबा

(थोड़ी देर रुक कर)

विजय बहादुर सिंह—"वो जो आपके संस्कृत के अध्यापक थे, उनकी कोई एक लड़की भी थी न?"

नागार्जुन—"लड़की उनकी नहीं थी। लड़की उनकी थी जिनके घर रह कर हम पढ़ने गए थे। वो छिपा कर हमको मूँगफलियाँ खिलाती थी।"

विजय बहादुर सिंह—"क्या नाम था उसका...?"

नागार्जुन—"अब नाम-वाम नहीं याद है उसका..."

विजय बहादुर सिंह—"ये किस क्लास की बात होगी?"

नागार्जुन—"आयं...किस सन की बात कहो न...जब मैं पन्द्रह साल का था।"

विजय बहादुर सिंह—"1911* + 15 यही सन् 26-27 के आस-पास का समय होगा।"

नागार्जुन—"अब एक बार जाना चाहता हूँ उस गाँव में। उसका पता लगाऊंगा कि वो कहाँ है? 'उसने कहा था' (कहानी : गुलेरी) में जैसे लहना सिंह जाता है अपनी बाल सहेली के पास, जबकि वो एक जवान बेटे की माँ हो गई है।"

"वाह! क्या तबीयत है आपकी!" विजय बहादुर सिंह।

"हाँ। पिछली बार जब इलाहाबाद गया तो पता लगाया कि वो पुजारिन भाभी कहाँ गई? क्या हुई? पता लगा कि वो मर गई। मन्दिर में जब उनके पति का देहान्त हो गया तो वो जगह उनसे छिन गई। पति का नाम लखन था। छिउकी में कोई काम-वाम था उसका। एक वहाँ थी? कहीं होगी? होगी भी या नहीं *(कुछ याद-सा करते हुए)* अब इस लम्बे जीवन से लगता है कि क्या मैं इतना अधिक जी गया हूँ जबकि पुराने लोग, जिन्हें उन लोगों के बारे में पता रहता, वो तो हैं नहीं...*(नागार्जुन कुछ उदास हो उठते हैं, जैसे अपने मानसिक अकेलेपन की व्यथा में चले गए हों)*

विजय बहादुर सिंह—"इतना तो है ही...माने लेखकों...कवियों में इतनी ज्यादा उम्र कम ही पाते हैं। आज के जमाने में जो बार-बार आघात पाते हैं... उससे कई-कई बार टूट कर जल्दी खत्म हो जाते हैं। इस लिहाज से आप चूंकि गाँव में पैदा हुए, घर में, ज़िन्दगी में आपने किसी की परवाह नहीं की और संघर्ष का मजा लेते रहे, उसका चैलेंज झेलते रहे, चैलेंज देते रहे तो दम बनी हुई है आपकी। नहीं तो जो सुकुमार या अति कल्पनावादी किस्म के या फिर सुख-सुविधा में पले-बढ़े लोग थे...*(मेरी प्रशंसा को डिस्टर्ब करते हुए बाबा अचानक उल्लसित होते हैं और छाया और सविता की ओर इशारा करके मुझसे पूछते हैं, पानी बताशा*

* कवि का जन्म वर्ष 1911 है।

खाया है तुमने कभी इन लोगों के साथ?)

विजय बहादुर सिंह—"नहीं। दोनों के साथ तो नहीं खाया है, हाँ! सविता जरूर मेरे साथ यहाँ-वहाँ गई हैं और मैंने उसे एक प्रकार से कल्टीवेट किया है, इसलिए साहित्यिक मण्डली में उठने-बैठने में उसे ज्यादा दिक्कत नहीं आती। पर छाया तो अभी-अभी सम्पर्क में आई हैं और अभी अपने लोगों को समझने और स्वयं को बदलने के लिए इन्हें वक्त चाहिए।"

मेरे कहते-न-कहते बाबा को अचानक अपनी बड़ी बहू से जुड़ी एक घटना याद आती है—"हमारे घर में चोर घुस गया एक बार, सुन रहे हो? तो शोभाकान्त की पत्नी ने उसे पकड़ लिया। तो हमने इनाम दिया उस लड़की को। चोर को पकड़ के उसने ऐसा मजबूर कर दिया कि वो भाग न सका और मुहल्ले के दस लोग इकट्ठे हो गए।"

"ये कब की बात है?" विजय बहादुर सिंह।

"आठ-दस...नहीं करीब पन्द्रह साल पहले की। तो हमने इस पर प्रसन्न होकर उसे एक घड़ी प्रेजेण्ट की। ये बहुत बड़ी बात थी और हमको लगा कि ये बड़ी बहादुर लड़की है...दर्जा तीन या चार तक पढ़ी लड़की...क्या कर दिया उसने भाई वाह! *(पुलक और आश्चर्य में)* आजकल पढ़ाई-लिखाई तो यूनिवर्सिटी तक बढ़ गई है पर अधिकांश लड़कियों में साहस का अभाव हो चला है और कुछ साहस दिखाती भी हैं तो घर के लोग इधर-उधर से चार डण्डे लगाते हैं। रोते हैं। और सब समाप्त...।

(गुस्से में) "खुद तो पचास कुकर्म करेंगे और लड़कियों को उपदेश देंगे।" *(कहते-कहते बाबा क्षुब्ध हो गए हैं।*

30-3-86 बातचीत होली की दोपहर सुनील जैन के घर

राजेश जोशी, शशांक और रामप्रकाश त्रिपाठी बाबा के साथ चाय-नाश्ता कर रहे हैं—तभी वे अपने आप शुरू हो जाते हैं—

"वो थी एक बिहार की सरला देवी। पन्त जी की जन्मभूमि कौसानी को उन्होंने अपना अड्डा बनाया था। वहाँ रहीं करीब तीन साल। वहाँ लोगों ने उपद्रव किया। उपद्रव यह कि जो तथाकथित गाँधीवादी—इन्दिरा गाँधी के भक्तगणों ने कहा—साहब, यह शासन इनको समर्थन देने को तैयार है पर ये ले नहीं रही हैं। उन्होंने आश्रम चलाया। वे वहाँ शाल बुनती थीं अपनी चार शिष्याओं के साथ और उससे जो पैसा मिलता था, उसी से आश्रम चले, तो ये था उनका संकल्प। वहाँ उन्हें असुविधा हुई तो पिथौरागढ़ के पास एक जगह है धर्मपुर, उन्होंने अपना आश्रम वहाँ बनाया। मैं गया नहीं हूँ अभी, लेकिन मन में है कि उस जगह जाना है।"

"कहाँ से किताब आई है सरला देवी की?" राजेश जोशी।

"सरला देवी की किताब पर्यावरण पर है। नया विषय है। ये जो आधुनिक सभ्यता है, इसके कारण पर्यावरण को क्या खतरे हैं और इसका समाधान कैसे करना चाहिए, इस पर बहुत अच्छे ढंग से लिखा है उन्होंने। अब हिन्दी रूपान्तर छपा है। नैनीताल का एक प्रकाशक है, उसने छापा है। हम गए थे नैनीताल तो वो पुस्तक ले आए। कहीं छूट गई, फिर ले आएँगे। अब जहरीखाल रहेंगे पाँच महीना तो पाँच महीना वहीं थोड़े ही बैठे रहेंगे? नैनीताल जाएँगे, पिथौरागढ़ जाएँगे। वहाँ जाकर देखेंगे। उनका तो देहान्त हो गया। नहीं रहीं वो अब। नैनीताल में किताब मिलेगी तो तुमको भेजेंगे। ये किताबें...साहित्य के अलावा अपने विषय के दायरे को बढ़ाती हैं। इनको पढ़ना चाहिए। जैसे म.प्र. हिन्दी ग्रन्थ अकादमी से छपी—सोन नदी पर लिखी किताब। इससे कई पक्ष खुलते हैं। अरे भाई, बिलासपुर, कटनी से होकर जाते हुए जो अंचल मिलता है, अरण्यक अंचल—सोन नदी की पाँच-छह जगहें हैं, जिन पर पुल है। सीधी जाते हुए एक बहुत बड़ा पुल मिलता है जो चुरहट और सीधी के बीच में है।...एक पुल पटना के पास है, जहाँ गंगा में मिलती है ये नदी। ऐसे इधर भी एक पुल है शहडोल ...इन जगहों में...लेखक ने घूम-घूम कर बहुत मेहनत से लिखा है। ये बहुत बड़ा काम है, इसीलिए हमारे दिमाग में है कि इसी तरह कोई निकलता और नर्मदा पर प्रोजेक्ट लेता।"—बाबा

"नर्मदा पर भी ग्रन्थ आ चुका है बाबा"—विजय बहादुर सिंह

"हाँ तो यह बहुत विलक्षण है उनका निकेतन। पश्चिम सागर में जाकर मिलती है। और सब पूर्व सागर और ये पश्चिम सागर में। कहाँ...आँ...कहाँ-आँ से होती हुई...अब ये जानमारू प्रोजेक्ट है। *(कोई सम्पन्न व्यक्ति हो जो अपनी जेब का लगा कर कुछ करे तो...हाँ...टाइम और सम्पत्ति हो...तब...राजेश जोशी ने टिप्पणी की)* ये कोई काम नहीं है...बहुत बड़ा बलिदान भी नहीं...यों पैसे की कोई कमी भी नहीं है लोगों के पास...सम्मान तो होगा ही...लेकिन कोई संस्था इसे 20-30 हजार लगा कर कराती...एक बात कहता हूँ...*(बाबा ने कथन समाप्त किया। फिर विषय बदल कर बोले)* उधर सीधी-सतना गए। तो अब की कमला *(पाण्डे)* प्रसाद[1] का घर देखा हमने...सतना से चालीस-पचास किलोमीटर भीतर देहात में। किसी ने कहा कि वो कमला प्रसाद जी का घर है। खपरैल था। जैसे बूढ़ी गाय की खाल पर से बाल उड़ जाएँ तो देखने में जैसा लगे, ऐसा लगता था...हमने तेजसिंह से पूछा कि आते हैं कभी-कभी? तो कहा—नहीं आते हैं। सतना से ही आकर लौट जाते हैं। उनका छोटा भाई प्रमोद जो है—छतरपुर में रहता है। बड़ी बहन है...ये ही लोग आते-जाते हैं। *(थोड़ा*

---

1. प्रगतिशील लेखक संघ के महत्त्वपूर्ण पदाधिकारी और प्राध्यापक। सम्प्रति : केशवशोध संस्थान के निदेशक। अब प्रलेस के महासचिव।

रुक कर बाबा आगे बढ़े) हमको बड़ा विनोद आता है कि कोई कहे कि दादा जी आपका परिचय? तो हम कहते हैं...सफाई विभाग के दरोगा थे, अब रिटायर हो गए हैं, तो मान लेता है वो। *(हँसते हैं।)* सुखद बात है न? *(सामूहिक हँसी)* और मान कर बीड़ी ऑफर करता है। तो हमें और आनन्द आता है। हम कहते हैं शबरी का हसबैण्ड था न? वो इसी डिपार्टमेंट में था..."

(खूब जोर का ठहाका...) "महाप्रभु राम के दरबार में आखिर सफाई विभाग रहा तो होगा। खानदान से अपने हैं हं-हं-अं-आ...वसिष्ठ और विश्वामित्र के नाम से अगर गोत्र चल सकता है तो शबरी के नाम से क्यों नहीं चल सकता। *(हँसी)* शबरी के नाम से...आयं...क्यों भई" *(राजेश की ओर संकेत कर।)*

"बाबा अच्छा है कि किसी प्राध्यापक को आपने नहीं बताया, नहीं तो वो किसी से डिजर्टेशन करवा देता—राम राज्य में सफाई व्यवस्था : एक अनुशीलन" —रामप्रकाश ने जोड़ा।

बाबा..."और नाम का क्या, कुम्भी-वुम्भी कुछ भी नाम फिट कर दीजिए। ये जो मृच्छकटिक नाटक है न प्राकृत भाषाओं के जितने भी विवेच्य हैं—मागधी, शौरसेनी, महाराष्ट्री वगैरह, उन सबके नमूने दिए गए हैं। उसमें पैशाची भाषा के भी नमूने हैं। भयंकर है वो। माने मृच्छकटिक नाटक जो है न, ठेठ वस्तुवादी नाटक है। कोई मुकाबला नहीं है उसका। दस अंकों में है। ये समझो कि एक ब्राह्मण है, जो चोरी करता है। धन्धा कर्म में चोर हो जाता है। वो सेंध काटता है तो नापने के लिए धागा चाहिए उसे। धागा भूल आया है। तो कहता है साला ये जनेऊ किस दिन काम आएगा। जनेऊ से नापता है। कहता है, जनेऊ जो है सही काम है इसका (हँसी)...बाप रे बाप...वाह क्या है।

"एक बड़ा मनोरंजक प्रसंग है यहाँ। सुना हमने...सागर में। अंकित किया नहीं है, लेकिन अंकित करने लायक है। ये है कि सागर से उन दिनों विनोबा का दल निकल रहा था...भूदान में...तो मुझे बाद में एक व्यक्ति ने कहा कि ऐसी बात बताता हूँ कि आपको अच्छा लगेगा। हमने कहा—अच्छा सुनाओ। कहा कि विनोबा जी का दर्शन और संस्कृत पर अच्छा अधिकार था। उनसे एक विद्वान संन्यासी ने समय लिया कि मिलना चाहते हैं। पूछा—पेखी हुई, बाद में उनको समय मिला। कैम्प लगा था कहीं ग्वालियर के पास। वही बारह-एक के बीच का समय दिया गया और कहा गया कि आप दस मिनट से अधिक मत लीजिएगा। यह बात एक महीने पहले से तय हो गई। ये पहुँचे वही बारह के आस-पास। खाना-वाना खाकर लेटे हुए थे विनोबा। गेट पर रोक गया—अरे, यह कोई मिलने का समय है? कहा कि—पोस्टकार्ड गया था आश्रमवासी का। इसी समय पर आने को। तो कहा...हम पता लगाते हैं। अन्दर गया तो कहा गया कि बुला लो। देखा कि संन्यासी है और वयस्क है तो विनोबा जी उठ कर

बैठ गए। और बैठे तो ऐसे बैठे कि उसको मतलब, उसे कुछ पूछना-वूछना हो तो...तो उसने भी संकेत से कहा कि नहीं कुछ नहीं पूछना है। और इसके साथ उसने शंकराचार्य का वह श्लोक कोट किया–मौनं व्याख्यानं–मौन ही व्याख्यान है। सारे संशय इसमें कटते चलते हैं। इसके बाद देखा कि छेना एक कटोरी में बुकनी डाल कर आया। मिसरी की बुकनी। विनोबा जी ने ग्रहण किया। एक कोर्स और आया रात में भिगोए हुए छुहारे *(खारक)* दूध में। तो वह कोर्स भी उन्होंने ग्रहण किया वगैरह-वगैरह। तो उससे नहीं रहा गया। यानी कि संन्यासी का धीरज पार कर गया। उसका तत्त्व-दर्शन पंचर हो गया। *(हँसी)* तो उसने कहा हमें कुछ नहीं पूछना है। लेकिन अन्त में एक इच्छा होती है...एक शंका मन में उठती है...'भारतीय परम्परा में है...कहा गया है कुछ न हो और अतिथि आया हुआ हो तो क्या करें–तो घास का आसन बिछाओ। आसन के लिए भूमि चाहिए। जगह और पीने के लिए उदकम-जल, चौकी। बात मीठी। मनोहर वाणी जिससे कान भरते हैं। ये चार बातें। भारतीय परिवारों में इसकी कमी नहीं होती। लेकिन हमें तो पानी के लिए भी नहीं पूछा गया। तो ये तृणानि भूमि उदकम्...' ये किस्सा हमें आचार्य नन्ददुलारे वाजपेयी ने सुनाया, बड़ा दिव्य है न..."

"मैं सीधी गया तो लोगों ने कहा कि प्रतिनिधि कविताएँ जो नामवर सिंह ने आपकी सम्पादित की हैं, वो हैं आपकी प्रतिनिधि कविताएँ तो मैंने कहा–उनकी दृष्टि में होंगी। हम तो नहीं मानते हैं कि ये ही कविताएँ हैं। बहुत सारी और अच्छी कविताएँ जिनको हम चाहते हैं, नहीं हैं उसमें। प्रकाशक का अपना प्लान होता है और नामवर सिंह ने कहा, तो हमने भी कहा, ठीक है। तो कई बार उनकी च्वाइस का काम होता है। अब शोभाकान्त चुनते-उन्होंने उसमें दिया है, चुनी हुई रचनाएँ में, दो सौ दस कविताएँ हैं, हिन्दी के अलावा मैथिली और संस्कृत, बांग्ला की भी है।"...बाबा।

विजय बहादुर सिंह–"लेकिन दो सौ दस कविताओं में गुंजाइश कितनी बढ़ जाती है। ये तो नामवर जी को सोचना था बाबा। लेकिन हमारे जनकवि[1] वाले चयन और उनके चयन में कोई फर्क नहीं है, सिर्फ एक कविता–पछाड़ दिया मेरे आस्तिक ने मेरे नास्तिक को–छोड़कर मैंने जिसे अपने चयन में शामिल नहीं किया है। यद्यपि दायरा काफी छोटा है वहाँ, फिर भी वो सारी कविताएँ 'प्रतिनिधि कविताएँ' में हैं। जो कविता उन्होंने जान-बूझ कर ले ली है, उसे मैंने जान-बूझ कर छोड़ दिया है। आपने कलकत्ता में जब 'प्रतिनिधि कविताएँ' मुझे दी तो कहा था कि देखा, नामवर सिंह ने हिम्मत तो दिखाई कि मेरी यह कविता भी चुन ली। तो मैंने कहा था–वो आपको सम्पूर्ण रूप में पेश कर रहे थे। मेरे सामने एक खास

1. जनकवि : विजय बहादुर सिंह द्वारा सम्पादित केदारनाथ अग्रवाल, नागार्जुन, शमशेर, त्रिलोचन और मुक्तिबोध की कविताएँ।

ऐंगल था, मैं उससे बाहर कैसे जाता?

"हाँ जनकवि में तो उतनी कविताएँ नहीं हैं?" बाबा ने कहा।

"नहीं। वो सम्भव ही नहीं था। वहाँ आप पाँचों—केदार, शमशेर, त्रिलोचन, मुक्तिबोध साथ हैं। पाठक की जेब का ख्याल भी रखना होता है। फिर सबसे कम रिप्रेजेंटेड तो उसमें मुक्तिबोध हैं, अपनी लम्बी कविताओं के चलते—" विजय बहादुर सिंह।

(प्रसंग बदलते हुए उन्होंने कहा) "एक बार मैनेजर पाण्डेय के यहाँ ठहरा था...मैं तो वहाँ जाता रहता हूँ न, दिल्ली जाता हूँ तो वहाँ दो-एक दिन जाकर उनके पास ठहरता हूँ तो वे बहुत सारी कविताएँ छाँटकर रखते हैं, मुझसे चर्चा करते हैं उनके बारे में। एक बार उन्होंने मुझसे पूछा कि ये 'पत्रहीन नग्नगाछ' जो आपने लिखा है, उसमें नग्नगाछ की क्या जरूरत आई। पत्रहीन काफी नहीं है? तो 'पत्रहीन नग्नगाछ' का मतलब छाल न हुई पेड़ में, सूखा दिखाई पड़े, और पत्रहीन यानी डालें ठूंठ हैं। नग्न इसलिए वो हुआ कि एकदम छाल तक नहीं है। सफेद पड़ गया है। अब छाल अगर किसी कारण से निकल जाए तो छाल में जीवन है न? आपने देखा होगा पहाड़ों में या इधर भी कहीं, सूखी छाल होती है न, उसमें भी बहुत सूक्ष्म तृण-घास निकलता रहता है। देवदारू की टहनियाँ तो टहनियाँ, मौसम-कुमौसम, जो है, देवदारू चीड़ या बड़े-बड़े वृक्ष जो हैं उनकी छाल पर जो काई छा जाती है उस काई में से घास निकलती है।"

"यह नहीं देखा हमने..." वि.ब. सिंह।

"अरे भाई। काई में सूक्ष्म हरियाली छा जाती है, छूकर देखिए तो लगे। तो ये जो चमत्कार है, वह जो जीवन की अविराम अक्षय उदात्तता है, उसकी माया अपार है। वो फूट-फूट कर निकलती है, जिसको लोग मृत घोषित कर चुके हैं, दम नहीं बचा है, फिर भी एकाएक कभी, उसमें से कुछ फूटने लगता है।...कभी-कभी ऐसा होता है कि सूखा बांस, उसमें से कल्ले फूटते हैं। एक साधू था जो कल्ले वाला बांस उठाए चलता था। यह बक्सर डिवीजन में तमाशा देखा हमने।" बाबा।

"अच्छा...? वि.ब. सिंह।

"हाँ। इसमें ये देखा, हम को समझ में आया कि जो इसकी सिद्धई है, उसकी पराकाष्ठा जनता तक पहुँचाने के लिए इसने यह लीला की है। तो क्या किया होगा साहब...कल्पना कीजिए। उसकी कुटी है, कहीं तो एक बांस गाड़ दिया और बांस में कल्ले फूटे तो उसने निकाल लिया और घूम रहा है। चमत्कार किया न उसने? *(बाबा हँसने लगते हैं कह कर किंचित मौन के बाद...)* अब आप देखिए। प्रकृति कितनी लीला करती है। आदमी भी लीलाधर है। रामलीला, रासलीला यही है।" उन्होंने कहा और मुस्कराते हुए उठ कर अपने आसन की ओर चले गए।

पण्डितराज जगन्नाथ के बाद कुण्ठित-सा हो गया है हमारा साहित्य

बाबा के विदिशा होने के समाचार ने न केवल हिन्दी लेखकों को वरन् संस्कृत के जाने-माने युवा विद्वानों को भी विदिशा की ओर उन्मुख किया। 4 अप्रैल की शाम कालिदास अकादमी उज्जैन के संचालक, तेजस्वी वक्ता और अभिनेता कमलेश दत्त जी आए। उनसे ज्यादातर बातचीत संस्कृत काव्य पर हुई। बाबा की संस्कृत कविताओं के सौंदर्य पर विचार होता रहा। उसी के कुछ हिस्से मैं यहाँ अंकित कर रहा हूँ—बातचीत शुरू होती है सबसे पहले उन श्लोकों पर जो लेनिन को लेकर लिखे गए हैं। महान से महान क्रांतिकारी की भी उनके अनुयायी कैसी दुर्गति करते हैं, आचार्य हजारी प्रसाद द्विवेदी ने इस पर पूरा एक लेख लिखा है—'घर जोड़ने की माया।' लेनिन पर लिखी बाबा की संस्कृत कविता भी इसी ओर इशारा करती है—'रेशमी वस्त्रों पर सुनहली लिखावट तो की गई है, किन्तु ओ महान क्रान्तिकारी! तुम्हारे अर्थ रो रहे हैं; जो समाजवादी शासक जहाँ हैं, वहाँ वे अपनी अलग-अलग व्याख्या लिए बैठे हैं। दार्शनिकों ने, तुम्हारे दर्शन के व्याख्याकारों ने, सारे रास्ते को धुएँ से भर दिया है और पुरोहितों ने उसे रपटीला बना दिया है।'

'लेनिन की जो समाधि है, उसमें जो स्फटिक है, पारदर्शी है। लेटे हुए हैं वे, फिर भी जाग रहे हैं। यूरोप के जो छोटे-मोटे शासक हैं, एक दूसरे के ध्वंस का सपना देख रहे थे—परस्पर विनाश की योजना बना रहे थे—उस समय तुमने अपनी क्रान्ति का सफल कौशल दिखा कर नहीं के बराबर चीज़ में से एक चीज़ पैदा कर दी—दुःशासन प्रमथितः—दुःशासन था, उसे तुमने मथ कर रख दिया, कंस का तुमने वध कर डाला, और कंस के यहाँ जो रहने वाले पहलवान थे, चोर-कुवलयापीड़-अच्छे-अच्छे मस्तक भूषण पहनने वाले 'दादा' लोग।—बड़े-बड़े राजाओं बीच भारतेंदु ने अपना सईस भेज दिया था न, जार्ज पंचम के दरबार में। शर्त थी कि पाँच सौ रुपया जो देगा, वही दरबार में प्रवेश की अर्हता प्राप्त करेगा।

तो भारतन्दु ने पाँच सौ रुपया देकर अपना सईस भेज दिया था। अब वो जब वहाँ जाकर बैठा तो उसने कहा—बाबू हरिश्चन्द्र के मशालची या कुछ और हैं। उनके प्रतिनिधि होकर आए हैं। काशी का जो कलेक्टर था, उसे दण्डित किया गया कि ये कैसे आ गया...' बाबा ने बताया।

कमलेश और मैं दोनों उनके सामने हैं। वे उन्हें सम्बोधित करते हुए आगे कहते हैं—

"कमलेश जी! हमने एक कविता में लिखा है। हिंसा प्रक्षालितः तद्वव अहिंसापि प्रशोधितः—हिंसा बड़ी बहन है और अहिंसा छोटी बहन है। हिंसा के हाथ में पॉवर है, हिंसा बबुनी है, अहिंसा मालकिन है, वो उसको खिलाती-पिलाती है। इन्दिरा गांधी विनोबा को जैसे सन्तरा-सेव खिलाने लगें—तो हमने लिखा हिंसा का प्रक्षालन किया गया और अहिंसा को धो दिया गया। अहिंसा में जो गन्दगी आ गई थी, उसका शोधन किया गया..."

"ये किसके सन्दर्भ में है?"—क.द.त्रि।

"ये नेहरू के सन्दर्भ में है। आगे पीछे चार श्लोक होंगे।

हिंसा देवि नमस्तुभ्यं यमराजेन सहोदरै।
यमस्तु हरते प्राणं त्वैयैव आघ्राय थुश्रुतः ॥

तुम सूंघ कर जो थूक देती हो न, वह यम के हिस्से में है। अब इसमें 'सहोदरी' भी हो सकता है। सहोदरै भी। दोनों होता है। ये ज्यादा अच्छा है। कुछ और भी है। अब आपने उकसाया है तो पूरा कर देंगे इसे।

कालकूट मयी हिंसा, हिंसायां...क्षरतेमृतम्—यानी कालकूट भी उसमें है और अमृत भी क्षरता है...(हँसी)...तो हमने कहा कि कालिदास तो हमारे काम आएँगे, तो कुछ और नई चीज़ें भी बनेंगी...लेकिन असल बात तो यह है कि ऐंगल तो अपना है न भाई...हिंसायां क्षरते मृतम् जैसे पन्हायी हुई गाय से दूध झरता है..."

अचानक याद आता है उन्हें कि वे पिछले साल काशी गए थे। रहे बीस-बाईस दिन। एक दिन तो वहाँ हिन्दी कविताओं का पाठ हुआ। रेवा प्रसाद द्विवेदी (प्रसिद्ध संस्कृत विद्वान) को पता लगा तो आए और कहा, हम तो नहीं मानेंगे। पाठ करवाएँगे आपकी संस्कृत कविताओं का।

"देखिए, हम जल्दी ही फिर आएँगे तो करेंगे।" हमने कहा।

कहा—"यह अनिश्चित है—आप फिर आएँगे—देर लगती है आपके आने में। मान लीजिए आप।" वे बोले तो हमने कहा, "बनारस संस्कृत विश्वविद्यालय में आपका जो विभाग है, उसमें कितने श्रोता होंगे—बीस-पच्चीस तो हो ही जाएँगे।" तो कहा—"नहीं। साठ-सत्तर जुटेंगे। हम करते हैं इन्तजाम।" तो हमने उनके आगे एक प्रस्ताव रखा कि हमारे गुरु पचासी-नब्बे साल के हो गए

हैं—जीवित हैं—श्री मधुसूदन शास्त्री, उनको बुलाइए।

"हाँ-हाँ...क्यों नहीं..." कमलेश जी ने हुंकारी भरी।

"हमने कहा कि उनको जाकर कहिए आपका शिष्य वैद्यनाथ नाम का था, है कोई, याद है आपको? उसका काव्यपाठ हो रहा है, कहता है, गुरुजी आएँगे तो उनकी छत्रछाया में बैठ कर काव्यपाठ करूँगा। तो वे आए तो मेरे काव्यपाठ की अध्यक्षता की। हमने इन तमाम रचनाओं का पारायण किया और गुरुजी ने कहा, 'हमारी कीर्ति को तुमने आगे बढ़ाया।' *(पुलक भरी हँसी)।* उसके बाद तब से अभी काशी नहीं गए। हमको ऐसा लगता है कि काशी ऐसी जगह है,—प्रतिवर्ष या प्रति दो वर्ष कहिए—महीना-दो महीना-तीन महीना जाकर चुपचाप रहा जाए..." बाबा।

"इसमें क्या शक है?—पण्डिताई का तो वो घर है।" कमलेश जी।

"अमृतोदयं नाटक है गोकुलानन्द का। अब उसके एक छन्द में, शालिनी छन्द है—अद्भुत गठन है उसका, हम फिदा हैं उस पर। उसका अर्थ है—रुचि का परिपाक होने से जो तृप्ति मिलती है और बाद में जो शिथिलता आती है, तुम्हारी प्रीति में वो शिथिलता नहीं आती—प्रसरति विषयेषु सुरागः परिणतेव, त्वयि रुचिरुचिता तिक्त कान्तकान्ते...रुचि परिपाक सुजानः...अपने यहाँ संस्कृत में कुछ शब्द ऐसे हैं कि उन पर झूमते ही रहिए। जैसे 'जटायु'। जटा की तरह जिसकी आयु लम्बी हो। दीर्घजीवी के लिए है यह शब्द। ऐसी आयु वाला जिसकी जटा लम्बी...होती चली गई हो साहब। वो है जटायु...हः हः हः"—बाबा।

कमलेशजी बाबा को सुनते रहे। उन्होंने कहना जारी रखा—"भाई। अगर उसको रावण नहीं मारता तो और सौ-दो सौ साल वह जिन्दा रहता। सम्पाती और जटायु भाई थे न। सम्पाती तो जहाँ गिरता था, वहीं आक्रान्त करता था। कहावत है कि सम्पाती बाली को काँख में दबाकर तर्पण करता था। एक बार तर्पण में वो बहुत भाव विह्वल हो गया अपने पूर्वजों की याद में, तो बाली भाग गया। *(प्रसन्न हँसी)* ये देखिए। पौराणिक आख्यान बड़ा मजा देते हैं साहब। वाह! क्या बात है।

हमारे यहाँ के प्राचीन पण्डित भी बहुत अद्भुत थे। हमारे महामहोपाध्याय श्री मुकुन्द झा, काशी में बहुत बड़ा नाम था। रिश्ते में हमारे ससुर होते थे। हमारे बारे में कहा कि हमारे भतीजे को सुना है, बड़ा अच्छा दामाद मिला है। फिर सोचा कि कहीं ठगा तो नहीं गए। तो साहब, हमारी पेशी हुई। मीरघाट, रानीघाट पर रहते थे। बुलाया हमको। कहा कि—'अमरकोश' और 'लघु कौमुदी' तो बहुत प्राथमिक है। हमने कहा—'हाँ।' तो पूछा कि—अन्न में और फल में इतर व्यावर्तक परिभाषा बताओ। आम हुआ फल, अन्न क्यों नहीं और धान और गेहूँ फल क्यों नहीं है? 'अमरकोष' में क्या कहा है, इसे बताओ। हमको इस तरह किसी ने

समझाया नहीं था। पसीना छूट गया। हमने समझा की पहली पेशी हुई यह हमारी *(हँसी)।* जप कर रहे थे, पूजा में माला-वाला थी उनके हाथ में, तो कहा—देखो, आठ अक्षर में जवाब है इसका। फल पकने से ही जिसका अन्त हो जाए वह अनाज है। गेहूँ पकता है तो भूसा बन जाता है, धान पकता है तो पुआल बन जाता है। औषघयः पश्च्यध्न्ताम—अनाज है वह, फल पकने से जिसका अन्त हो जाए।'

"हाँ : एक साइकिल पूरी हुई"—कमलेशदत्त जी

"बाकी इतर हुआ फल।"—नागार्जुन

"अब हमने पूछा उनसे—संकुचित होकर पूछा, पण्डित जी से, कि कुआँ के किनारे पर जो अरहर का झाड़ होता है, बारह-बारह साल तक फलता रहता है... (ठहाका) अरहर तो शमी धान नहीं है, द्विदल है, ऐं...वह बारह साल तक फलता रहता है, वह क्या हुआ? तो उन्होंने कहा कि 'तुम्हारी दृष्टि बहुत तेज है।' हमको नम्बर दिया और जवाब क्या दिया...कहा कि प्रकृति में बहुत सारी विडम्बनाएँ हैं। अच्छा भला परिवार है और बौना पैदा हो गया है। अच्छे खानदान को विधाता ने ये रूप दिया है और कहा कि पहली फसल की जो फलियाँ होंगी, बड़ी-बड़ी होंगी और बाद की छोटी होती जाएँगी जैसे मरकट का लिंग...*(हँसी)*...समझाने से बाज नहीं आते थे बड़े लोग...*(हँसी)।* बताइए साहब। ये उपमा जो दी कैसी रही?"... नागार्जुन।

"वो लोग कम थोड़े थे...।" कमलेश जी।

"अब यह बात बहुतों से पूछते हैं, एग्रीकल्चर में बी.एससी. किया है, नैनी संस्थान में प्रोफेसर हैं, एकाध बार अमेरिका भी जा चुके हैं। उनसे एकाध बार हमने पूछा कि बताइए अन्न और फल में क्या फर्क है?" नागार्जुन

"तो जवाब क्या दिया...?" कमलेश दत्त जी।

"अरे वो तो तीन-चार वाक्य सुना दिया अंग्रेजी में। मैंने कहा—नहीं साहब. ..एक-दो शब्द में कहिए...फिर मैंने उन्हें यह बताया कि नोट किया उन्होंने। इतनी कहानी थोड़े ही सुनाई उनको। साहब। अमरकोश ऐसा है कि...बस!" नागार्जुन।

"सर्वांगपूर्ण कोश है..." कमलेश जी।

"हम तो गुटका अमरकोश रखते हैं छोटा-सा...चौखम्बा से छपा हुआ। सरस्वती चन्द्र को चाहिए कि इन ग्रन्थों को फिर से छापें। जब तक रामकरण शर्मा रहे तो उनकी दृष्टि बहुत प्रखर थी। अब कोई उतना ध्यान नहीं देता *(उदास हो जाते हैं नागा बाबा...यह कहते हुए)* फिर भी ये सब ग्रन्थ मिल जाते हैं, यही गनीमत है।"

"ये कहा हमने कि अपने यहाँ के विद्वान जो हैं...आज तो हालत यह है

कि अकादमी[1] में तीन दिन का जो कार्यक्रम होता है उसमें शुरू-शुरू में तो डेढ़ सौ, दो सौ आते हैं, बैठते हैं, फिर घण्टा-दो-घण्टा शास्त्र चर्चा होती है—ये बड़ी बात है कि आप आन्ध्र, केरल, कर्नाटक, तमिलनाडु इन तमाम स्थानों से जो वयस्क बुजुर्ग विद्वान हैं, उन्हें बुलाते हैं, फिर अभ्यर्थनापूर्वक उनकी सारी व्यवस्था करवाते हैं, ये जो विद्वत् समागम होता है, अपूर्व होता है...” नागार्जुन

“हाँ। प्रयत्न तो हम यही करते हैं...” कमलेश जी।

“अतिथि भवन भी बनाया या अभी नहीं बना है?”—बाबा।

“अतिथि भवन पूरा हो गया न।” कमलेश जी

“तो हम अब जब आएँगे तो दस-पन्द्रह दिन रह सकते हैं वहाँ...” बाबा।

“बिल्कुल...” कमलेश जी...

“हमने पता लगाया। राममूर्ति जी *(विक्रम विश्वविद्यालय के हिन्दी विभागाध्यक्ष और सुप्रसिद्ध साहित्य शास्त्री)* से पूछा कि वो जो क्वार्टर ‘प्रेमचन्द सृजन पीठ’ का आवास एवम् कार्यालय था—शमशेर जी जहाँ रहा करते थे...मैं ठहरता था ...वो जगह क्या हुई, तो कहा कि वो तो और कुछ काम में आने लगी है, नरेश मेहता[2] वहीं पड़ोस में रहने लगे हैं। तो फिर हमें अपना ध्यान आया...” बाबा।

“हमारा तो घर है। आप आइए...अब आप इस बार फिर कब आएँगे इधर? आप आते तो होंगे पर पता नहीं चलता कि आप कहाँ हैं? दिल्ली में या पटना में?” कमलेश जी

“यहाँ तो हमारा पता ये (वि.ब. सिंह की ओर इंगित) ही हैं। ये आपको बता देंगे। आपके नाम पर अन्तर्देशीय लिख कर हम रखे हुए हैं, साल-दो-साल पर जब याद आती है तब लिखने को मन होता है। पिछले दिनों मैंने तीन शिविर कराए। दो काव्य-शिविर, एक कथा-शिविर। कलकत्ता और नजीबाबाद में कविता का और धनबाद में कहानी का। विजय बहादुर जी तीनों में गए। उन्होंने कहा कि किसी को किराया नहीं देंगे, सबको अपनी गाँठ का लगा कर आना होगा। केवल ठहरने-खाने का इन्तजाम रहेगा। इसमें परीक्षा हो गई कि किसका लगाव गहरा है, ऐसे लोग ही आए, बाकी नहीं। ये सरकारी सेमिनार वगैरह होते हैं न, बहुत ही भ्रष्ट कर दिया है लोगों को। इनमें ऐसा होना चाहिए कि पार्टी वाले जैसे अपने पैसे से जाते हैं, वैसा जाना चाहिए।”—नागार्जुन।

“ये जो हर बात को पैसे से, सुविधा और साधन से जोड़ कर विकृति पैदा कर दी गई है, इसे तोड़ना चाहिए”—कमलेश जी।

“तोड़ने का यही उपाय है कि हम लोग ऐसे-ऐसे प्रयोग करें। दस को ही बुलाएँगे। पन्द्रह को बुलाएँगे। केवल तरुणों को बुलाएँगे। हमको लगता है कि

---

1. कालिदास अकादमी : उज्जैन।
2. ज्ञानपीठ पुरस्कार प्राप्त सुप्रसिद्ध हिन्दी लेखक

संस्कृत में ही कोचिंग कोर्स चाहिए। ऐसे लोगों को बुलाएँ जो आचार्य के अन्तिम खण्ड में हों, शास्त्री कर रहे हों, उन्हें बुलाकर बताएँ, पूछें, क्लास हो उनकी कि कविता में क्या ट्रिक है, कौशल क्या है? नहीं तो बूड़ा वंश कबीर का उपजा पूत कमाल...तो सफेद बाघों का वंश लुप्त हो रहा है"—नागार्जुन मौन

"करेंगे। ऐसा कुछ करेंगे।" कमलेश दत्त जी ने बाबा को आश्वस्त-सा किया।

"हाँ, ये जरूरी है"—नागार्जुन।

"आप आएँगे न?" कमलेश जी ने वचनबद्धता चाही।

"ऐसा, देखिए कि समयानुक्रम से बताता हूँ। 15 अगस्त तक। ये हमारे लिए अनुकूल मौसम है उज्जैन आने का। यों कभी भी हम आ सकते हैं। यानी अगस्त भी चाहे छोड़ दीजिए, सितम्बर से मार्च तक हमने कई बार सोचा कि क्या शमशेर नहीं है तो उज्जैन नहीं जाएँ क्या? ऐसा क्यों?" नागार्जुन।

"वहाँ सब लोग आपको याद करते हैं, चाहे हम हों, चाहे कोई और? राममूर्ति जी हैं, रथ जी हैं। सब आपको याद करते हैं। कितना बड़ा परिवार है आपका और थोड़ा तो उज्जैन इस मामले में है भी।" कमलेश जी की आँखों में प्रशंसा की चमक थी।

"हाँ! उज्जैन तो हम जानते हैं कि वो मध्यप्रदेश की काशी है।" नागार्जुन।

"अब हमको विदिशा देख कर लग रहा है कि काशी की छोटी बहन जैसी है।" कमलेश जी ने जोड़ा।

"आप यहाँ भी थोड़ा-सा प्लान करें। क्या विदिशा आपके क्षेत्र में नहीं आता ...ये प्राचीन नगरी थी, नगरियों में से है विदिशा-वेत्रवत्याश्चलोर्मि..." बाबा।

"हाँ! आज भी वेत्रवती की जल उर्मियाँ आकृष्ट करती हैं। आज भी..." कमलेश जी।

बाबा आगे बढ़े—"देखिए, आज इनको (वि.ब. सिंह की ओर इंगित) हम कह रहे थे कि हेम कुम्भस्तन्यां...पयसां रसज्ञं...हमने कहा कि आज के कवियों की तरफ देखिए—छोकरियों के साथ चकर-चकर करेंगे। पर ऐसा वर्णन नहीं कर पाएँगे। भाई, दूध से भरी महिला का, लबालब भरे स्तन का भी वर्णन करो न। खाली चूचियों का वर्णन करेंगे। करो न भरी-पूरी महिला का वर्णन...तो नहीं होगा इनसे। हे भगवान! क्या हो गया है इनको...किसी ने कहा आप बातचीत में भी घनघोर देहाती शब्द, फूहड़, तक पहुँच जाते हैं। तो हमने कहा कि बिम्ब नहीं चढ़ता बिना इसके ठीक से...*(हँसी कमलेश जी के साथ)* और हमारे आचार्य लोगों ने लिखा भी है कि समझाने के लिए बहुत सारी पद्धतियाँ काम में लाई जानी चाहिए। आखिर अपभ्रंश पढ़ाते होंगे तो कैसे पढ़ाते होंगे अयं...हःहःहः (हँसी) वेश्याओं के जितने नखरे हैं वो सब तो आ गए हैं न साहित्य में। हमारा साहित्य,

पण्डितराज जगन्नाथ के बाद कुण्ठित सा हो गया है। पठन-पाठन प्रणाली और विद्वानों का मिलना-जुलना–सब कुछ कुण्ठाग्रस्त हो गया है और इसका प्रसाद हम समझते हैं हिन्दी कवियों को मिला है। यही कारण है कि कुण्ठा प्रसाद शर्मा, कुण्ठा प्रसाद दुबे हिन्दी में भरे पड़े हैं...” नागार्जुन।

“आपको देख कर लगता है कि परम्परा कैसे सारे समकालीन बोध के साथ जुड़ जाती है। बाकी सब तो...बातें हैं”–कमलेश जी।

“जहाँ जो मिला, ग्रहण कर लिया। नास्ति भूमा वै सुखम् थोड़े-से शब्दों में कितनी बड़ी बात। यही है...” नागार्जुन।

मैं अब तक श्रोता की तरह चुप था–‘भूमा’ शब्द कानों में पड़ा तो बरसों की जिज्ञासा लेकर मैंने अपनी शंका भी रख दी–“इसको कैसे समझाएँगे–भूमा को? ‘प्लेन्टी ऑफ नेचर’ जो है या क्या?” बाबा तो चुप हो गए। जिज्ञासा भी मैंने कमलेश जी के सामने रखी थी–कमलेश जी ने कहना शुरू किया–

“ये जो सेल्फ है (आत्म) का आइडेंटीफाई कर देना थोड़े में, व्यक्ति में, इतने में, उतने में, ये जो घोर स्वार्थ है, निरन्तर व्यक्तिवादी होते जाना, सारा भारतीय चिन्तन इसके विरुद्ध ‘रिवोल्ट’ करता है और कहता है कि एक्सपैंशन की ओर जाइए। एक्सपैंड इट। उस विस्तार के साथ हमेशा आपका आत्म विश्व के साथ जुड़ता है। तो जो यह विश्व है, वही भूमा है। ‘भूमा वै सुखम्’–हम अपने ही बारे में लगातार सोचते रह जाते हैं। हम सिकुड़े रह जाएँ तो इसमें क्या सुख होने वाला है। और जहाँ इसको विस्तृत कर दिया वहाँ फिर क्या है। सारे भारतीय दर्शन की यह समस्या है कि वह व्यक्ति चिन्तन से शुरू तो होता है पर वहीं पर खत्म नहीं होता। बौद्धों ने किया यह, लेकिन प्राब्लम क्या है?” कमलेश जी।

बाबा–“वाक्य पदीय में आया कि मैं और मेरी यह जो अहंकार की गाँठ है, इसे ही खोल देना मोक्ष है।”

“वाह! वाह!!” कमलेश जी।

“यह जो मैं-मैं-मैं है, यह जो विस्फूर्जन है, अहंकार है और यह मेरा-मेरा-मेरा है, सारी दार्शनिक समस्या इन ‘मैं’ और ‘मेरे’ के गाँठ की है। इस गाँठ को खोलें कैसे? इसका उत्तर अलग-अलग दर्शन अलग-अलग तरीके से देते हैं। जो लोकायत दर्शन है, उसने इसका उत्तर शरीर से दिया है। शरीर की चिन्ता करो तो फिर भाई के शरीर की चिन्ता करो, परिवार के शरीर चिन्ता करो और कहीं न कहीं जाकर उसने यह कहा कि इस देश की रक्षा करो, उसके भीतर जो आत्मा है उसको समझो। कुटुम्ब में, समाज में चारों ओर जो लोग हैं, उन सबकी चिन्ता के द्वारा एक नैतिक दृष्टि का विकास करो। और कहा कि ये चिन्ता तुम करते हो तो कहाँ हो। तो इसका जवाब ये है कि ये तो स्वभाव है। होना तो इसका स्व-भाव है। हो सकता है कि

आकस्मिक हो। नियतिवाद है, नियति है, आकस्मिकता है, स्वभाव है। ये सारे के सारे शेड्स उसी लोकायत दर्शन के हैं। और लोकायत दर्शन चाहे स्वभाववाद मानें आप चाहे नियतिवाद मानें, यदृच्छायावाद मानिये आप, आकस्मिकतावाद मानिये आप, ये सब का सब लोकायत दर्शन है। लेकिन यह किसी नैतिक दृष्टि से विहीन है, यह कहना गलत है और नैतिक दृष्टि इस देह से आगे जाने की बात करती है, पर देह को देखने की जो दृष्टि है, उसके भीतर स्वात्मा है, जो उसकी प्रमाण्य की दृष्टि है, वह प्रत्यक्षवादी है। तो इस तरह से लोकायत दर्शन ने इसका जवाब दिया। पर जो इसमें दार्शनिक मुश्किल थी कि अगर सब नियति है या आकस्मिकता है तो पौरुषेय प्रयत्न का क्या होगा?" कमलेश जी।

नागार्जुन—"हाँ। ये तो है।" *(कह कर, बाबा फिर श्रोता बन गए)*

"पुरुष क्या करेगा? सब कुछ तो हो जायेगा। अपने आप हो जायेगा तो फिर हम क्या करें? इस दृष्टि में जो सबसे मुश्किल आती है वो यह कि हमारे अपने कांशस ह्यूमन एफर्ट का क्या होगा? चैतसिक। चित और चैतस् का क्या होगा? इसीलिए जो समझने को तैयार नहीं तो उस पर दया आई। कहा—"न बुद्धि भेदम् जनयेत अज्ञानः।" तो इसी का जवाब बौद्धों ने दिया। कहा कि नहीं। यह सब ऐसा नहीं है। कहा—'अप्प दीपो भव। आत्म दीपो भव।' यह जो उक्ति है बौद्धों की, वह इसी दृष्टि का उत्तर है—" कमलेश जी।

"हाँ, और क्या? कान में पानी होता है तो पानी डाल दें, यही उपचार है...वही...दर्द का हद से गुजरना है, दवा हो जाना।" नागार्जुन

भारतीय दर्शन की यह चर्चा काफी लम्बी चली। मीमांसा और सांख्य तक विचार हुआ। फिर चर्चा ऋत् और सत् पर जाकर टिक गई। मैंने दूसरी शंका भी रखी—"यह ऋत् क्या है?"

"ऋत्, नैतिक और ब्रह्मांडीय व्यवस्था की पूर्ण अवधारणा है"—कमलेश जी।

नागार्जुन—वो ऋतञ्च सत्यञ्चं...

कमलेश जी—"तपसोध्या जायतः...वो सब क्या है? हम अपने स्वयं के चिन्तन से यह देखते हैं"...

"और यों ही नहीं पैदा हुआ, तप से हुआ"...बाबा

"जो तपस् है 'यस्य ज्ञान मयम् तपः' हमारा जो इतना ही अन्तर है, हम करते हैं, प्रयत्न करते हैं"—कमलेश जी।

बाबा—"और ज्ञान के लिए जो निरन्तर प्रचेष्टा है"...

कमलेश जी—"याने ज्ञान से जो आर्विभूत हो रहा है, समझदारी से उपज रहा है।"

बाबा—"उसको कहा न बोधिबीज...हाँ।"

"क्या बात है—बोधिबीज से बुद्धत्व से जो कर्म उपज रहा है, जो बोध

है"–कमलेश जी।

बाबा *मुस्कराते हुए मुग्ध हैं अपने कथन पर। आगे और साफ किया उन्होंने बात को।* "समझदारी का दाना कहिए...हाँ...आँ...यह हुआ बोधिबीज...।"

"तो यह एक दृष्टि है, जो पुनः इसी अहंकार के प्रश्न को वेदान्तियों, अद्वैत वेदान्तियों ने इस अहंकार ग्रन्थि का दूसरा जवाब ढूँढ़ा। इसीलिए नित्य आत्मा के रहते, उस व्यापक आत्मा की जो कल्पना है, उस 'सेल्फ' का ही एक्सपेंशन तो है। अपनी आत्मा को अपने अहंकार के साथ नहीं, स्वात्मा को एक विराट वर्ग के साथ, एक विराट समुदाय के साथ, हम अपने को आईडेंटीफाई करते हैं। अपने को या उसको सम्पूर्ण विश्व के साथ जानने की बात करते हैं। लेकिन उसके भीतर जो अन्तर्विरोध है उसके कारण पहला सोपान ये होता है कि हम एक वर्ग के साथ अपने को आइडेंटीफाई करते हैं। और यह करके उसी प्रक्रिया में हम फिर विश्व के साथ..." कमलेश जी।

"वो...कहा न...ततः किम्...ततः किम्...उससे क्या हुआ, उससे क्या हुआ, उससे क्या हुआ...? हाँ...क्या बात हुई साहब"...नागार्जुन।

"लेकिन रास्ता तो वही है"–कमलेश जी।

"और भर्तृहरि ने कहा, जिसे सूक्ष्म तत्व की बात कहते हैं, वह क्या है? तो कहा, ठीक है, आप उसको 'नियति' कह लीजिए, ईश्वर कह लीजिए, आत्मा कह लीजिए, उसको आप द्रव्य कहिए, ये सब पर्याय हैं। आत्मा, द्रव्य, सोल और मैटर–सब पर्यायवाची हैं। वाक्यपदीय का अर्थ है"–कमलेश जी।

"हूँ...है न..." नागार्जुन...

"इससे फर्क नहीं पड़ता। फर्क पड़ता है सम्पूर्ण विश्व के प्रति जो आप दृष्टि रखते हैं उससे, और वो दृष्टि यहीं पर है। उसका अन्तर कि आप या तो अहंकार के साथ उसी में इतने डूबे हुए हैं कि उसके बाहर देखते ही नहीं"... कमलेश जी।

"इसीलिए विराट चिन्तन, विराट विवेचन को दर्शन कहा गया"–बाबा।

"ये जो दर्शन शब्द है...दृष्टिहीन तो दर्शन होगा ही नहीं"...कमलेश जी।

नागार्जुन–"अब वो जो रचनाएँ 'पहल' में आई हैं, उसके साथ एक भावभूमि ...पहाड़ों की भावभूमि है, वो हमारे अन्दर उभरने लगी...सम्पादित होने लगी...तो इसको...स्पन्द जो है न...स्फुरण है...शैव दर्शन में...इस 'स्पन्द' को बड़ा महत्व दिया। घड़ी के सेकेण्ड की सुई होती है न? वैसे चित्त में भी एक सुई है"...

विजय बहादुर सिंह–'स्पन्द' में और 'संवेदन' में क्या अन्तर है?

नागार्जुन–"संवेदन तो एक फ्लैट शब्द है, उथला है। स्पन्द तो और पकड़ते हैं न हमको। घड़ी में सेकेण्ड की सुई है, वो जो है स्पन्द है। बहुत ही देहाती ढंग की उपमा में अगर समझाएँ, पेशाब के अन्त में घोड़े के लिंग या घोड़ी की

योनि में जो हरकत होती है वो स्पन्द है"...

(बाबा की मुक्त हँसी...मेरे चेहरे की ओर देखते हुए)

"...कि नहीं। याने वो मैथुन की चरम अवस्था है और उससे पूर्व जो भगांकुर का स्पन्दन है, भगांकुर है वो शब्द...ध्यान दीजिए...हमारा गढ़ा हुआ शब्द है...ये कहीं आया नहीं है, लेकिन बहुत सार्थक है, भगांकुर यानी योनि में टोटी होती है, उसकी थिरकन...वो स्पन्द है...स्पन्द की पराकाष्ठा...इसीलिए कहा कि घोड़ी की योनि लघुशंका के बाद जो क्रिया यों-यों-यों (उँगली के इशारे से) करती है...बस उसे ही स्पन्द समझो"—नागार्जुन।

"संस्कृत काव्यों की जो रचनाभूमि है, वह जब हमारे सामने आती है तो फिर हिन्दी-बांग्ला-मैथिलीवाला वो सब हम भूल जाते हैं। दिमाग से हटाना पड़ता है उसे। तन्मय होकर साधना पड़ता है। तभी जाकर हो पाता है। ऐसा नहीं कि ये भी चले, वो भी चले। कल्पना करिए कि छह महीना हम पूरा संस्कृत को डिवोट कर दें तो जो खमीर आएगा, वो अपूर्व होगा...और बीच-बीच में हमने ऐसा किया है..." नागार्जुन।

"बाबा! ये 'बुद्धिजीवी' शब्द तो बहुत गलत अर्थ में इस्तेमाल होने लगा है अब" विजय बहादुर सिंह।

"हाँ! अब हम लोगों को इसकी जगह अपने अर्थ के लिए 'चेतनाजीवी' शब्द का व्यवहार करना चाहिए"—नागार्जुन

5 दिसम्बर 88 : प्रश्न यह कि हम लिखते किसके लिए हैं।

बाबा कभी-कभी स्वयं विचारों के गहरे दबाव के चलते बोलने लगते हैं। चाय पीते-पीते वे शुरू हुए—"जानते हो कीर्तन और जप में क्या फर्क है? जप चुपचाप होता है। पर भक्तों का मन प्रदर्शन से भरता है तो वे कीर्तन शुरू करते हैं। इस प्रदर्शन और पाखण्ड से घबड़ा कर ही आदमी भागता है और औघड़ बन जाता है। अब समाज तो बड़ा चतुर होता है न। वह फिर भी पीछे लगा रहता है स्वार्थ के लिए कि साला भागकर जायेगा कहाँ। अरे, प्रशंसा की मलाई किसे अच्छी नहीं लगती? तब जो सिद्ध पुरुष होगा वह क्या करेगा? अपने सिद्धों में एक का नाम डोम्बीपा 'पाद' शब्द का 'पा' बचा रहा और डोमनी के साथ जो रहने लगा हो तो उसे डोम्बीपा कहा गया। तुम तो जानते हो विजय बाबू कि अपना समाज कितना आडम्बरप्रिय है। स्वार्थी तो खैर है ही। अब अगर सिद्धि तत्काल लाभ नहीं पहुँचाती तो उसे छोड़ कर लोग टी.वी. की दुकान खोल लेंगे।"

"हमको लगता है सर्वोदयी नेताओं में सबसे ईमानदार विनोबा निकले। उन्होंने अपना अन्त क्र्र लिया। सासु तो जाती ही थी, बहू (मेनका) भी जाने लगी थी। वो यह सब बर्दाश्त नहीं कर पाए। किसको-किसको आशीर्वाद देते?"

"उधर अधिकतम वेतन पाने वाले समाज ने काफी गड़बड़ी पैदा कर दी है। उसके बच्चे उसी राह पर जाना चाहते हैं। बड़ी-बड़ी कम्पनियाँ इस रिटायर आदमी को दस-दस हजार का वेतन देकर रख लेती हैं और माल पचाने का गुर सीखती रहती है। अब इनसे कहो कि आप यह क्या कर रहे हैं तो ये चिल्लाएँगे। घुटी हुई वेश्या अगर बुढ़ापे में चीखे तो कहेगी–ये साली औरतें सब वेश्याएँ हैं...।" बाबा

टेबुल पर चन्द्रसेन विराट का नया संग्रह 'लड़ाई लम्बी है' *को अचानक रक्खा देख कर*–"अब ये विराट नाम का जो प्राणी है, काफी ऊँचे पद पर है। इसका लाभ लेकर ये अपनी कविताएँ छपवाता रहता है। पर पन्ना खोलने पर एक भी पंक्ति कविता की नहीं मिलती। पूरी किताब में काव्य शून्यता ही नजर आती है। ऐसे लोग चारों तरफ का लाभ उठाने की फिराक में रहते हैं।" *(बाबा ने तीखेपन के साथ कहा।)*

"विराट से उज्जैन में घण्टा भर सुनने के बाद मैंने कहा था–'अच्छे भले विचारों को गा देना और उसे गीत कहना हमें अच्छा नहीं लगता। क्या इन गीतों को आम जनता कभी अपनाएगी? गाने से कानों को तो अच्छा लगता है, पर पढ़ने पर तो अच्छा नहीं लगता। यही हाल वीरेन्द्र मिश्र के गीतों का है। वे अनावश्यक तौर पर लम्बे हैं।...प्रश्न यह कि हम लिखते किसके लिए हैं?" *वे बोलते ही चले गए।*

'लड़ाई लम्बी है' शीर्षक देख कर ही हमें हँसी आती है। क्या तुम्हारी लड़ाई लम्बी है? तुम लड़ किससे रहे हो, इसका भी तो पता होना चाहिए। सब जगह समझौता कर चुकने पर लड़ाई लड़ने वालों की भी शाबासी पा लेने की चालाकी नहीं तो यह और है क्या?" उन्होंने टिप्पणी की। *थोड़ा रुक कर फिर बोले*–

"फिर गीत न तो गीत हैं। ग़ज़ल न तो ग़ज़ल। बहुत मरोड़ और ऐंठन है विराट के गीतों में जैसे आधा घण्टे की कोशिश में पेशाब की दो बूँदें गिरें। जबकि शलभ श्रीराग सिंह जब गीत लिखते हैं तब लगता है कि वे गीत हैं। और गीत लिखना क्या होता है। *(थोड़ी देर चुप रहकर...)* कितनी खतरनाक चीज़ है कविता। सबसे पहले कवि को ही इसकी पीड़ा भुगतनी पड़ती है। गर्भ में आए शिशु की तरह इसे किसी दूसरे गर्भ के हवाले नहीं किया जा सकता..." *(बाबा के चेहरे पर यह सब कहते और सोचते हुए ईसा मसीह जैसी यातना का भाव था। परमहंस रामकृष्ण वाली मासूमियत थी। पर वाराह अवतार-सा चुनौती का सामना करता हुआ पौरुष-बोध वाला भाव भी था)*।

हम तो सिद्ध गोत्र के आदमी हैं न!

कवि श्री नागार्जुन आ तो काफी पहले गए थे और कई दिनों से मैं उनसे बातचीत करने की फिराक में भी था, पर उनके मूड का कुछ पता-ठिकाना नहीं लग पा रहा था। मैं भी अपनी दिनचर्याओं के चलते उन्हें यह अवसर नहीं दे पा रहा था कि फुर्सत देख वे ही अपने आप कुछ कहें। आज इतवार था। वे पुलकित दिखे तो मैंने कहा—"यह बुढ़ापा कैसा लगता है आपको? अब आप पचहत्तरवाँ पूरा करने वाले हैं।" तो सुनते ही वे गम्भीर हो गए। मुझे लगा, मैंने गलत सवाल रख दिया सामने। फिर भी इन्तजार किया कि शायद थोड़ी देर में कुछ कहें। पहले तो वे चुप बैठे रहे, फिर उठ कर मेरे पास आ गए। लगा, मेरे सवाल ने उन्हें कुछ पुरानी यादों में डाल दिया है—पर नहीं...वे अपने वर्तमान में ही थे। कहने लगे—

"मनुष्य समाज की चरम दुर्बलता का पुंज हो गया है। कहने को अपने भारतीय समाज में लिखा रहता है—सार्वजनिक सुविधाएँ (सर्वजन सौविध्य) पर पेशाब भी करने जाइए तो उस तक की सुविधा नहीं मिलती। कानपुर, कलकत्ता में—पाखाना जाने के लिए जो चार आना देता है और एक रुपया देता है, मेहतर दोनों के पानी के डिब्बे तक बदल देता है। ऐसे समाज में आप क्या करेंगे—ठेंगा? लोग आपको मार डालेंगे, जीने ही नहीं देंगे। हमारे गुरु जी थे पं. सीताराम झा। वे मिथिला लौटे तो कुटुम्बियों और पट्टीदारों ने उन पर पचास हजार के चार-चार मुकदमे ठोंक दिए। बेचारे पेशी ही करते रह गए। इसी दौरान पैरों में मोच आ गई और प्राणांत हो गया उनका।"

"मिथिला में दार्शनिकता की लम्बी परम्परा चली आई है। जनक से याज्ञवल्क्य तक। इन दिनों भी कम पण्डित नहीं हुए यहाँ, पर अब वहाँ के लोग मुकदमों से सन्तोष कर रहे हैं। न्याय-दर्शन के धुरंधर पण्डितों के खानदान वालों ने एक से एक नई टेकनीक अपने प्रतिपक्षी को परास्त करने के लिए निकाल ली है। यह उनका नव्य-न्याय है। कहिएगा 'यह घड़ा है', उत्तर आएगा—'यह घड़ा नहीं है।' फिर 'घ' में क्या है। तीन दिन तक यही चलेगा। यह वितण्डावाद नहीं तो और क्या है? आप अपना पक्ष तक स्थापित न कर

पाएँगे। खण्डन तब न होगा जब आप पक्ष स्थापित कर लें। यह हाल है। यही बिरादरी है अब पण्डितों की। ऐसी बिरादरी में मूंछों को चमकाने वाला प्रलोभन बहुत बुरा होता है। झा जी इसी के शिकार हुए।"—*कह कर उदास हो गए बाबा। लेकिन एकदम मौन भी नहीं रखा। थोड़ा रुक कर फिर कहने लगे...*

"इसीलिए कहता हूँ, निर्लज्ज होना थोड़ा-बहुत आवश्यक होता है। नहीं तो मुक्तिबोध की तरह हतचेत होना पड़ेगा। होगा यही कि हम भी अपने जीवन का अन्त कर लें, या काम लायक बनाए रखना हो तो थोड़ी सापेक्ष चतुराई जरूरी होगी। जहाँ पर पाँच-सात विरोधी बैल सींगों से मारने को खड़े हों, वहाँ उनकी टाँगों के बीच से निकल जाने की जुगत आनी चाहिए।

"नहीं तो ऐसा चिरजीवन जिएँ जो किसी काम का न लगे। चिरजीवन, लम्बा जीवन किसी काम का नहीं। चिर और अचिर को मैं फालतू समझता हूँ। ऐसे क्षण आते हैं जो सारे जीवन को शाश्वत कर जाते हैं। पर ऐसे भी चिरंजीवी होंगे रमेशचन्द्र शाह की तरह—जो आते तो अल्मोड़ा जैसी जगहों से हैं जहाँ एक से एक बुद्धिजीवी हुए हैं—पर यह महा गोबरगणेश हैं। जानते हो न पहाड़ में भोले-भाले लोगों को डण्डी मार कर के अपना स्वार्थ साधने वाले लोग शाह हैं। एक प्रकार का यह भी योगसाधन है कि देखते रहें चुपचाप और अपना तमाम जहर साहित्य में उतार कर चले जाएँ। अज्ञेय के शब्द-शिल्प में खुशबू तो बहुत आती है, पर पाठकों को तोड़ देता है।"

"अज्ञेय जी से कभी आपकी बात होती है?" मैंने पूछा।

"हमारे और अज्ञेय के बीच उषाकिरण खान माध्यम हैं। हमारी उनको, उनकी हमें बताती रहती हैं। वैराग्य की निर्लिप्तता तो है उनमें। पर आवेगों का चित्रण करते-करते रुक जाते हैं। यह नपुंसकता नहीं तो क्या है?"

"और निराला से कैसा था?" मेरा अगला सवाल था।

"निराला को उनके समकालीनों ने बहुत सताया। जानते हैं न आप?" बाबा ने कहा।

"पर आपको तो नई पीढ़ी का जितना आदर मिला, उतना शायद किसी को नहीं..." कह कर मैंने उनकी ओर देखा।

"हाँ! हम तो स्ट्रेटेजी बदलते रहते हैं न? कृष्ण को देखो न! बिरादरी वाले कितना तंग करते थे। उस महापुरुष का आधा वक्त खण्डयुद्ध करने में ही चला जाता था। मथुरा में चैन से रह ही नहीं पाए तो द्वारिकापुरी चले गए। हर भले आदमी को अपना अखाड़ा बदल देना चाहिए। यही कालधर्म है। नहीं तो खैर नहीं। अकेले चलने का धर्म टॉलस्टॉय ने निभाया तो क्या निभाया। खूब परेशान होते रहे। रवि ठाकुर का संघर्ष अलग ढंग का था और माइकेल का बिल्कुल अलग ढंग का। तो दोनों की स्ट्रेटेजी भी अलग ही होनी चाहिए। नहीं तो लोग इतने

काइयाँ हैं कि कहीं न कहीं से आपका इस्तेमाल करने लग जाएँगे। हमने तय कर लिया है कि हम अपना इस्तेमाल न होने देंगे। भले ही हम अज्ञात कोने में अर्निदिष्ट काल तक रह कर खत्म हो जाएँ पर वो हमारा इस्तेमाल अपनी शर्तों पर नहीं कर सकते।"

—"लेकिन जे.पी. मूवमेंट में तो आप गए?"—मैंने कहा।

"जे.पी. मूवमेंट में मैं गया और वहाँ से लौट कर बयान भी दिया था। तो जे. पी. के लोग आए और कहने लगे आपका नाम पार्लियामेंट के लिए है। आप अपना बयान बदल दीजिए। तो हमने कहा कि तब तक तो हमारे सिर पर सौ मन कचरा जमा हो जायेगा। मैं तो थोड़े ही दिन में घबरा गया था—कविता लिखी न मैंने—'रहा उनके बीच में।' अभी ऐसी कई कविताएँ हैं—'आसमान में उछल रहा है अणुबम का फुटबाल।' कलकत्ता के सेठिए मेरे पास आए और कहा—पाँच हजार रख लीजिए पर यह कविता मत छपवाइए। अणुव्रत के खिलाफ है यह। अफसोस कि यहाँ महाक्रान्ति तो हुई नहीं, अणुक्रान्ति ही होकर रह गई, आलू सब्जी तो नहीं खाएँगे, पर दस हजार की गड्डी चुपचाप रख लेंगे। इसीलिए तो बनियों को यह धर्म बहुत सूट करता है।"

उन्होंने आगे के वाक्य सीधे मुझे सम्बोधित किए— "पर जान लो, आप जैसे युवक विद्वान की जो प्राथमिकी (एफ.आई.आर.) दर्ज होती है, वह जनता के हृदय में दर्ज होती है। जो निर्वीय और अरिनन्दन है, समाज उसे याद भी नहीं करता। अरिनन्दन समझते हो न—दुश्मनों को खुश करने वाला। महाभारत में विदुर का डरपोक लड़का, जो युद्ध से पलायन करता है तो माँ ने उसे अरिनन्दन कहा। हमारे भारतीय चिन्तन की बुनियाद में कहीं गलती है। ब्राह्मणों में गरीब और राजपूतों में निर्बल भी हुए। जबकि कहा है—सिंह का अभिषेक नहीं होता। कहा—'स्वयमेव मृगेन्द्रता।' आडम्बरी क्रिया-कलाप से नहीं, उसने अपने पराक्रम से सबको जीत लिया है। ये सरहपा और कबीर क्या थे? कैसे ये अपनी जगह बना सके—

नाभिषेको न संस्कारो सिंहस्य क्रियते वनः
विक्रमार्जित राज्यस्य स्वयमेव मृगेन्द्रता ॥

अब यहाँ के पण्डितों का हाल जानना हो तो वसन्त पोतदार[1] वाला लेख 'काली प्रसन्न सिन्हा' पढ़ के देख लो। यही होना चाहिए इनके साथ। तब ये ठीक होंगे। उनने क्या किया बंगाल में? ब्राह्मणों की चुटिया खरीद कर उसकी प्रदर्शनी लगा दी एक साथ और नीचे जितने-जितने में खरीदी थी, उसका दाम लिख दिया कि साहब यह फलाँ पण्डित की चोटी है, यह फलाँ...कमाल ही किया न उसने? आयँ...हाँ..."

(यह कह बाबा ऐसे प्रसन्न हो जाते हैं जैसे उन्होंने अपने पूज्य गुरु पं.

---

1. 'मेरे प्रियजन' के लेखक।

सीताराम जी के साथ किए गए अन्याय का बदला ले लिया हो।)

"अब हम तो अपने आप सिद्ध गोत्र के आदमी न हुए भाई?" *वे मेरी ओर देख कर फिर कहना शुरू करते हैं*—"इसलिए अगर अभिजात गोत्र का कोई आदमी मुझे अपने साथ रखना चाहेगा तो मैं तो रह जाऊँगा पर मेरे साथी नहीं रहेंगे। अब निराला जी के लिए महादेवी जी ने कलकत्ता के सेठों—भागीरथ कानोड़िया वगैरह से पैसा लेकर साहित्यकार संसद बनवाया। खिड़कियों पर दामी परदे टँगवा दिए। निराला जी ने देखा कि माली के बच्चे ठण्ड से सिकुड़ रहे हैं तो उन्होंने उसको उतरवा कर माली को दे दिया। कहा—लो, इन बच्चों को कपड़े सिलवा दो। मुझे कमला शंकर सिंह, जिनके यहाँ निराला जी अन्तिम दिनों में रहे, चित्रकार थे वो, उन्होंने मुझे यह बात बताई।"

अपना कथन जारी रखते हुए उन्होंने आगे कहा—"अब देखो। बड़ी हुई उम्र का उपयोग कैसे करता है एक दीर्घजीवी आदमी। खुद के हाथ-पाँव से तो चलने लायक रहा नहीं वो। तो क्या करेगा, जानते हो न?"

मैंने कहा—"बताइए। क्या करेगा?"

तो कहा—"मान लो हम अपनी दृष्टि-शक्ति खो दें तो श्रवण कुमार जैसा कोई युवक-जिसे हम बाध्य करेंगे कि तुम हमें ढो के ले चलो। अब कोई उदार युवक होगा तो हमें बहंगी-बहंगी क्या, जीप या कार मान लो। नई बुर्जुऑजी में यही न सवारियाँ हैं—तो वह हमें ढोएगा। अब कहीं हलचल मिलेगी, कानों तक आवाज पहुँचेगी तो पता लगेगा कि कोई टाउन आ गया...तो चार दिन या दो दिन का हाल्ट करेंगे न? मेरे जैसा बुड्ढा खाली अपनी मनमानी नहीं करेगा। कहेगा उससे कि देखो बाजार-वाजार घूम-घाम के आ जाओ। कोई तुम्हारी मनपसन्द फिल्म लगी हो तो देखते आना। आखिर उसका भी तो दिल है न भाई? बेचारा ढो-ढोकर बोर हो गया होगा। अब यह बात हम बुड्ढों की समझ में आनी चाहिए।'' *"यह कह जैसे उन्होंने अपने सारे कथन का सारांश प्रस्तुत कर दिया।* ''जितनी छूट हम देते रहे हैं, उतनी ही हमारी उम्र के लोगों में कोई दूसरा देने वाला नहीं है।"

"हाँ। आप में यही बात तो खास है।" मैंने कहा।

पुराने महर्षियों में सबसे ज्यादा मेरा मूड दुर्वासा से मिलता है

कमलेश[1] जी शाम को बिलासपुर एक्सप्रेस से आए। गाड़ी थोड़ी लेट थी। इसलिए आने में देर हो गई थी। कमलेश जी के नाम से ही बाबा का मूड बन जाता है। वे उनसे बातचीत करने को आतुर हो उठते हैं। वे आए तो बाबा भीतर के कमरे में, मेरे बिस्तर पर थे। मैंने उन्हें सूचित किया ही था कि कमलेश जी भी अपना बैग खोल, तौलिया ले बाथरूम के लिए भीतर आ गए। बाबा को देखते ही झुके और आह्लाद सिक्त प्रणाम किया। बाबा ने प्रत्युत्तर में 'प्रणाम' कहे बगैर रुके पूछा—"कब आए?" कमलेश जी ने कहा—"बस, अभी चला ही आ रहा हूँ। आप स्वस्थ तो हैं न?"

"हाँ! अब स्वस्थ तो हैं ही। स्वास्थ्य भी तो बनता-बिगड़ता रहता है। अब आप आए हो तो और स्वस्थ हो जाऊँगा, आपसे विचारों का आदान-प्रदान करके।" बाबा।

कमलेश जी जल्दी से अनुमति माँग बाथरूम की ओर चले गए। ऐसा लगता था सागर में उनका समय काफी व्यस्त रहा और वहाँ ठीक से नहाने-धोने का मौका भी उन्हें नहीं मिल पाया। वे बाथरूम में थे, तभी बाबा ने जिज्ञासा की—"कब तक हैं? एक-दो रोज ही रहेंगे न?"

"नहीं। सुबह ही भोपाल जाना हे। कोई मीटिंग है, अशोक वाजपेयी के साथ। रात-भर तो रहेंगे ही।" मैंने कहा।

"तब सुबह तो बात होगी न?" उन्होंने जानना चाहा।

"हाँ। सुबह तो होगी ही। आप चाहेंगे तो दस-बीस मिनिट रात में भी हो जाएगी।" मैंने उनकी इच्छा जानने के ख्याल से कहा।

"आप तो जानते हो, देर रात तक जग पाना मेरे लिए अब ठीक नहीं रहता।" उन्होंने जोड़ा।

"तो सुबह हो जाएगी। मैं उनसे कहूँगा कि मालवा एक्सप्रेस से न जाएँ।

---

1. डॉ. कमलेश दत्त त्रिपाठी—सुप्रसिद्ध संस्कृतज्ञ और कालिदास अकादमी उज्जैन के पूर्व निदेशक। अब वाराणसी में।

दूसरी गाड़ी से भोपाल जाएँ।" बाबा को आश्वस्त करते हुए मुझे कहना पड़ा। *तब तक कमलेश जी कन्धे पर तौलिया रखे बाथरूम से वापस आ चुके थे। सफेद धोती और अधबँही में उनका सुडौल साँवला देह फब रहा था। कमलेश जी के सिर के आगे के बाल उड़ चुके हैं। पर उनकी निश्छल उन्मुक्त हँसी उधर ध्यान ही नहीं जाने देती।*

तौलिया और सोपकेस बैग में रख वे भीतर के कमरे में आ बाबा के पास बैठ गए। मैंने उन्हें चाय लाकर दी। एक कप में थोड़ी-सी चाय बाबा के लिए भी साथ देने की गरज से ले आया।

थोड़ी देर इधर-उधर के कामकाजी सवालों का लेन-देन होता रहा पर जल्दी ही दोनों ट्रैक पर आ गए। कमलेश जी और राधावल्लभ त्रिपाठी जैसे संस्कृत के आधुनिक पण्डितों को पाते ही बाबा उसी वाङ्मय में डूबने और बहने लगते हैं। मैंने सुना वे कमलेश जी से कह रहे थे—"संस्कृत साहित्य भी अद्‌भुत है। धर्मकीर्ति के श्लोक का स्मरण होता है मुझे। उसने लिखा है वाल्मीकि ने शिलाखण्डों से वानरों के जरिए, समुद्र पर पुल बनवा दिया और सबने मान लिया। किसी ने नहीं कहा कि अत्युक्ति है और व्यास ने यही काम किया, झील में जब खाण्डव वन में आग लगी तो झील पार करवा दिया, वैसे खाली पैरों से। और हम शब्द और अर्थ को तौल-तौल करके इस्तेमाल करते हैं, फिर भी मेरी निन्दा के लिए लोग मुँह फाड़े हुए हैं। हे प्रतिष्ठे। तुमको नमस्कार..."

हःहःहः...(कमलेश जी की हँसी...।)

"हयं...वाह...क्या है?" नागार्जुन पुलकित हो उठते हैं।

"तेजसाम् न वयम् समीक्षते...हर युग पर लागू होता है। हर युग का एक प्रतिनिधि होता है।...कहा है...ये जो पूर्वज शब्द है न, इसको रूढ़ अर्थ में नहीं लेना पड़ेगा...। तो कहा न हमने एक दिन कि भाई हमारे पुराने महर्षियों से कितना मूड हमसे मिलता है...तो हम बार-बार दुर्वासा पर अटकते हैं।

"दुर्वासा नाम पर ध्यान दीजिए आप...कहीं टिकते नहीं थे"...उन्होंने जोड़ा

"हाँ! दुःवासा...दुस्तर है वास जिसका" (वि.ब.)।

"और वो बेचारी लौंडिया जो है (शकुन्तला की ओर इशारा) उसको शाप दे दिया। जा, तुझे वो भूल जाए..." *(हँसी सामूहिक)।*

"लेकिन आपने तो संरक्षण दिया है कइयों को"—वि.ब. सिंह

"चिन्त्येति ममनाम् मानसा...तपोधनम"...बाबा ने उद्धृत किया...

"जो पिए हुए है, धुत्त आदमी है, क्या पहली बात उसने की है, यह सब भूल कर घीसू-माधव साला हो जाता है...कि नहीं...ये दुर्वासा...इसमें वो जो 'हजार हजार बांहों वाली' पहली कविता है। इससे इसका अर्थ और खुलता है—

नव-दुर्वासा शवर-पुत्र मैं, शवर-पितामह
सभी रसों को गला-गला कर

अभिनव द्रव तैयार करूँगा
"महासिद्ध मैं, मैं नागार्जुन
अष्ट धातुओं के चूरे की छाई में फूँक भरूँगा
देखोगे, सौ बार मरूँगा
देखोगे सौ बार जियूँगा
हिंसा मुझसे थर्राएगी
मैं तो उसका खून पियूँगा"

कवितांश समाप्त करते हुए उन्होंने कहा—"आप कल्पना करो कि शबरी का हसबैण्ड हूँ मैं" (हँसी)...

"गोसाईं जी तो बचा गए और किसी ने जिक्र किया नहीं...तो शबरी का कोई पति रहा न होगा भाई? तो शबरपुत्र और शबरपिता भी होंगे और अपने यहाँ शाबर भाष्य है। 'शाबर' शब्द को बहुत सम्मान दिया गया है। शाबर मन्त्र है कि नहीं? 'शाबर' शब्द उतना अछूता नहीं है। भीलों में से एक महिपाल भूरिया नामक पात्र है इन्दौर में, कविता लिखता है। आदिवासियों में से, इन लोगों में से जो पढ़ कर निकलेगा उनमें से कई बौद्धिक पैदा होंगे। अभी ऐसा दुर्योग जरूर है। लेकिन ये है कि अपना भावात्मक तादात्म्य स्थापित करने के लिए इस प्रकार का आदान-प्रदान होगा। आपके यहाँ संस्कृत साहित्य में आरण्यकों का जिक्र है न, *(कमलेश जी से)* तब आपके यहाँ भी यह स्थिति पैदा होगी *(थोड़ा रुक कर)*...प्राचीन साहित्य में 'आरण्यक' शब्द बहुत ही सांकेतिक शब्द है...उपनिषद, आरण्यक वगैरह...जंगल में बहुत इत्मीनान से बैठ कर जो चर्चा की जाती है, वह आरण्यक है। तो इसका मतलब क्या है? जैसे अपन लोग कभी बगीचे में जाकर बैठ जाएँ और चर्चा करें।"

"अरण्य शब्द का ही अर्थ है, जहाँ पर रण-रणक न हो। रण न हो, रणक से युक्त जो है वो रण्य हुआ, और जहाँ रण-रणक न हो..." क.द.जी.।

"इसलिए राजा की हिम्मत नहीं होती थी वहाँ जाने को।...घोड़े रुकवा देते थे वो। पुछवाते थे, परमीशन लेते थे पहले, अरण्यवासी महर्षियों से कि हम आएं कि नहीं आएँ"...बाबा।

"माने साधना और तपस्या का वो घोषित सुरक्षित क्षेत्र था।" वि.ब. सिंह।

बाबा—"हाँ! राजाओं का आतंक था। ये नहीं कि कोई आए और कार लेकर घुस जाए...कि नहीं *(क.जी. से)*...अयं...अभयारण्य में...कार...लेकर चले गए और घूम कर चले आए बाहर...'अरण्य' शब्द जो है, वो वैदिक परम्परा का है। दो शब्दों को लपेट कर चलता है ये आरण्यक।...ये आएगा आएगा...मैं आपको कहता हूँ त्रिपाठी जी...संस्कृत साहित्य में हमारी परम्परा में...आरण्यक शब्द से अपने आपको जोड़ेंगे लोग। तो अभी ये है कि हम तो ये कहते हैं

कि अपने यहाँ जो मन्त्र हैं, देवी-देवताओं के...आरण्यक या भूत-प्रेत की पूजा का जो मन्त्र चलता है, बलि देने की जो प्रथा थी...जंगल के देवताओं की...तो उनके मन्त्रों को इकट्ठा कर दिया जाए...घत...तेरी...तिरी...तिरी...तिरी *(मन्त्र पाठ का अभिनय करते हुए)* तो उसको लगेगा कि लड़की गौना करा के आई है, इसको भूत लगता है। साहब तो ओझा बुलाया जाए...और वो उसका झोंटा पकड़ कर उसकी पीठ पर चार डण्डा मारे। पीठ उसकी लाल कर दे पीट-पीट कर तो...कहता है, अब ये ठीक हो जाएगी। हुआ न ये...। ये भी आरण्यक है। आज भी वहाँ जगदलपुर के जंगलों में जाएँगे न...दन्तेबाड़ा दन्तेश्वरी माई के मन्दिर में, तो उसके पास मैदान है, उसमें लकड़ी खड़ी है। छोटी-छोटी, बड़ी...बड़ी... पूछा—तो कहा कि आदिवासियों का श्मशान है ये...क्यों भाई, लकड़ी क्यों खड़ी है? कहा कि उनकी आत्माएँ लहराती हैं रात में, परस्पर बातचीत करती हैं रात में...कहा कि छोटी लकड़ी...तो बच्ची की है। तो जो ये कब्र वाला सिस्टम है उसका ये पूर्व रूप हुआ न...कब्रगाह...का पूर्वरूप...है। मृत्यु के बाद एक पद्धति पारसियों की है। पारसियों का जो श्मशान होता है न, चहारदीवारी से घिरा होता है। खण्ड-खण्ड काट कर शव को वो कौआ और चील को लुटा देते हैं और वो जाली जैसी तान देते हैं कि कौआ और चील उस माँस खण्ड को बेजगह न गिरा दें। इस तरह वे अपने मृतकों का सम्मान करते हैं और अपने यहाँ सबसे अच्छी परम्परा है कि जला देते हैं। कुछ नहीं रह जाता है। और मुसलमान लोग...*(बाबा कहते-कहते रुक जाते हैं)*

"कहा है न...माटी खाय जनावर महा महोत्सव होय"—क.द.जी.

"हाँ...और जहाँ लकड़ी नहीं मिलती है, वहाँ ऊँची टेकरी पर ले जाकर शव को गिरा देते हैं...तो इस पर अभी 'जनसत्ता' में एक लेख आया था 'महानगर के श्मशान'। जैसे किचन देख कर संस्कृति का अन्दाज़ा लगता है, वैसे ही यहाँ श्मशान देखकर के या छोटा श्मशान देख करके एक अन्दाज़ा मिलता हैं संस्कारों का। एक और बात है। ये जो 'संस्कृति' शब्द है, अनुवाद कल्चर का, हमको बराबर खटकता है। इसकी जगह 'संस्कार' डालना चाहिए। हमारे यहाँ बंगाल में वो 'कृष्टि' चलाते हैं"—बाबा।

क.जी.—"इस पर नीहार रंजन रे ने बड़ा लम्बा लेख लिखा है...कैसे कल्चर के लिए...कुल्टूर है (फ्रेंच में), स्पैनिश में, जर्मन में कुल्टू है।"

"रवीन्द्रनाथ ने 'कृष्टि' शब्द का बड़ा विरोध किया। उन्होंने कहा कि ये भौंडेपन के कारण कानों से टकराता है"—बाबा ने टिप्पणी की।

"संस्कार तो नहीं टकराता, आर्य समाज वालों ने इसीलिए तो संस्कार विधि की पोथी चलाई"—वि.ब. सिंह।

"जी—हाँ"—क.द. जी.।

"अरे वो टवर्ग है न भाई"—नागार्जुन

"बात 'कृष्टि' की चल रही है न?" मैंने कहा।

"कानों को तो वो टकराता ही है, उसका जो 'कर्षण' से सम्बन्ध था," बाबा...।

"ये भद्रलोक थे तो इनकी सारी कल्पना जो थी वो भद्रलोग की थी"—कमलेश जी।

"वो मानव विकास का एक खास खोल है—हमारे यज्ञ जितने हैं...वसन्तेजयः कहा कि आएँ...वो सहस्रक्षीरषा वैदिक मन्त्र है—पुरुष सूक्त का...और देखिए न? यहाँ है तस्करानाम...और देवियों में कई देवियाँ आदिवासी लड़कियाँ लगती हैं हमको। *"बाबा बोलते गए—"* माने वो देखिए—

मयूर कुक्कुट व्रते महाशक्ति घरे नघे। कौमारी रूप संस्थाने नारायणी नमोस्तुते।

"मोरों और मुर्गों से घिरी हुई है ये कुमारी, क्या है साहब, आदिवासी नहीं है तो क्या है? आंय।" *बाबा यह सोचकर चमत्कृत थे...* "ये आदिवासी सभ्यता का ही तो है न?" *उनका इशारा दुर्गा की ओर था।*

"और अशोक ने फिर मना किया कि अब हमारे यहाँ किचन में मयूर का मांस वर्जित है। मतलब ये है कि उसके पहले चलता था। अभी भी चलवा है जंगलों में।" *(उन्होंने बात जारी रखी)...* "तो शब्दों से संस्कृति का अन्दाज़ा न लगता है...वो मेरा जो श्लोक है न...एक लेनिन वाला, उसमें एक शब्द आया है 'दुर्व्याख्या'। आप समझते हैं न उसकी व्यंजना? माने सोवियत रूस और चीन और दूसरे भी, उसकी अलग-अलग व्याख्या करते हैं और हमारे यहाँ के जो संस्कृत विभाग के पण्डित लोग हैं, कुछ पढ़ते-लिखते तो हैं नहीं, यह हालत है संस्कृत के डिपार्टमेंट के लोगों की। उन लोगों के बीच हम इन श्लोकों को लेकर जाएँ तो हमें एक-एक श्लोक समझाना पड़ेगा। हमारी जो भाषा है न, इन श्लोकों की, वो बहुत गझिन है।" *बाबा ने अपना कथन समाप्त किया।*

इसी क्रम में बाबा से एकाध दिन उपरान्त मिलने आए *डॉ. राममूर्ति त्रिपाठी ने पूछा*—आप तो राहुल जी के साथ भी रहे, तिब्बत वगैरह भी गए शायद कि नहीं? *तो बाबा को अचानक राहुल जी की बातें याद आने लगीं*—राहुल जी ने तिब्बत की याद करते हुए लिखा है तिब्बती बड़ी पुष्ट भाषा है। अब क्या हाल है तिब्बटन का? एक आपको पता होगा 'गंगतोक' में नमजल इंस्टीट्यूट ऑफ टिब्बटोलॉजी है। गंगतोक जो है, सिक्किम की राजधानी है। वहाँ वो है। वहाँ सब पुस्तकें भी रखी हुई हैं और पढ़ने की व्यवस्था भी है। उसमें भी, जैसे सरकारी संस्थाओं में हो जाता है, हो गया है। लेकिन है अभी, कुछ काम लायक जगह।

राहुल जी जो पुस्तकें लाए थे तिब्बती से, वो पुस्तकें यहाँ पड़ी हुई हैं... पटना...में, लेकिन जो सबसे मौलिक काम था राहुल जी का संग्राहक के रूप में, मठों से वो ताड़पत्र ले आए थे। तो वो लिपि में हैं, वो नालन्दा कालीन लिपि में हैं। उस

समय के जो ग्रन्थ समूह हैं सब, उन ग्रन्थों को दो पण्डित रखवा करके ये जायसवाल इंस्टीट्यूट जो है पटना में...नागरी में लिप्यन्तर कराया है उसने। जिसकी इच्छा होगी, सम्पादन करेगा। अनन्तलाल ठाकुर वगैरह कई लोग थे वहाँ। लेकिन बहुत ग्रन्थ पड़े हुए हैं। राहुल जी कुछ मौलिक काम ज्यादा नहीं कर सके, इस मामले में। सम्पादन में उन्होंने धर्मकीर्ति का जो मूलग्रन्थ है, उसका उन्होंने किया।

तिब्बत के बारे में राहुल जी ने जहाँ-तहाँ लिखा है। वह उनके गहरे निरीक्षण बोध को सूचित करता है। बाबा ने कहा और उनकी आँखों के आगे जैसे राहुल जी की किताबों के पन्ने खुलते चले गए। राहुल जी ने लिखा है–

'कितने प्रयत्न के बाद मैं उस समय तिब्बत पहुँचा था। यद्यपि मैं वैसा नहीं मानता हूँ, लेकिन लोग मेरी यात्राओं को बड़े आश्चर्य की दृष्टि से देखते हैं।'

'हमारे देश के किसी गाँव में आप चले जाइए। आपका यदि वहाँ कोई परिचय न हो या सौभाग्य से कोई सज्जन पुरुष न मिल जाए, तो पैसा और रसोई का कच्चा सामान पास रखते हुए भी, आपको भूखों मरना पड़ेगा। तिब्बत का यात्री इस विषय में ज्यादा सौभाग्यवान है, क्योंकि हर घर में उसे ठिकान मिल सकती है, और हर घर में चीज होने पर वह पैसे से मिल भी सकती है।'

'जिसको हम सत्संग और संलाप कहते हैं उसका मौका तिब्बत में बहुत कम जगहों पर मिलता है। तिब्बती लोगों से घनिष्ठता पैदा करने के लिए शराब, नाच और गाना आवश्यक है। यदि कोई विद्याप्रेमी विद्वान हो तो उससे संलाप द्वारा भी समीपता पैदा की जा सकती है।'

'भारतीय चित्रों, सांस्कृतिक ग्रन्थों और धातु-मूर्तियों का जितना सुन्दर संग्रह तिब्बत में है, वैसा कहीं पर नहीं।'

'चार हजार से अधिक लुप्त ग्रन्थों में यदि कुछ और भी संस्कृत में मिलेंगे तो तिब्बत ही में। इसलिए तिब्बत के विहारों का हमारे साहित्य की रक्षा में कितना हाथ है, यह आसानी से जाना जा सकता है।'

तिब्बत के आस-पास का ही वातावरण तो यहाँ नागार्जुन की इस कविता में भी है–

अमल धवल गिरि के शिखरों
पर
बादल को घिरते देखा है।

छोटे-छोटे मोती जैसे
उसके शीतल तुहिन कणों को
मान सरोवर के उन स्वर्णिम
कमलों पर गिरते देखा है।
बादल को घिरते देखा है।

देहाती क्षेत्र के कुछ मित्र हमको कहानियाँ सप्लाई करते हैं

आज सुबह से ही वे बातचीत के लिए तैयार दिखे। पहले तो टेप-रिकार्डर देखते ही भड़क उठते थे पर आज न जाने क्यों वे उसके पक्ष में बोल रहे थे—

"ये जो वैज्ञानिक विद्या आपको प्राप्त हुई है, रिकार्डिंग वगैरह की, इसका लाभ लेना चाहिए। ये जो हम कभी कह देते हैं कि हटाओ-हटाओ तो इसका मतलब होता है कि कहीं हम ज्यादा बोर हो चुके हैं, क्योंकि देख कर गुस्सा आता है, तभी ये बात मुँह से निकलती है और ऐसा नहीं है कि ये सब बेकार है। स्मृति का साक्ष्य जो है, वो बहुत अनिवार्य है, आदमी कितनी बातें याद रखेगा। इसलिए ये बहुत जरूरी है। आपने पूछा था न कि मेरे उपन्यासों की उत्पत्ति कथा अलग-अलग हो सकती है, तो 'उग्रतारा' जैसे उपन्यास का क्या हो सकता है, हम कहाँ से पाते हैं ये सब...तो यह तो बहुत अच्छी बात है पूछना।"

इस भूमिका के साथ उन्होंने बात आगे बढ़ाई..."दस साल, पन्द्रह साल कलकत्ता में रहा हुआ आदमी, कर्मशील व्यक्ति एकाएक गाँव आ जाता है, तो क्या बन सकता है, इसका उदाहरण 'दुखमोचन' है। यह ठीक है कि 'दुखमोचन' का जो निर्माण-क्रम है, उसमें साहब...हम फिर बहक रहे हैं मूल बात से, जो कहना चाहते हैं...वो नहीं...। 'दुखमोचन' यह है कि वो हबड़ा में काम करता था और छंटाई-रीट्रेन्चमेंट—में आ गया है। स्ट्राइक हुआ—बहुत सारे लोग स्ट्राइक में आकर गाँव बैठ जाते हैं, बंगाल जूट मिल तीन-चार साल से बन्द पड़ा है हबड़ा में...कि नहीं...तो सब कर्मचारी थोड़े न वहाँ रहेंगे...गाँव में आ जाएँगे...यहाँ आकर छोटा-मोटा काम पकड़ लेंगे। दुखमोचन भी गाँव आ गए और वहाँ आकर...उनको भाभी जैसी एक पात्र मिल गई, मामी या भाभी जो भी, तो वो...गाँव में काम शुरू किया उन्होंने। फर्क इतना पड़ता है कि 'दुखमोचन' का निर्माण क्रम में जो हमने किया...*(उनका इशारा कथानक की रचना की ओर था)*

"इसका दूसरा टर्न हो सकता था, संघर्ष का रूप नहीं है उसमें, एक

सुधारवादी रूप चला...हूँ...क्यों। वो जो हमारे मित्र भारतभूषण अग्रवाल थे, रेडियो में इलाहाबाद में पोस्टेड थे, सप्त महारथियों में *(तार सप्तक की ओर इशारा)* वो भी थे। तो साहब भारतभूषण ने एक बार हमको घेरा। कहा–'गुरु भागोगे नहीं, हम तुमको भागने नहीं देंगे।' तो हमने कहा–क्या बात है, क्या पैंतरा है तुम्हारा? हम शमशेर जी के साथ रहते थे, इलाहाबाद में 'जस्ट फिट' टेलर की दूकान थी–उसके ऊपर...अभी भी वो दूकान है। तो ऊपर हम रहते थे...शमशेर जी रहें न रहें। तो वो उसमें आए मिलने के लिए तो हमने कहा–क्या बात है? कहा कि एक उपन्यास लिख कर दो। रेडियो में उसका नाट्य-रूपान्तर होगा। तो हमने कहा–नहीं–फालतू काम हम नहीं करेंगे, इलाहाबाद रेडियो में जो है, वो ठण्डी-ठण्डी रचनाएँ चुनकर लेते हैं और जहाँ-कहीं थोड़ी सी भी प्रखरता आई तो कहते हैं–हमको दिक्कत पड़ेगी। तब उन्होंने रेडियो वालों की दिक्कतें समझाते हुए कहा–पर असल बात ये है कि रेडियो में जो काम करता होता है *(मुझे समझाते हुए से)* वो भी हमारा आदमी है। लगता है इसको परेशानी होगी। तो दया आ जाती है। दया के कारण ही उसका प्रखर पक्ष बचाकर उतनी नरम-नरम कविताएँ ...खैर...तो उन्होंने कहा–'दो उपन्यास हो चुके हैं, 'पत्थर-अल-पत्थर'...एक कोई और था और अब तीसरा–वो कहते हैं कि किसी प्रगतिशील व्यक्ति से वो उपन्यास लिखवाओ...इलाहाबाद में, तो हमने कहा...अरे यहाँ एक ढूँढ़ो तो हजार मिलते हैं प्रगतिशील, तो भैरव जी से लिखवाओ...अमृत राय जी से लिखवाओ। ये लोग हैं। इनसे करवाओ। कहा कि–तुम्हारे नाम पर चिट्ठा गिरा है। हमारे मित्रों में जो बात हुई है तो यही तय हुआ कि 'बाबा' से लिखवाओ...।

"मैंने कहा कि–देखो, हमारी कलम भड़की हुई है, तुमको बड़ी मेहनत पड़ेगी, हम वो लिख नहीं पाएँगे जो तुम लिखवाना चाहोगे। भारतभूषण ने कहा ...'अरे क्या है इसमें...मान लो शासन हमारे हाथ में आ जाए–कल-परसों समाजवादी शासन...तो अपन लोग क्या इन चीजों से हटेंगे? तब तो करना पड़ेगा न?' याने इस तरह से पट्टी पढ़ाई। 'ऐसा है कि कहीं वे लोग ये न कहें कि प्रगतिशील लोग, जब दायित्व उनको देते हैं तब भागते हैं, और किनारे-किनारे आलोचना करते घूमते हैं...गाली देते हैं पाजी...हरामी...और जब दायित्व दे दो तो भागते हैं ...तो ये चैलेन्ज कबूल करो नहीं तो हमारी नाक कटेगी।' भारतभूषण की ये बात समझ में आई। मैंने कहा–ठीक है साहब। तो कहा कि–सुधारवादी। अब खामखा अगर कोई ऐसी बात आएगी तो उसको बचा के लिखना...तो हमने कहा–'क्या?' उसने कहा कि 'ऐसा रू-ब-रू...जहाँ टक्कर होती हो...किसी प्रतिपक्षी पात्र को गालियाँ देनी हों...वहाँ थोड़ा बचा जाना चाहिए...व्यंग्यात्मक शैली में भी नहीं, जरा-सा निरामिष कर डालिए, पानी डाल कर डाइल्यूट कर दीजिए, पैश्चर्ड' ...तब ये हुआ 'दुखमोचन'। तो देखो कैसे कहाँ-कहाँ काटा। कुल तेरह चैप्टर थे। रोज

एक-एक चैप्टर लेते थे—हर रविवार को एक-एक...तो उसमें एक महिला स्वर चाहिए...एक बच्चा स्वर...जिससे रोचकता आए...लम्बे-लम्बे वो नहीं चाहिए—पैराग्राफ...परिच्छेद छोटे...अब साहब एक जगह पन्द्रह अगस्त मनाया जा रहा है, मनाया जा चुका है, चाँदनी रात में झण्डा जो फहरा हुआ है न, उसकी छाया में एक काला कुत्ता बैठा हुआ है। हःहःहः *(हँसी)*

"निकाल ली आपने गुंजाइश"...विजय बहादुर सिंह *(बाबा पुलकित हैं)*

"उन सालों ने उसको काट दिया कि...प्रसंग ही काट दिया कहा कि प्रसंग अस्पष्ट है। झण्डा शान से फहरा रहा है"...

"हालाँकि इतना...नहीं समझते सत्ता दल के लोग, पर रेडियो वाले अपनी मानसिक गुलामी के चलते कभी-कभी अतिरिक्त स्वामिभक्ति दिखाते हैं।"

"तो वो समझिए अब असम्भव ही था। कहा कि गुरु तुम हमारे गले पर छुरा ही फेर दोगे"...बाबा ने भारतभूषण अग्रवाल का कथन उद्धृत किया।

"आप वो जो स्टीमर वाली बात सुना रहे थे, उस नौजवान की।"

"दुःखमोचन में एक पात्र है ऐसा कि नहीं गाँव में। कहा न कि गाँवों से आकर दस साल-बीस साल अगर कोई रह जाए...ठेठ संघर्ष की जगह रहेगा वो आदमी तो कोई खटपट तो करेगा वो...खैर। तो वो स्टीमर वाली बात सुनाता हूँ...वो चिरमिरी में कहीं काम करता था मध्यप्रदेश में। और एम.एस-सी. था बी.एच.यू. का। तो यहाँ आकर सर्विस करने लगा मध्यप्रदेश में। बेकारी का तो आलम वहाँ है, सो तो है ही...तो चिरमिरी के किसी हायर-सेकेण्डरी स्कूल में उसको अध्यापक का स्थान मिल गया। वहाँ वो अपनी पत्नी के साथ रहने लगा और अकेली माँ गाँव में उसकी जमीन बहुत...पचास बीघा। जमीन गंगा के किनारे...ऐसी कि उसमें तम्बाकू पैदा हो"...बाबा।

"हाँ। तब तो बड़ी कीमती जमीन थी"...

"माने ऐसी कि पैसा उगाऊ फसलवाली जमीन...कुछ भी पैदा हो। तो उस जगह में...माँ खेती कराती थी, पिता थे नहीं...तो एक बार जब गाँव गया तो माँ बहुत दुखित स्वरों में बोली। पहले तो उसके शेविंग सेट से ब्लेड निकाल लाई और कहा कि 'इसका इस्तेमाल करो।' तो सोचा कि माँ कोई नई बात कहने वाली है और या तो नई तरह का ब्लेड है और हमारे ध्यान से उतर गया है तो माँ याद दिला रही है। तो माँ ने कहा कि तुम्हारे लिए ही रखा है। उसने कहा—'गाँव में हफ्ता में दो बार दाढ़ी बना कर क्या करेंगे?' तो माँ ने बहुत दुःख से कहा कि 'नहीं...मैं सो जाऊँ न जब, तब तुम इसी ब्लेड से हमारे गले पर यूँ (हाथ के इशारे से) कर दो और गंगा में हमारी लाश फेंक दो। हमारा जो अन्तिम मनोरथ है पूरा हो जायेगा।' भयंकर बात थी वो। विधवा माँ का इकलौता पुत्र और बचपन से उसने पढ़ाया-लिखाया उसको। विधवा माँ जब ये कह रही है तो इसका मतलब

है कि कष्ट में है वो। तो यह माँ ने कहा तो वह एकदम सन्न रह गया। अब उस प्रसंग को उसी वक्त नहीं बढ़ाया...और ये समझदारी का पक्ष होता है...या विषाद की चरम कोटि का।...तो सोचने में आता है कि किसी चीज़ की तकलीफ नहीं है, मालकिन बनी हुई है। तब, ऐसा सोचने में क्यों आता है? फिर माँ से पूछा तो कहा कि—'सम्पदा तुम्हारे पूर्वज छोड़ गए हैं जिसमें तुम चार नौकर रख सकते हो...इतनी है और तुमको जो पैसा मिलता है, इतने के लिए तुम वहाँ रहते हो और हमको तरसा रहे हो...मेरा कोई नहीं है, तुम्हीं तुम हो, तो बेहतर है... हमें रात-दिन जलन इस बात की रहती है कि हम क्या हैं। बेकार है सब। मैं अगोरती हूँ इसी सम्पदा को...कोई करने वाला नहीं है, तो इसीलिए कहती हूँ मन ही मन कि हमारी जिनगानी अकारथ हो गई, उस अकारथ जिन्दगी का अब अन्त करना चाहती हूँ। बीमार होकर मरूँ तभी मरना थोड़े ही है। तुम्हारे हाथ से अगर मरूँ तो हमें शान्ति है।"

"यह 'उग्रतारा' वाली पृष्ठभूमि...तो नहीं है...न?" विजय बहादुर।

"नहीं! नहीं! यह दूसरी है।" बाबा ने कहा।

"तो आपसे उस लड़के ने बात क्या की?" विजय बहादुर।

"सुनिये न! बात तो अभी प्रारम्भ ही हुई है। मध्य में आई है। तो उसके बाद उसने क्या किया। उसने फौरन मन ही मन तय किया कि मैं सब कुछ छोड़ कर आ जाऊँगा। गाँव। जीविका का कोई सवाल तो है नहीं। यानी जहाँ वो था, असिस्टेंट हेडमास्टर। उप-प्राचार्य था। तो उसमें उसको लगा कि काम समेटने में छह महीने लगेंगे। तब यहाँ आना हो पाएगा। जैसे आप एकाएक विदिशा छोड़ने का तय करो, इतनी जल्दी थोड़े ही होगा कि आज ही तय किया और कल टिकिट कटाकर..."

"नहीं। सम्भव नहीं है"...विजय बहादुर।

"सम्भव नहीं है न?...सोचते-सोचते, समेटते-समेटते ही साल-दो साल हो जाएँगे।" बाबा ने तर्क दिया।

"ओ तो फैल जाता है इस्टेट की तरह।" विजय बहादुर सिंह।

"तो कहा कि अच्छा मैं छह महीने में नौकरी छोड़ के आता हूँ और सबूत के तौर पर अपनी पत्नी को रख गया। बच्चा छोड़ गया। दो में से एक तो स्कूल में पढ़ता था, उसकी पढ़ाई रुकवा के। हाँ! माँ खुश रहें, बच्चों का क्या। बाद में पढ़ लेंगे—साल-छह महीने की तो बात है। जो कुछ है"—बाबा।

"ऐसा किया तो माँ को थोड़ा भरोसा हुआ होगा, तसल्ली हुई होगी न?"—विजय बहादुर।

"अब देखिए। गाँव में रहना शुरू किया तो वहाँ से कहानी शुरू हुई। वह यह कहता हुआ हमसे मिला था कि हम पर लिखिए न आप। कहा कि...आप

लोग घटनाओं से भरे हुए परस्पर विरोधी पात्रों की टोह में रहते हैं, हम आपके कई उपन्यास पढ़ चुके हैं। उसमें हमारे जैसा आदमी आपको नहीं मिलेगा, हम भी एक नमूना हैं। हमें क्या-क्या करना पड़ा है, कैसे हम कर रहे हैं? कैसे हमने अपने को देहात में रमा लिया है? उन दुष्टों के बीच में रह रहा हूँ। उनके बीच कैसे अपने को रख रहा हूँ। यह बहुत ही नई बात है।"

'तो गाँव में जब रहने लगा आकर, तो लोगों ने पहले समझा...गाँव में बड़े काकचेप्स होते हैं—मानो कौआ, आके बैठा और ताड़ता रहता है कि कहाँ ढेला उठा और उठा तो बस वो उड़ा। तो कहा कि साहब! काहे हो? अपनी मेहरारू को काहे छोड़ गया है? कहा कि अम्मा ने कहा होगा। तकलीफ होती होगी उन्हें इसलिए। पर बड़े काइयाँ होते हैं गाँव के लोग। कहा कि अरे नौकरानी उनके यहाँ काम करती है दो-तीन ठो...तो वो सब तो मालिश-वालिश कर ही देंगी, इसमें इसकी क्या जरूरत है। लेकिन वो पता लगाने पर भी गाँव के लोगों को कुछ थाह-पता लगा नहीं दुष्टों को। अन्त में जब वह रहने लगा, तय किया कि 'गाँव में कुछ नहीं बोलूँगा, अपना काम भर देखूँगा। घर-गृहस्थी के काम के अलावा...समाज कंटक लोग हैं।' तो ये है कि गाँव के लोग बड़े परेशान हुए साहब। गाँव में रहने लगा है और कुछ किसी के बीच बोलता नहीं तो उनके लिए आतंक हो जाता है। खेल नहीं है, दो-चार दिन, एकाध महीना, पन्द्रह दिन उपेक्षा करेंगे वो...लेकिन बाद में उनके लिए जहर हो जाता है। तमाम पोलों को जान जायेगा वो। फिर ये हुआ कि आस-पास कोई हाकिम आया—अंचलाधिकारी तो वो उसी के यहाँ आएगा...ये भी मुसीबत है बहुत बड़ी, और बाबू साहब थे...कहा...उनके यहाँ नाश्ता करता था हाकिम आ करके... यहाँ वो नाश्ते के लिए पूछता नहीं था। वो कसम खाए बैठा था। एक कप चाय भी नहीं देंगे हाकिमों को। एक गिलास पानी उसको मिलेगा, लेकिन चाय-वाय नहीं पिलाएँगे। तो जो लत खराब हो गई है अफसरों की...ये जो अभिनव ढंग की सामन्तशाही ने ऑफिसर वर्ग को चौपट किया है या ऑफिसर वर्ग ने उनको प्रोत्साहित किया है, इस प्रक्रिया में ब्रेक पड़ना चाहिए कि नहीं *(बाबा ने मुझसे हामी चाही। फिर बढ़े।)* खैर वो साल भर तक तय किया कि कुछ नहीं। इस प्रक्रिया में...सोचा कि इन दुष्टों में से तो हमें अपना पक्ष समर्थन के लिए कोई नहीं मिलेगा। कहा कि खेत में काम करने वाले छोकरे नई उमर के मजदूर...। कहा...इन पर अगर भरोसा करें तो ये हमारा साथ थोड़ा देंगे।"

"नया फोर्स है न ये? ऐं...ठीक है न?"...बाबा ने मुझसे पुष्टि चाही।

"हाँ! बाबा बटेसरनाथ...की फौज"...मैंने जोड़ा।

"उसमें उन्होंने तय किया कि मजदूरी तो मिल ही रही है, पर और जगह

अच्छा अनाज नहीं मिलता मजदूरी में। ये अच्छा अनाज दिलवाता है। इसके साथ-साथ क्या किया। एक नया चमत्कार किया—**धर्म जो है वो अफीम भी है, और अमृत भी है,** तो यह पक्ष जो है, इससे हम काम लें। तो उसने क्या किया...तो यहाँ आया जनवाद...। गाँव में कौन लोग होंगे जिनका सहारा लेंगे ...और किस वर्ग में से वो होंगे, जो मजदूर वर्ग का है, वो हमको सहारा देगा, पर मजदूरों में जो ठस्स हो गया वर्ग है, बुढ़ा गया है, वो तो किसी काम का है नहीं। है वो जो युवा है। युवतर है। मजदूरों में वो श्रमजीवी है, चाहे किसी क्लास का हो, खेत में काम करता है, लेन-देन का हमारा सम्बन्ध है। उसको अगर हम अपने भरोसे में लें तो वो हमारा रक्षक होगा, हम भी उसके रक्षक होंगे। तो वह इस नतीजे पर पहुँचा। माने सर्वहारा वाली बात यहीं आती है। और अकेले में तो कोई कहीं नहीं रह सकता। जो विश्वास योग्य हो। ऐसा हो, ऐसा सहारा चाहिए...ये जो वर्ग है तो काम तो वे आते ही हैं, पर विश्वसनीयता के लिए धर्म का सहारा लिया। गाँव के बाहर एक पीपल का पेड़ था, उसके किनारे उन बच्चों (यानी जवान होते मजदूरों) से उसने कहा कि मंगलवार को कीर्तन जमाओ यहाँ पर। पहले ध्वज गाड़ दो बजरंग बली का और मंगलवार की शाम को घण्टा-दो-घण्टा यहाँ रामायण-फामायण जमाओ। और चाहो तो फिल्मी भजन भी तुम कर लो अपने मन से। एक सेर बताशा हम देंगे। वो बताशा तुम लोग बाँट दिया करो। आपस में। कोई और मिठाई बताशा की जगह, तुम लोग चाहो तो ले आओ। लड्डू ले आओ...तो यह हुआ कि समूह शक्ति इकट्ठा होने लगी, लोक कुम्भ जागा...ये जो है नियमित रूप से उनको सांस्कृतिक ढंग से बाँधने का क्रम शुरू हुआ तो उससे और चर्चाएँ होने लगीं गाँव में। जो 'कीन्हेउ चरित बखाना' यह सब शुरू हुआ तो माथा ठनका गाँव वालों का..."

"कि ये क्या हो रहा है"...विजय बहादुर

"हाँ! कि ये क्या हुआ साहब...अयं! कि नहीं"...बाबा।

"फिर एक दूसरा प्रयोग उसने ये किया कि जो आठ-दस-पन्द्रह मजदूर थे—निकट थे, उनको बाजार में ले जाकर सबको कुरता नपा दिया। बहँकटी...। तो अलग-अलग रंग और एक ही ढंग का सब चमकाते हुए घूम रहे हैं गाँव में। बड़ा-बड़ा गमछा खरीद दिया। काम करने में आसानी होती है, गमछा लपेट लिया और काम कर रहे हैं। यह सब था। तब ये हुआ नौजवानों में कि गाँव का जो खल पात्र है, उसका हम अभिनय करेंगे। खल पात्र यानी जब गाँव बुड्ढे लोगों को फाँसते हैं, कम उम्र की विधवाओं की जमीन लिखवा लेते हैं, ये सब नाटक हुआ, आपस में उन लोगों ने किया। तो बहुत मुसीबत हो गई। अब ये होने लगा कि तीन-चार साल बाद जब इलेक्शन आया, पंचायत का, तो उसकी राय के बिना कोई जीत नहीं सकता था।

तरुण वर्ग में से वोट ज्यादा थे। वो हार गए, ये जीत गए। तो अब स्थिति यह है कि गाँव में जो कोई अच्छा काम होता है, उस पर भी अंकुश लगता है। जो कोई बुरा काम होता है, उस पर भी अंकुश लगता है। अच्छा काम होता है तो प्रेरणा मिलती है, बुरा काम होता तो अंकुश लगता है।...मैंने एक मुकदमा की लत देखी लोगों में कि कुछ और नहीं तो गवाही में नाम देकर ही फँसा दिया साहब। एकाध बार कोशिश की उन्होंने उसे फँसाने की। लेकिन उसने कह दिया कि मैं नहीं जाऊँगा और लिख के दे दिया जिलाधीश को कि ये गाँव के लोग बड़े विचित्र हैं। हमको अनाप-शनाप मुकदमे में गवाही-ववाही में फँसाना चाहते हैं, हम कहीं नहीं जाएँगे। आपके यहाँ सारी कार्यवाही घूस पर होती है। ऐसा न हो कि गवाही में बुलाए गए और नहीं आए साहब और गैर जमानती वारण्ट निकल जाए। तो इ सब देखिए आप। आपसे नहीं होगा तो हम ऊपर गवर्नर के पास चले जाएँगे। तो उसने ये सब पास के तहसील या जिला टाउन में जाकर मोर्चा जमा लिया। गाँव में जो आना और रहना चाहता है, उसको कैसे परेशान करते हैं ये खुर्राट लोग, उस पर आपकी निगाह चाहिए न? हमने कहा कि साहब ये ऐसा पात्र है जो अपने आप में कई खण्डों में लिखा जाने लायक है। अगर मैं उपन्यास में लिखूँ तो इतना दिव्य है कि बस। याने छोटा उपन्यास इतना बढ़िया है कि दिमाग में घूम रहा है, लिख जरूर नहीं पाए हैं। मतलब ये है कि गाँव में आकर के पढ़ा-लिखा आदमी जब रहना शुरू करेगा, नये पैंतरे अपनाने पड़ेंगे। वो पुराने ढंग से या बबुआनी ढंग से अब वो नहीं रह सकता। हाँ। उदाहरण के लिए एक दूसरी बात सुनाऊँ। हमारे एक मित्र उनके पास बहुत जमीन-फमीन थी, अब तो इनकम टैक्स कमिश्नर हो गए हैं।"

"भोपाल में थे, वही...झा साहब न?"

"हाँ। वे ही"...बाबा।

"राजा को सामन्तों की जरूरत क्यों पड़ती है या सामन्तों को भी सामन्तों की जरूरत क्यों पड़ती है। गुण्डे भी क्लास बना लेते हैं। वो भी मिल कर बैठना पसन्द करते हैं। ये...जो सर जुड़वाती मधुशाला, सर फुड़वाती मधुशाला...इसीलिए न है। इसलिए कि जब मिल बैठेंगे दो तो इसके लिए कोई माध्यम चाहिए न? 'आचमन' का माध्यम सबसे अच्छा माध्यम हो गया है। सम्पूर्ण युग घीसू-माधव हो गया है साला। तो पिता-पुत्र भी जब तमाम परेशानियों से उबर कर अपने को रिफ्रेशिंग मूड में लाते हैं तो घीसू-माधव बनना पड़ता है उनको। खैर! *"बाबा बोलते ही गए—"* इन तमाम बातों को जागरूक होकर देखते रहना फिर रास्ता निकालना, अपना यह बहुत बड़ा कर्तव्य है। इसलिए गाँव में जो रहेगा, पढ़ा-लिखा आदमी, उसको न केवल भेड़ियाधसान में अपने को डाल देना पड़ेगा, बल्कि उनको मोल्ड करने के लिए उसको कुछ टैक्टिक्स भी अपनाना पड़ेगा" उन्होंने मुझे बताया।

"लेकिन ये जो आप कह रहे हैं, वे लोग ये टैक्टिक्स अपनाएँगे, जिनको अपने पुराने ठाट-बाट को कायम रखना है, वे लोग गांजा, भांग या शराब"...विजय बहादुर।

"खाली-भाँग-गाँजा नहीं न भाई"...बाबा ने जोर देकर कहा।

"नहीं, कीर्तन भी जुटा लेंगे"...विजय बहादुर सिंह।

प्रतिवाद सा करते हुए वे बोले–"लेकिन वो जम नहीं पाएगा उनका, क्योंकि जो चार-छह इकट्ठे होते रहते हैं, उनको राजनीतिक ट्रेनिंग भी देता रहता है, वहाँ गरीबों का ही राज हो गया है। सब बताता रहता है...खाली भागवत नहीं करवाता। कहा न, सिरका का काट खाली सिरका ही हो सकता है। लेकिन दवाई एक अलग वस्तु है, इस तरह से एक नई बात होती है...देखिए न? राजनीति में और साहित्य में क्या फर्क है? मोटी बात है। राजनीतिज्ञ और साहित्यकार में कहा जाता है कि राजनीतिज्ञ ज्यादा सफल है और साहित्यकार सफल नहीं है। या भारी मामलों में वह पिछड़ जाता है। क्यों पिछड़ जाता है? अब राजनीतिज्ञ क्यों आगे हो जाता है, इसके उदाहरण बहुत हैं। हमने जो वर्गीकरण किया है–सड़क जा रही है साहब, किनारे...किनारे-किनारे गन्दा नाला है और उस पर फ्लैट्स हैं...एम.एल.ए. लोगों के। बीच-बीच में बड़े-बड़े मिनिस्टर लोगों का बंगला है। कहा एम.एल.ए. थे, लेकिन मिनिस्टर हो गए हैं, पर रहेंगे हम इसी बंगले में। तो अब ये राजनीतिज्ञ जो है सीधी सड़क जा रहा है न, तो जो घूमकर पुलिया से होकर जायेगा...तो दो मिनट की देर हो जाएगी और नाला लांघ के जायेगा न तो सीधे खट से पहुँचेगा। तो राजनीतिज्ञ नाले में धँस जायेगा, चाहे जितना पैर गन्दा हो जाए, जाकर पैर धो लेगा खट से।" *कहकर वे व्यंग्य से हँसे।*

"उस पैर के गन्दे होने का भी वो लाभ ले लेगा"–विजय बहादुर

"धो लेगा पहुँच कर अपना पाँव...बातचीत में–जो भी हाँ-नाँ-हाँ करेगा। जब तक ये (साहित्यकार) महोदय तो सुरुचि के आदमी हैं, पुलिया से होकर जाएँगे। पवित्र जाति के प्राणी हैं, जब तक घूम के जाएँगे यहाँ से–वहाँ से तब तक वो काम करके निकल चुका होगा। इसीलिए राजनीतिज्ञ जीत जाता है। और साहित्यकार अपनी संस्कारिकता के चलते रह जायेगा। और संस्कारिकता वगैरह को राजनीतिज्ञ ने दो कौड़ी का बना दिया है।"

"हाँ। लेकिन ऐसी संस्कारिकता किस काम की कि अपने समय की चुनौतियों से आप लड़ न पाएँ, महाभारत में तो कदम-कदम पर रणकौशल बदला गया है"...–विजय बहादुर सिंह

"रणशैली बदलने के लिए समय चाहिए थोड़ा-सा"...बाबा ने जोड़ा।

"आप नहीं बदलते क्या?" मैंने पूछा।

"लोगों को चिन्ता करनी चाहिए और समय लेना चाहिए"...उन्होंने कहा।

—"हाँ। लेकिन क्यों नहीं करते लोग?"—विजय बहादुर सिंह।

—"कई बातें हैं। एक तो हमारी आपकी तरह चार लोग कभी इकट्ठे नहीं हो पाते। कई मजबूरियाँ हैं। वो होने पर असर तो पड़ता है उसका"...बाबा

—"इतने संगठन हुए हैं फिर भी इकट्ठे नहीं हो पाते?"—विजय बहादुर सिंह

—"स्वयं बंगाल इसका उदाहरण है, त्रिपुरा है। यहाँ तक तो ठीक है कि कहा जाता है कि जहाँ मोर्चा जमेगा, हम उनका साथ देंगे। लेकिन आपस में उनके यहाँ भी चल रही हैं ये बातें—जो आती रहती हैं तो सुन के कष्ट होता है मन को"...बाबा

—"आपको लगता है कि मिशन और समर्पण का जो भाव है वह लेखक में निरन्तर कम होता जा रहा है?"—विजय बहादुर सिंह

—"हूँ"...नागार्जुन

—"वो उसको समझ रहा है कि यह शब्द केवल हमारा है। हमीं सब कुछ हैं इसके। और हम न होंगे तो शब्द न होगा। इगो डेवलप हो गया है इस प्रकार का हमारे जमाने के लोगों में। यह बड़ा गड़बड़ कर रहा है"—विजय बहादुर सिंह

—"इसलिए इस इगो को झाड़ने के लिए निरन्तर जन सम्पर्क आवश्यक है"...—बाबा

—"शब्द निष्ठ में जो भावुकता है...माने जनवादियों में भी अज्ञेय जैसा इगो कभी दीखने लगता है"...—विजय बहादुर सिंह

—"हाँ तो अज्ञेय तो कोई व्यक्ति मात्र नहीं न है, वो एक प्रवृत्ति भी है, वो जो फुलौव्वल है इगो की, जो झाग है, ये जो आइसक्रीम में होता है न झाग, उसको चाटने की अदा, तो इगो का झाग चाट रहे हैं ये कुछ लोग"...बाबा

—"लेकिन उससे वे एक और खतरनाक पाखण्ड पैदा कर रहे हैं"—विजय बहादुर सिंह

—"खतरनाक और घटिया"...बाबा ने जोर देकर कहा।

"एक तो अपन उसे पहचान चुके कि यह व्यक्तिवादियों का इगो है, लेकिन अब प्रगतिशील-जनवादी लोग भी अपने इगो को चाटें और उस रोग को फैलाएँ तो यह उन लोगों के लिए बहुत दर्द की बात है जो बेचारे भरोसा कर रहे हैं, हमारे साथ आना चाहते हैं। मिल-बैठ कर सुनना-समझना चाहते हैं। विश्वास कर रहे हैं कि यह हमारा लेखक है। पर मुद्दा यदि कहीं जनसंघर्ष का आया तो भाग खड़े होंगे।"—विजय बहादुर सिंह

"हूँ"...(गंभीर चुप्पी-सी अख्तियार करते हुए)...नागार्जुन

—"**उग्रतारा** की बात पूछी थी आपने? वो भी बहुत मजेदार बात है, मैं आपको बताऊँ?"...बाबा

—"जी"...मैंने अपने को नये सिरे से सुनने के लिए तत्पर कर लिया।

"यह है कि उग्रतारा की कहानी हमने समाज से पिक-अप की। आधी कहानी

हमको मिली—आधी हमने वो उसमें किया याने जोड़ा। कई बार मुझे महिलाएँ मिली हैं जिन्होंने कहा कि उग्रतारा पढ़ा हमने। हमें बहुत पसन्द आया। हम इस तरह से उपन्यास के अन्त की कल्पना नहीं कर सकते थे। कैसा रहा। क्या हुआ...कहाँ से मिली कहानी... । तो यह हुआ कि एक ब्राह्मण विधवा थी। हाँ! और सुन्दरी भी। एक नौजवान था—राजपूत, वह भी सुन्दर था, अविवाहित था। तो गाँव में उन लोगों में आपस में स्नेह डेवलप करता गया तो चर्चा का विषय हो गया। लोगों ने कहा—साला, बड़ा रंगबाज है, इसकी टाँग तोड़ दो। मतलब कि...ये सब चर्चा-वर्चा होने लगी। तो एक भाभी नाम की पात्र होती है उसमें। भाभी गाँव में रही हुई तमाम लीलाओं को जानती हुई...बहुत ही मॉडर्न और साहसिक स्टेप लेती है। ये भी है कि साहस की कमी बहुत हो गई है। अब आजकल चिन्तन तो बहुत है। तो उसने कहा उनको...लड़की और लड़का को अलग-अलग समझाया और कहा...कि देखो, हम तुमको सौ रुपया देते हैं, तुम गाँव छोड़ दो। यहाँ तो कभी तुम्हारा मनोरथ पूरा होगा नहीं, बातचीत भी नहीं कर पाते हो तुम दोनों। ये भी लोगों को बर्दाश्त नहीं। तो गाँव छोड़ दो तुम दोनों। ज्यादा नहीं, पाँच-सात साल का पीरियड होगा...तुम्हारा स्टैण्ड जो है—जो लोग तत्काल विरोध कर रहे हैं, वो भी ठण्डा पड़ जाएँगे, वगैरह। अभी तुम गाँव छोड़ दो। यह उसने मन्त्र दिया तो वे चले गए बाहर। कहीं जाकर के रहने लगे। लेकिन हमारी पुलिस भी तो आदर्श है न इस मामले में... । फँसाने के मामले में। देखा कि एक लौंडा एक लौंडिया को लिए घूम-फिर रहा है ट्रेन-वेन में...शाहपुर से वहाँ जा रहा है, वहाँ से औड़िहार जंक्शन आ रहा है बार-बार...कहा कि ये साला बड़ा हरामी है। लगता है कि पाकिस्तानी है। इसे फँसाए ले जा रहा है। पुलिस वालों में बातचीत हुई। लेकिन इसको पाकिस्तानी कैसे साबित करें? कैसे सबूत बनाएँ...गिरफ्तारी के लिए कोई प्रबल कारण चाहिए न? कहा कि जब साला सोता रहे...फलानी जगह धर्मशाला में टिका हुआ है, वहाँ उर्दू अख़बार का कोई फटीचर-सा टुकड़ा उसकी खिड़की से डाल दो—होगा कि ये पाकिस्तानी है, उर्दू पढ़ता है, देख के अखबार फाड़ दिया है। कहा कि गिरफ्तार तो हो जायेगा कम-से-कम। यही किया उन सबने। अब साहब प्रमाणित हुआ कि पाकिस्तानी बदमाश है। वो चिल्ला के कहे कि मेरा नाम कामेश्वर सिंह है, पर कोई मानने को तैयार नहीं। लड़की को बदचलनी में—कि इसके साथ भागी है ये, बदचलन है—दोनों को गिरफ्तार कर लिया।"

"जल्दी-जल्दी सजा दिलवा के पुलिसवाले...उधर वकील भी उनसे मिले रहे होंगे...इसको छह महीने की, उसको डेढ़ साल की। छह महीने की इसलिए कि जल्दी छूटेगी तो जल्दी इस्तेमाल करेंगे, और उसको जिला बदर करके भेज दिया हजारीबाग सेंट्रल जेल में—बहुत दूर...अब वहाँ वह रहती रही जेल में। उसमें बाबू भभीखनसिंह नाम के एक हवलदार हैं, जिनकी शादी नहीं हुई, पचपन साल के हो गए हैं, पुलिस लाइन में रहते हैं।"

—"काल्पनिक है भभीखन सिंह? आपकी कल्पना है?"...मैंने जिज्ञासा की।

—"हाँ।...नहीं! भभीखन सिंह ठीक हैं, लेकिन बाद में जो करते हैं, कभी-कभी वो उसको पुश करना पड़ता है उपन्यास में..." बाबा ने कहा, "तो हमारी कल्पना जो है उसमें तब वो रूप लेती है। वो अनमेल नहीं होनी चाहिए। खैर। वहाँ से जहाँ से हमने जोड़ा...वो कहानी...ये इतना हिस्सा तो हमको मिला।"

—"ये आपने कहाँ से प्राप्त किया?"—विजय बहादुर सिंह।

"देहाती क्षेत्र के हमारे एक...कुछ मित्र बहाँ हैं जो हमको कहानियाँ-कथा बीज...काव्य-बीज सप्लाई करते रहते हैं। हमारे इन्तजार में रहते हैं। जाने पर कहेंगे...अहा मिले...मिले...आओ तुम्हें एक बात बताते हैं। तो हम कहते हैं हाँ, हाँ...बताओ, तो कहते हैं जल्दी-जल्दी न होगा। आप काम-वाम करके फुर्सत से बैठो हमारे पास। कितने दिन हैं आप यहाँ पर...तो हमने कहा...हैं...आठ-दस-दिन रहेंगे। तो कहा, कोई बात नहीं...एक दिन खाना-वाना रहे, फिर बात करेंगे उसी दिन...बहुत अच्छी स्टोरी रखे हैं हम आपके लिए। तो कहानी यहाँ तक मिली हमको...उसके बाद उसका क्या हुआ, उनको उससे मतलब नहीं।"

"अब देखिए हम इसको—हमारे पास इतना कच्चा माल मिला कथा का, तो हम इसको...तो उसमें ये आता है कि अलग-अलग हो गए जेलों में तो लौट कर छूट कर वो आता है न, ये जो छूटी है छह महीने में...कहाँ गई, क्या हुआ उसका, तो उसमें उसके लगाव की परीक्षा होती है। लगाव को सार्थक करने में ये मन्दिर के पुरोहित जी बड़ा काम करते हैं। पाँच रुपए चढ़ाए इसने हनुमान जी को, कहा कि ऐसी-ऐसी बात है, हम आप से कुछ निवेदन करना चाहते हैं। पूछा कि हाल में कोई शादी-वादी यहाँ हुई है, जेल में रहती थी कोई लड़की, और फिर बाहर आकर किसी पुलिस मैन से उसने शादी की है। पुजारी ने कहा हाँ...हाँ...भभीखन सिंह हैं न, अभी उनके यहाँ शादी हुई है, आम के पल्लव सूखे टँगे हुए हैं। तो उसने पुजारी से कहा कि—आप इन्तजाम कीजिए कुछ। हम चाहते हैं कि मिलें। तो पुजारी ने उससे पूछा—क्या आपका लगाव भी था उससे? तो कहा कि नहीं। असल बात ये थी कि हमें मिलना है। तो पुरोहित जी को कान्फीडेंस में लिया। पैसा-वैसा इसमें बहुत काम आता है। मंगलवार को मेला-वेला लगता है और पुरोहित मिलवा देता है। तो पहली बात जो उस लड़की उगनी के मुँह से निकलती है, रोती हुई कहती है, भरी-भरी आँखों से कि—'अब तुम्हारे काम की मैं नहीं रही। पेट में गर्भ आ गया। अब तुम हमको भूल जाओ।' यह कह कर सिर झुका लेती है वो। उसने तुरन्त...फौरन कहा...तुम तो हमारे काम की हमेशा रहोगी। जिस मतलब से तुम काम की बात कर रही हो, वही काम, काम नहीं होता। शरीर सुख पहुँचाने वाली बात सेकेण्डरी है, अगर लगाव हमारा रहता है तो यह सब चलता है। काम की तो बराबर होगी तुम। अपने मन से ये बात निकाल दो। तो साहब, साहस का संचार हुआ उस लड़की में। लड़के

ने कहा कि देखो, तुमको हम निकालेंगे यहाँ से—चाहे जैसे भी हो। महीना-खाँड़ जो भी लगे, फिर अपना नये ढंग से जीवन शुरू करेंगे और तुम्हारे अन्दर जो जीव आ गया है, जिसका है, समय पर उसी का नाम हम दर्ज करवाएँगे, समय पाकर हम उसको बुलवाएँगे, तो उसको बहुत दिलासा हुआ, पर उसने कहा कि अगर...उसको मैं छोड़ दूँगी तो आत्महत्या कर लेगा। यानी कि उसे दया आ जाती है भभीखनसिंह पर वगैरह-वगैरह। तो वह कहता है कि उसकी आत्महत्या एक ओर, हमारी हत्या एक ओर। और तुम दोनों में से चुन लो। मतलब यह है कि तुम्हारे बिना मैं तो नहीं रह सकूँगा। वह कहती है कि लेकिन जो अविश्वास होगा वह बड़ा घातक होगा। तो कहता है, तुमको चलना तो है। उसके बाद वो उसको निकाल लेता है और अन्त में ये होता है कि वो उसके साथ जाकर अपने किसी मित्र के क्वार्टर में कहीं किसी कॉलोनी में रहता है। उपन्यास का अन्त बड़ा मार्मिक है। उस क्वार्टर में रहते हुए वह खत लिखती है भभीखन सिंह के नाम...। यह जो कर दिया हमने वो जैनेन्द्र गोत्र के लोगों के बूते की बात नहीं। यह जो समाजवादी यथार्थ है अब अगले युगों में ऐसे पात्र पैदा होंगे। कोई छिनाल, छिनाल नहीं होती। यह दृष्टि ही गलत है" —बाबा ने जैसे अपनी ही पीठ ठोंकी।

आज वे काफी बोल गए थे। मैं भी उनकी बातचीत से तृप्त था। टेप ऑफ कर दिया। बाबा उठ कर अपने बिस्तर पर चले गए और थर्मस से गरम पानी ढाल, पीने के लिए सामने की मेज पर रख लिया।

अपने को बुद्धिजीवी कहने वाले वर्ग में तलुआ चाटने की प्रवृत्ति प्रधान रही है

रविवार 13 अगस्त 89 की दोपहर को मध्य प्रदेश शासन की लालबत्ती वाली गाड़ी बाबा को विदिशा ले आई। पिछले एक सप्ताह से वे दिवंगत कवि सोमदत्त के परिवार में थे। पिछली फरवरी में स्वयं 'मैथिलीशरण गुप्त' पुरस्कार लेने आए थे। इस बार इसी पुरस्कार के निर्णायक-मण्डल में थे। पिछली बार सोमदत्त थे। इस बार मृत्यु ने उन्हें हम सबसे छीन लिया था। बाबा उनके परिवार के बुजुर्ग के रूप में वहाँ पहुँचे थे। लौटते में विदिशा रुकना ही था। पिछले बीस-बाईस सालों से विदिशा उनका उपनिवास जो है। हम लोग इंतजार करते-करते खाना खाने बैठ ही चुके थे, तभी दरवाजे पर जोर की आधिकारिक खट्-खट् हुई, जैसे गृहस्वामी ने ही खटखटाया हो।

श्यामाकान्त (नागार्जुन के कनिष्ठतम पुत्र) ने उनका आरक्षण 17 की रात को मालवा से करवा लिया था। यह सूचना उन्हें सुखकर नहीं लगी। उनका मन दो-चार दिन और भी रुकने का था। विदिशा में उनके प्रेमियों और प्रशंसकों को विपुलता है। बाबा उन सबसे फुर्सत से मिलते हैं। किसी के यहाँ शाम गुजार लेते हैं तो किसी के घर दोपहर। कभी कोई मनमाफिक वातावरण मिला तो रात भी।

17 को उन्होंने मुझे कहा—"तुमने इस बीच क्या लिखा? मैं देख रहा हूँ तुम अपना सारा समय सामाजिक कामों और लोगों से मिलने-जुलने में गुजार देते हो।" संयोग ही कि इसी दिन शम्भुनाथ (कलकत्ता) के सम्पादन में प्रकाशित 'समकालीन सृजन' का 'प्रसाद अंक' डाक से आया था। वे मेरे साथ भीतर आकर बैठ गए। मैंने उनके लिए गावतकिये लगा दिए। प्रसाद पर लिखा मेरा लेख उन्हें सुनना था। उनके निर्देशानुसार मैंने उन्हें सबसे पहले विषय-सूची पढ़ कर सुनाई। वे बहुत ध्यान से सूची के दिषय और सम्बन्धित लेखकों के नाम क्रमवार सुनते रहे। 'दस्तावेज' खण्ड में जहाँ प्रेमचन्द, निराला, आचार्य नन्ददुलारे वाजपेयी, रामविलास शर्मा हैं, वहाँ रमेशचन्द्र शाह भी। बाबा कुछ सजग से हुए और पूछा—यह किस आधार पर दस्तावेज हुआ? उनका इशारा रमेशचन्द्र शाह के नाम की ओर था।

हमने अनुमान लगाया कि पुराने लेखों को सम्पादक ने सहज ही 'दस्तावेज' खण्ड में रख दिया है।

फिर उन्होंने डॉ. शिवकुमार मिश्र, डॉ. राममूर्ति त्रिपाठी और शम्भुनाथ के लिखे निबन्धों का विषय और शीर्षक जानना चाहा। मैंने उन्हें दुबारा पढ़ कर सूची से सुना दिया। सूची में अरुण महेश्वरी और अयोध्या सिंह तो थे पर कलकत्ता के ही विष्णुकान्त शास्त्री और प्रभा खेतान नहीं थीं। नागार्जुन के लिए यह खटकने वाली बात थी। उन्होंने कहा—"साहित्यिकों ने भी अपने-अपने घेरे बना लिए हैं। अपने से अलग सोचने वालों को उस दायरे में घुसने नहीं देते। कलकत्ता में प्रभा खेतान नाम की जो महिला है, वो बहुत प्रखर है। उसे इसमें शामिल करना था। शास्त्री जी (विष्णुकान्त) को लेना था। अगर लोढ़ा आ सकते हैं तो फिर शास्त्री क्यों नहीं?" फिर वे अरुण महेश्वरी और अयोध्या सिंह की ओर मुड़ गए। कहा—"सी.पी.एम. वालों ने महादेव साहा को कलकत्ता से दिल्ली खिसका दिया। वे बोलते बहुत हैं और कब क्या बोलेंगे, कोई ठिकाना नहीं। अयोध्या सिंह को भी अब साहित्य पर लिखने को छोड़ दिया है। क्या पार्टी में उनके लायक कोई काम नहीं बचा? यह क्या अरुण महेश्वरी और अयोध्या सिंह का क्षेत्र है? इसी को मैं घेरा बनाना कहता हूँ। न आप दूसरों को अपनी बातचीत में शामिल करेंगे, न उसकी बातचीत में खुद जाएँगे।"

इसी सिलसिले में उनकी निगाह पत्रिका के शीर्षक पर चली गई—राष्ट्रीय मुक्ति आन्दोलन और प्रसाद। फिर नवजागरण सम्बन्धी लेखों पर। उन्होंने पूछा—"क्या पत्रिका में कोई ऐसा लेख भी है जिसमें बांग्ला और हिन्दी के नवजागरण काल की समानान्तर तुलना की गई हो? कलकत्ता में बैठे हैं आप और नवजागरण पर सोच रहे हैं तो देखिए कि जिन दिनों बांग्ला में माइकेल मधु सूदन दत्त और ईश्वरचन्द्र *(विद्यासागर नहीं)* जैसे लोग लिख रहे थे, आपके यहाँ वैसा कहाँ और कौन लिख रहा था? हिन्दी पत्रिकाओं में विदेश के कवियों के अनुवादों की तो भरमार रहती है पर बांग्ला, मराठी, गुजराती या फिर अन्य भारतीय साहित्यों की कमी खटकती रहती है। आप नवजागरण के कवि ईश्वरचन्द्र पर कभी हिन्दी में लेख नहीं पाएँगे। क्यों?" किंचित रुक कर उन्होंने फिर कहना शुरू किया... "हिन्दी वालों को समानान्तर नवजागरण ढूँढ़ना चाहिए।"

बाबा जिस तरह बह रहे थे, उससे लगता था आज उनकी ठेपी पूरी ही खुल कर रहेगी। मैंने अपने लेख वाला पन्ना खोल लिया और पूछा—'क्या मैं पढ़ूँ?' उनके 'हाँ' कहने पर मैंने शीर्षक का उच्चारण किया—'सांस्कृतिक साम्राज्यवाद और प्रसाद' और सीधे पहले पैराग्राफ पर आ गया। वे सुनते रहे। मैथिलीशरण गुप्त का नाम आते ही वे उखड़-से गए। उनके चेहरे पर क्षोभ और कोप की रेखाएँ बनने-बिगड़ने लगीं। प्रसाद जी के सन्दर्भ में मैथिलीशरण जी की राजनीति का

जिक्र करते हुए उन्होंने कहा—“जानते हो, अगर मैथिलीशरण जी अपनी चालें न चलते तो प्रसाद जी दस साल और जिन्दा रहते। रायकृष्णदास के यहाँ पहुँच कर यह सुर्रा छुड़वा देते थे कि प्रसाद जी तो बहुत बड़े आदमी हैं। ‘कामायनी’ तो किसी और की लिखी हुई है, जिसे उन्होंने थोड़े-बहुत हेर-फेर के साथ अपने नाम से छपवा लिया है। भला प्रसाद जी को इतना सब लिखने करने की फुर्सत कहाँ है?” घृणा भाव से बाबा ने अगला वाक्य कहा—“अब इसमें कोई लिखा-पढ़ी तो है नहीं और साजिश की साजिश भी है। खुद तो पहले द्विवेदी जी की बैसाखी लगाए रहे फिर गाँधी जी की छतरी लगा ली। जैसे बच्चन ने नेहरू परिवार का संरक्षण प्राप्त किया। वह ठीक है कि इन्होंने मलाई का भोग तो किया पर इसका क्या करेंगे आप कि इनकी प्रतिभा निरन्तर छाछ होती गई। दिनकर भी यही जोड़-तोड़ करते रहे।”

“तुम्हें मालूम है मैं इलाहाबाद में विश्वनाथ प्रताप सिंह के चुनाव में गया था और उनके पक्ष में नुक्कड़ ‘कविता पाठ’ करता फिरा। सन्देशा आया कि ‘राजा साहब आपसे मिलने आना चाहते हैं।’ मैंने कहा—“नहीं। हम तो उन्हीं का काम कर रहे हैं। हमको इच्छा होगी तो मिल लेंगे। यहाँ नहीं तो दिल्ली में। और जीतना तो उनको है ही। मैं अपना काम कर रहा हूँ। वो अपना करें। हमारी-उनकी भेंट आज तक नहीं हुई।”

“यहाँ का सामन्त वर्ग हमेशा से गड़बड़ रहा है। और अपने को बुद्धिजीवी कहने वाले वर्ग में तो तलुए चाटने का चरित्र प्रधान रहा है। जो भी आया, उसी के तलुए चाटने लगे। यह बहुत भयानक बात है। विनम्र दर्प इस देश में कभी रहा ही नहीं। सिर्फ विनम्रता ही विनम्रता। झुकने और समझौता करने में हमारा कोई मुकाबिला नहीं। पर हद दर्जे का झूठ और ओछे किस्म की चतुराई देखनी हो तो खूब देख लो।” इतना कह वे चुप हो गए।

उन्हें चुप पाकर मैं आगे के अंशों को पढ़ने लगा। लेख में डॉ. रामविलास शर्मा का उद्धरण आया जिसका एक वाक्य है—‘भारत के स्वाधीन होने के बाद फूट और अलगाव के तत्व बढ़े हैं, घटे नहीं। कारण यह कि भारत पर साम्राज्यवाद का आर्थिक और सांस्कृतिक दबाव पहले से बढ़ा है, घटा नहीं है।’ बाबा बिफर पड़े। 15 अगस्त को राजीव गाँधी का लाल किले पर भाषण उन्हें साल रहा था। उनकी आवाज तीखी और तेज हो गई—‘‘आप कहते हो (आपसे उनका मतलब राजीव गाँधी से था) कि संसद और राज्यसभा में देशद्रोही बैठे हैं। विपक्ष अलगाववाद को बढ़ावा दे रहा है पर सबसे बड़ी अलगाववादी शक्तियाँ तो आपके साथ हैं। कांग्रेस से बड़ी साम्प्रदायिक पार्टी कौन है?’’

यह कह कर वे गमगीन-से हो गए। उनके चेहरे पर चिन्ता के भाव उभरने लगे। मूड बदलने के ख्याल से मैंने पूछा, “बाबा, त्रिलोचनजी को तो अब एक

लाख मिल गया। शेष जिन्दगी आराम से कट जाएगी। बेटे सब लग ही गए हैं।"

"हाँ, पुरस्कार तो मिल गया पर वो तो मुझे भी मिला। पर जिन परिवारों में सब खाँखर (दयनीय माली हालत) हो, वहाँ लाख-दो लाख क्या मायने रखते हैं? अब उत्तर प्रदेश सरकार ने तो (भारत-भारती) पुरस्कार घोषित करके अभी तक मुझे नहीं दिया। सुना, नरेश चन्द्र चतुर्वेदी, जो संसद-सदस्य हैं कानपुर के, उन्होंने यह शिकायत राजीव गाँधी से की कि मैंने उनकी माँ को अपनी कविताओं में खूब गालियाँ दी हैं। पर मैंने सोचा है कि इस बार लखनऊ जाकर मित्रों से पता लगाने को कहूँगा। दो-चार पत्रकारों से—मुद्राराक्षस वगैरह से कहूँगा।"

बाबा का मूड उखड़ चुका था और लेख आगे पढ़ने और पढ़ कर सुनाने का कोई वातावरण बाकी नहीं बचा था। मैंने पत्रिका बन्द कर दी। पूछा—'क्या चाय वगैरह लेंगे?' उन्होंने कहा—'नहीं। चाय नहीं। सोचता हूँ टिकट कैंसिल करवा दूँ। विदिशा से इतनी जल्दी भाग जाना ठीक नहीं लगता।' मैंने कहा—'जैसा आप सोचें। हम सब लोगों को अच्छा ही लगेगा।' 'वे कुछ देर तक सोचते रहे। फिर निर्णय श्यामाकान्त पर छोड़ दिया गया। वे आए तो तय यही हुआ कि चले जाना ही ठीक रहेगा। ऐन वक्त पर टिकट वापस करने पर बचेगा क्या...कट-कटा कर कुछ भी तो नहीं।

रात मालवा से हम सब लोग बाबा को विदा करने गए—सविता, कुन्नू[1] भी। गाड़ी के आने तक बाबा कुन्नू से खेलते रहे।

1. सविता का बेटा नक्षत्र (अमन) भार्गव। अब एक संभावनाशील अभिनेता।

डायरी और बातचीत

निर्वाचन की गन्दी झील में साम्प्रदायिकता के मच्छर पनपते हैं

"हम तीन-चार-पाँच बार विदिशा पहुँचे हैं—बातचीत कई मनःस्थितियों के तहत चलती रही है...

इसमें ढेर सारी समस्याएँ अछूती या अविचारित रह गई हैं...हमें आशा है कि बार-बार हमें अपनी ही चेतना कुरेदेगी और विजयबाबू भी हमें छोड़ने वाले नहीं...काश, शलभ भी निकट होता"...[1]

—नागार्जुन 9.12.91

5.3.91

सुबह चाय पीते हुए

नागा बाबा—"वो अशोक नाम का खम्भा टेढ़ा हो गया। उसने राजनीति की इस आँधी में अपना प्रोटेस्ट दर्ज नहीं किया। आई.ए.एस. गोत्र के जो लोग होते हैं उनमें यह कैसी बात है भाई?" मैं सुन कर चुप ही रहा तो वे आगे बढ़े—

"एक बार मैंने वाचस्पति से कहा—वो प्रभात नीलम नाम का जो कवि है, वो कहाँ है? तो पता लगा कि फैजाबाद में उप जिलाध्यक्ष है। पर कविताएँ लिख रहा है या नहीं? अब इन लोगों को अगर कविता लिखने और नौकरी छोड़ने पर बात आ जाए तो कविता लिखना ही छोड़ देंगे। ये जो आई.एस.एस. गोत्र के लोग होते है, इनका जी हुजूरी कहो, गुलामी कहो, का संस्कार बहुत प्रबल रहता है।"

(*क्षण भर रुक कर*) "अभी उषा किरण खान (हिन्दी की कथा लेखिका) की बेटी का विवाह हुआ। लड़का अंग्रेजी का प्राध्यापक है। तो उषा के पति रामचन्द्र खान ने कहा—इसे आई.ए.एस. वगैरह में बैठने दें, फिर शादी-वादी हो जाएगी। तो बेटे के बाप ने कहा—अब कुछ लोगों को आजाद भी रहने दें। आई.ए.एस., आई. पी.एस. लोगों की पूरी जिन्दगी तो मंत्रियों को सलाम ठोंकते गुजर जाती है। इसे

1. सम्पादक 'बहुमत' भिलाई को प्रेषित पत्र जिसके प्रवेशांक में यह अंश छपा था।

तो बचा रहने दें। तो...वो...कॉलेज में अध्यापक हुआ। ये जो अशोक वाजपेयी (म. प्र. के भूतपूर्व संस्कृति सचिव) गोत्र के आदमी हैं न, इनकी सीमा है। ये कभी इस सीमा से बाहर आकर अपने को साबित नहीं कर पाते। (उत्तेजित होकर) छोड़ दो साली नौकरी-फौकरी, पर नहीं होगा इनसे यह सब। वो जो दायरा बना हुआ है उसी के भीतर इनकी कला और संस्कृति की सोच घूमा करती है। न तो ये इस सीमा को तोड़ने की रिस्क लेते हैं और न कलाकारों को डिस्कवर ही करते हैं। अब तीजन बाई तो अपने आप उठ के आई। उसे खोजने का क्या दावा करते हो?"

"मैं एक बार धमतरी (रायपुर) गया तो नारायण लाल परमार ने कहा–'आधा घण्टे के लिए कालेज चलिए। वहाँ पुरस्कार बाँट दीजिएगा।' तो हम गए। साहब! वहाँ एक लड़का आया पुरस्कार लेने, उसके कन्धे पर लंगूर बैठा था। उसी के सहारे उसकी पढ़ाई-लिखाई का खर्चा चलता था। हमने पूछा कि क्यों भाई, इसे कैसे पालते हों, तो बोला–'दिन भर में पाव भर चना खाता है–बस। कभी-कभी नाराज हो जाता है तो पेड़ पर जाकर बैठ जाता है, तो मनाना पड़ता है।' अब ऐसे लोगों की ओर निगाह नहीं होगी इनकी। क्योंकि ये लोग अशोक वाजपेयी के सीमित दायरे में नहीं आते। उनकी कला का दायरा उतना ही है, जितने का संस्कार आई.ए.एस. गोत्र के लोगों का होता है।"

6.3.91 : शाम 4.45

नागा बाबा–"साल में हम जो एक बार यहाँ आते हैं तो इसको उपलब्धि मानते हैं। बात यह कि यहाँ सह-चिन्तन हो जाता है। खाली सह-निवास हो, सह-भोजन हो तो बात नहीं बनती।"

शलभ श्रीराम सिंह–"बाबा! क्या आज मूड है आपका मेरी कविता सुनने का?"

नागा बाबा–(*अवधी में*) "हाँ हाँ। चला सुनावा"...

शलभ 'भाषा की विपत्ति' शीर्षक का उच्चारण करते हैं तो बाबा तिखार कर पूछने हैं, 'माने भाषा की मुसीबत से ही तुम्हारा मतलब है न?'

"व्याकरण भाषा का पीछा कर रहा है/पीछा कर रहा है सौन्दर्य शास्त्र/भाषा विज्ञान पीछा कर रहा है उसका/चिता से उठ कर आधी जली स्त्री की तरह/भाग रही है भाषा/उसके जले-खुले अंगों से/छिटक रहे हैं शब्द/अर्थ छिटक रहे हैं उसकी चीख की दरारों से।

कवि! क्या कर रहे हो तुम? तुम्हारे जन्म का जश्न पृथ्वी ने भाषा में मनाया था/भाषा में पढ़ा जायेगा तुम्हारी मृत्यु का संवाद।"

बाबा–"अब इस कविता में भाषा का नया तेवर भी है और कथन की नई भंगिमा भी।"

इतने में गौरइयों का एक जोड़ा रसोई घर की खिड़की पर आकर चहकने लगा। दोनों विभोर होकर उसमें डूब गये। दोनों के मुँह से एक साथ निकला—'वाह'। बाबा गौरइयों के जोड़ों की ओर उन्मुख हो उठे—'तू क्या समझेगी। तू क्या समझेगी?'...कविता पाठ में इस सुखद व्यवधान से अर्ध विराम-सा लग गया।

बाबा मेरी ओर देखते हुए—"अब इनको (शलभ को) मौका मिले कि नेवी (Navy) का कोई अधिकारी इन्हें ले जाकर दिखाये कि कैसे जहाज उछलता है, कैसे लहरें उठती हैं, अब अपन लोग यह सोचें कि साहित्य का कौन-सा अंग खाली जा रहा है और उधर जाएँ।"

"मैंने देखा जयपुर में पाँच सौ ट्रक डीजल की लाइन में खड़े हैं और दूसरी तरफ से ऊँट गाड़ियाँ चली आ रही हैं। (*शलभ से*) उस इलाके में तुम्हारे जैसा आदमी जाए तो साहित्य को भर देगा।"

शलभ फिर अपनी कविताएँ पढ़ना शुरू करते हैं और 'समय', 'हरिराम', 'महिन्दर' शीर्षक कविताएँ सुनाते हैं। 'समय' कविता पर बाबा टिप्पणी करते हैं—"जितना बारूद इस बार खाड़ी युद्ध में बरसाया गया है उतना पहले कभी नहीं हुआ था। यह महायुद्ध था। अब यह कविता वहाँ तक आएगी। गाँव वाली तुम्हारी कविताएँ बिल्कुल ताजी हैं। पर इस पर ध्यान गया कि गाँव में हरियाली कम क्यों हो रही है? बाग कम हो रहे हैं। अब ये जो तुम्हारी 'महिन्दर' कविता है—

अब भी गले में गमछा लटकाए रहते हैं महिन्दर
जब कोई बोलता है बच्चे की तरह मुँह बाये रहते हैं
अचकचाए रहते हैं अपने बोलने की बारी आने तक
ग्रामीण परमहंसी चेतना की प्रतिमूर्ति...

—इसे दिल्ली या बम्बई में रह कर कैसे पाया जा सकता है? मुझे विदिशा या राजगांगपुर इसलिए पसन्द आते हैं कि यहाँ गमछा लपेट कर निकल जाइए।"

—"अब ये कविताएँ तो हैं ही। पर यह बताओ रूस-वूस में जो हो रहा है, उसको छोड़ो, तुम तो इस पर निगाह रखो कि अन्तरिक्ष नाविक जो एक यान को छोड़ कर दूसरे यान में कैसे जाते हैं, उनको कैसे ट्रेण्ड (प्रशिक्षित) किया जाता है। उसको भी अपन देखें-सुनें। ये जो साहित्य की खंतियाँ हैं उधर लेखक का ध्यान नहीं जाता। स्टेट बैंक का चपरासी अध्यापक की परवाह नहीं करता। बैठा रहेगा और खैनी मलता रहेगा। आई.ए.एस., आई.पी.एस. वर्ग का भी उस पर कोई अंकुश अब नहीं है। तो इधर भी तो निगाह जानी चाहिए हमारी...इधर महिलाओं में भी एक नयी प्रकार की चेतना आई है। वो लोग रोहतक ले गये एक बार हमको। तो हमने कहा, पामेला बोर्डस के खानदान का कोई है? तो दो हाथ उठे साहब, एक ने कहा—'हम उसके चचा होते हैं।' दूसरे ने कहा—'हम रिश्ते में उसके भाई

हैं।' मुझे अच्छा लगा। इसी बीच एक लड़की उठी और बताने लगी—'मैं पहले भाला फेंकती थी। अब छोड़ दिया। मेरी दाढ़ी है। दिन में दो बार शेव करती हूँ। मेरी कुण्ठा का यही कारण है। मैं अक्सर अपने हाथ फेरती रहती हूँ। मेरा डेढ़ बरस का बच्चा उछलता-कूदता रहता है तो मैं यह सब भूल जाती हूँ।'

7.3.91 सुबह 6.30

ब्रश कर दाढ़ी बना मैं बाथरूम से बाहर आया नहीं कि उनकी आवाज़ सुनाई पड़ी—

"विजय बाबू! सुनते हैं न? बीच-बीच में कविताओं के बिम्ब-बीज आते रहते हैं। छोटी-छोटी पंक्तियों के बीच एकाध बेजोड़ बिम्ब आ जाते हैं। उन्हें सम्हालना कठिन होता है। अब आदमी चौबीस घण्टे कागज-कलम लेकर तो बैठा नहीं रहेगा।"

वि.ब. सिंह —"कभी-कभी तो आप दाढ़ी बना रहे होते हैं, चाय पी रहे होते हैं। इसी बीच कोई बिम्ब कौंधने लगता है।"

नागा बाबा—"हाँ, पेशाब करते वक्त भी"...

वि.ब सिंह—"क्या अभी कोई पंक्ति आई?"

नागा बाबा—"नहीं ऽऽ भाई! वो तो कह रहे हैं हम कि ऐसा अक्सर होता रहता है। *(थोड़ा रुक कर अचानक उदासी के स्वर में)* यह सब सोचता हूँ तो निराला जी याद आते हैं। घण्टों अकेले बैठे रहते थे और अपने आप मुस्कराते रहते थे। उनके गाल हिल उठते थे। मुझे लगता है ऐसे ही बिम्ब-बीज उन्हें घेर लेते रहे होंगे।"

"समकालीनों में बहुत कम लोग थे जो उनसे मिलने आते थे। पन्त जी ने भी किनारा कर लिया था। महादेवी जी भी दूर-दूर से ही मिलती थीं। उस अकेलेपन में उनकी मुस्कान इन्हीं बिम्ब बीजों की देन तो नहीं रही होगी?"

"तुम्हें एक घटना सुनाता हूँ। बनारसीदास चतुर्वेदी जब एम.पी. होकर दिल्ली आए तो कहलवाया कि मिलना चाहते हैं। मैं गया। आमना-सामना हुआ तो मैंने कहा—'यह तो बताइये कि निराला जी के पीछे आप जो हाथ धोकर पड़े रहते थे, अब उसका कोई पछतावा होता है या नहीं?' तो कहा—'इस मधुर मिलन के बीच उसकी याद न दिलाइए, वो बहुत कड़वा प्रसंग है।' मैंने भी फिर कभी उन्हें नहीं छेड़ा।"

"बातचीत चलती रही। चतुर्वेदी जी ने कहा—'कभी-कभी आ जाया कीजिए। सवेरे मैं घूमता हूँ। वो टाइम ठीक रहेगा।' मैंने कहा—'वो मेरे निर्माण का समय रहता है। मैं काव्य-पंक्तियों के बीच रहता हूँ उस वक्त। नहीं आ सकता। हाँ, जब आपसे मिलना होगा तो अपने बेटे या आपके नौकर से पुछवा लूँगा। खाली

रहेंगे तो कभी भी मिल लेंगे। फिर आपसे दस मिनट मिलना काफी होगा।' (*कह कर बाबा व्यंग्य भरे ढंग से मुस्कराए*) इससे ज्यादा क्या? चतुर्वेदी जी सुनते रहे।"

9.3.91

आज हम तीनों श्याम बाबू शर्मा 'मिर्जापुरी' के गाँव गए। साथ लल्लन और रामनाराण भी थे। विदिशा से तीन किलोमीटर दूर ग्यारसपुर-सागर रूट पर। सिलाकारी जी ने वहाँ तक जाने के लिए अपनी गाड़ी दे दी थी। मिर्जापुरी जी हमारे चित्रकार मित्र स्वर्गीय रघुनाथ सिंह के अंतरंग बाल सखा हैं। कविता करते हैं और गहरे रसिक हैं। आजीविका से अध्यापक। रिटायर होकर अब अपने खेतों में झोंपड़ी डाल रहने लगे हैं। खेतों के बीच ही एक कुआँ है। बेर के दो झाड़, एक अमरूद और एक जामुन से घिरा। बैसाख में काफी गझिन छाया हो जाती है इनकी। तब उन पेड़ों के नीचे पटियों के 'सोफों' पर बैठना और लेटना खूब अच्छा लगता है। पर आज तो श्याम बाबू ने बाबा के स्वागत में पलंग बिछा रखा था। उस पर गद्दा और मखमल की नई चादर थी। भाभी जी दाल-बाटी बनाने में लगी हुई थीं। बेटा हम लोगों के लिए होले तैयार करवा रहा था। शहर से बाहर खेतों और देहातों में बाबा का मन अब भी पहले जैसा ही रमता है। फिर शलभ भी तो साथ थे। चारों और गेहूँ और चने के खेतों की हरियाली, दूर सड़क पर आती-जाती मोटर गाड़ियाँ, खुला आकाश, सुनहली बसन्तिया धूप। बाबा आज आत्मविभोर-से थे। होले भूने और खाए गए। बेर भी कुछ कम मीठे नहीं थे। शलभ बाबा से बीच-बीच में छेड़छाड़ करते रहे। दोपहर बाद दाल-बाटी का भोजन हुआ। शाम हम लोग घर लौट आए। बाबा सीधे सिलाकारी जी के यहाँ चले गए। मेरे यहाँ की भीड़-भाड़ उन्हें कई रोज से त्रस्त कर रही थी। फिर तो दो-तीन दिन वे वहीं रह गए।

10.3.11

पर्यावरण संगोष्ठी की शाम हमारा कविता पाठ इंजीनियरिंग कॉलेज में था। उर्दू की शायरा मलका नसीम, कवि नरेन्द्र जैन और शलभ का काव्य-पाठ। आयोजक थे—सागर विश्वविद्यालय के पत्रकारिता विभाग के बहुचर्चित प्राध्यापक श्री प्रदीप कृष्णात्रे। मैं स्थानीय संयोजक था। हैरदाबाद की इन्दु वशिष्ठ भी आई हुई थीं। बाबा थे तो उसी कैम्पस में, पर कविता पाठ में नहीं आए। मलका जी, इन्दु जी काव्य पाठ से पहले बाबा से मिलने गईं तो मैं उनके साथ था। वे भीतर के कमरे में विश्राम कर रहे थे। सिलाकारी जी के सेवक ने आगन्तुकों की सूचना पहुँचाई तो बेमन से उठ बाहर आकर, ड्राइंग रूम के खूबसूरत सोफे पर बैठ गए। इतने खूबसूरत ड्राइंग रूम की भव्यता, उनकी उदासी और थकान में डूब गई। इन्दु जी ने आग्रह किया—'बाबा! आप हम लोगों को आशीष देने ही चलिए न?' किन्तु वे हम लोगों की ओर से मुँह फेरे अपने में ही खोए रहे। कुछ अधिक ही आग्रह

करने पर बोले—"मेरे लिए शांति और विश्राम अधिक महत्वपूर्ण है। देर रात तक जागना मेरे स्वास्थ्य के लिहाज से अनुकूल नहीं पड़ता।" फिर तो सब लोग उन्हें प्रणाम कर धीरे-से उठ कर चले आए। वे भी उठ कर चुपचाप भीतर चले गए।

11.3.91

शाम को बाबा सिलाकारी जी के यहाँ से श्यामाकान्त[1] के यहाँ, इन्दिरा काम्प्लेक्स आ गए। खबर तो हम दोनों (शलम और मुझे) को लग गई और हम स्कूटर उठा वहाँ तक गए भी। पर उनके थके मूड का आलम देख चुपचाप लौट आए।

12.3.91

दिन के 11.30 पर हम दोनों बाबा से मिलने वहीं श्यामाकान्त के घर फिर गए। उन्हें सूचित किया कि कल घर खाली हो जायेगा, सारे आगन्तुक चले जाएँगे। वे कुछ-कुछ प्रसन्न हुए। बोले 'वो जो आपका कमरा है न, उसका वातावरण, मुझे उतनी जगह, पूरे मकान में सिद्ध पीठ लगती है।' मैंने उन्हें आश्वस्त किया—'कल बिल्कुल खाली हो जायेगा। बस हम और आप रहेंगे।' उन्होंने आश्वस्ति महसूस की।

थोड़ी देर उनके पास बैठ हम दोनों लौट आए।

13.3.91

शलभ को आज शाम दिल्ली दूरदर्शन पर काव्य पाठ के लिए रवाना होना था। उन्हीं के साथ लल्लन और रामनारायण[2] भी चले गए। बाबा ने अनुमान कर अपना सामान समेटना शुरू कर श्यामाकान्त से कहा—"चलो, अब विजय बाबू के यहाँ चलते हैं। वे अकेले बोर हो रहे होंगे, कोई उनसे बात करने वाला न होगा। अब हम सिलाकारी जी के यहाँ भी न जाएँगे।"

घर लौटे तो वे काफी फ्रेश दिख रहे थे। मैं अपनी टेबुल से उठ उनके पास गया। वे आहिस्ते-आहिस्ते अपने सामान को तरतीब देने के खयाल से धर-उठा रहे थे। कन्धे पर टँगा झोला उठा सिरहाने रख दिया था। मैंने चाय के लिए पूछा। वे मेरी ओर देख कहने लगे—'आप पियोगे तो हम भी साथ दे देंगे।' मैं चौके में जा कर चाय बना लाया। उन्हें बेहतर मूड में देख मैंने पूछा—"हिन्दी आलोचना से क्या अपेक्षा रखते है आप?"

नागा बाबा—"सोसाइटी जो टर्न ले रही है वह बहुत बड़ा काम है आलोचना का। यानी कि कंकड़ से कंकड़, पत्थर से पत्थर, दाना से दाना को अलग करना

---

1. कवि नागार्जुन के सबसे छोटे बेटे।
2. मेरा भतीजा और मेरे जामाता।

होगा। पहले सूप से, फिर चलनी से। आलोचना को इन दोनों कामों को करना होगा। कठिन दायित्व है यह। नहीं तो घाल-मेल करने वाले लोग बहुत निकल आएँगे।"

"विजय बाबू! बांग्ला में नये आलोचक आ रहे हैं, उनमें से अरविंद पोतदार एक हैं। साहित्य और समाज शास्त्र को मिला कर देखने वाले लोग। बांग्ला की एक पत्रिका है 'अनुष्टुप'। उसे मँगाना चाहिए।"

14.3.91 सुबह 8.45 पर

वि.ब. सिंह—"बाबा! आज बी.बी.सी. सुन पाए या सोते रहे?"

नागा बाबा—"क्या...तुमने क्या सुना?"

वि.ब. सिंह—"आज की न्यूज में सोवियत रूस में कम्युनिस्ट पार्टी का एकाधिकार समाप्त मान लिया गया और राष्ट्रपति को सर्वोच्च अधिकार दे दिए गये। गोर्बाच्योब की नीतियों को विपुल समर्थन मिला। इन परिवर्तनों को साम्यवाद के लिये आप कैसा समझते हैं?"

नागा बाबा—"बहुत अच्छा हुआ। अब यहाँ के लोग भौचक्के रह गये होंगे। भीतर ही भीतर परेशान होंगे। बोलेंगे कुछ नहीं। यहाँ की कम्युनिस्ट पार्टियों में यह खास बात है। मैं तो इसका शिकार रहा हूँ। वो भी मेरी मजबूरी रही है और मैं भी जैसे-तैसे उनकी मजबूरी बना रहा। मेरा भरोसा तो मार्क्स के रास्ते पर ही था। पर मैं ओलन-खोलन में भी विश्वास करता था। और यहाँ के कम्युनिस्ट अभी भी बन्द रखने और गुपचुप-गुपचुप करने में यकीन रखते हैं। रूस में उसी के चलते बहुत ज्यादा सड़ाँध, ढेर सारा कचरा इकट्ठा हो गया था। लोगों की साँस फूलने लगी थी। अपने यहाँ के कामरेड लोग सोच कर दिखाएँ, करके दिखाना तो बहुत दूर की बात है।"

"तुम्हारे 'जलेस' (जनवादी लेखक संघ) में पार्टी की ओर से सुरजीत सब देखते हैं। सुरजीत साहित्य कितना जानते हैं? ई.एम.एस. और सी.पी.आई. में राजेश्वर राव को भी अपनी भाषा के साहित्य का पता है। सुरजीत भी क्या निराला और मुक्तिबोध को जानते हैं? वे तुम्हारे संगठन से सुपर गाइड हैं। कठमुल्ले, चाटुकार छुटभैये लेखक उनको खुश करके रूस, चीन, वियतनाम हो आएँगे। बस यही न हो रहा होगा?"

"हमने डॉ. माहेश्वर से कहा—शील जी का सम्मान 'जलेस' की केन्द्रीय कार्यकारिणी को अपने जिम्मे लेना चाहिए। शील जी का नहीं करेंगे तो क्या ये लोग किसी पार्टी कामरेड का करेंगे? ये संगठन और हमारे लिये क्या कर सकते हैं? हमने तो अपना जीवन होम कर दिया।"

वि.ब. सिंह—"आपने 'जलेस' के बारे में बहुत कुछ कह डाला। 'प्रलेस' के बारे में भी कहिए।"

नागा बाबा—"प्रलेस (प्रगतिशील लेखक संघ) बुढ़ापे का तरल वीर्य है।

शुक्रमोचनी संस्था है।”

“अब गुना में कुमार अम्बुज है। उसको देखो और उसकी प्रज्ञा को तेज करो। और सुनो! दो टूक बात कहने के लिए नंगई बहुत जरूरी है। वैचारिक गूंगापन आदमी को खा जाता है। आपको भी परेशान करेगा। आदमी को असली-नकली जो समझ में आए उसे कहता रहे, इसके लिए छोटी पत्रिकाएँ बहुत मुफीद हैं। आपको भी ऐसा करते रहना चाहिए। ‘नया विकल्प’ का क्या अचार डाल रहे हैं? उसे दे दीजिये वो अपना काम करें। कोई जरूरी नहीं कि मोटा अंक निकाला जाए। विशेषांकों की परम्परा का मैं कायल नहीं हूँ। जरूरत पड़े तो साल भर में नौ नई पत्रिकाएँ निकाल देनी चाहिए। ये नहीं कि मूड़ में मूड़ मिलाए ‘विष्णु—विलार’ बने बैठे रहें। मित्रों को, तुम क्या सोच रहे हो, इसका पता लगना चाहिए। और यह तो मध्यवर्गीय वृत्ति है न, न निकालेंगे न छोड़ेंगे, यह हमारे काम की नहीं। यही हममें गूंगापन पैदा करती है। शलभ को वहाँ सफदर हाशमी स्मृति समारोह में बाईपास करके उल्टे-सीधे लोगों को पढ़वा दिया। फिर बीच में शलभ को पढ़वाया गया। उसे बड़ी पीड़ा हुई। मैं उसे लेकर गोमती छात्रावास आ गया। उसने कहा, ‘आपने देखी इनकी बदतमीजी?’ तो मैंने कहा, ‘तुम तो वे अंगूर-वंगूर खाओ। तरल-गरल की व्यवस्था है कि नहीं। ये अंगार को क्या अपनी जेब में रखेंगे?’ (थोड़ा रुक कर) हमको लोगों ने कहा—‘आपको नेहरू फेलोशिप मिल जाएगी, जरा मिलिए।’ तो हमने कहा—‘हम तो दारिद्र्य को वरदान मानने वाले लोगों में से हैं। दारिद्र्य के सीमान्त में चहलकदमी करते हुए लौट आए हैं हम।’ इसलिए मैं कह सकता हूँ कि सिर्फ गरीबी की सीमारेखा की बात मत कीजिये। अमीरों की सीमारेखा की बात भी शुरू कीजिये। पर यहाँ तो लोगों का मुँह बन्द है। जबान पर ताले पड़े हैं।”

वि.ब सिंह—“यह गूंगापन किस इलाज से जायेगा? यह तो मध्यम वर्गीय वृत्ति है, इसका क्या किया जाए? यह तो सारे बौद्धिक और सृजनात्मक क्षेत्र के ऊपर काई की तरह जमी हुई है। कहीं-कहीं तो तलपटनी की तरह उग आयी है।”

नागार्जुन—“यह गूंगापन। इसका निदान भी हमी ढूंढेंगे। हमीं धनवन्तरि हैं। हमीं अमृतधर भी हैं।”

वि.ब. सिंह—“तो क्या आप सरकार के साक्षरता अभियान से संतुष्ट नहीं हैं?”

नागा बाबा—“साक्षरता में पढ़ा-लिखा आदमी नाटकीय बुर्जुआजी में शामिल होता जा रहा है। जनवादी रचनाकारों को इसमें नये सिरे से अपनी भूमिका निभानी होगी। शुद्ध कलात्मक लेखन करने वाले जनता को न तो प्रशिक्षित कर पाएँगे, न आन्दोलित। आज तो उसे दिशा निर्देश भी चाहिए और प्रेरणा भी। यह भी देखना होगा कि जनता किन मुद्दों पर उद्वेलित होती है। वैसी रचना करना। हाल तो यह हे कि नागार्जुन भी कोर्स में न रहें तो सड़ जाएँ। कुत्ता पेशाब तक न करे। किन्तु अगर हमारे लेखन में जन-संस्कृति का जुड़ाव होगा तब ऐसा न होगा

कि हम जिन्दा रहने के लिए कोर्स (पाठ्यक्रम) का मुँह ताकें। 'सोवियत भूमि' जैसी पत्रिकाएँ बन्द हो गईं।" *बाबा भाव-उद्दीप्त होकर छंदात्मक शैली में कहने लगते हैं–*

साथी गोर्बाच्योव सही-सही बताओ।
तुम्हारे घर के क्या हाल हैं?
बोरियों में भर कर किताबें आती थीं
अब क्या बन्द हो जाएँगी?...*(फिर कुछ सहज होकर उन्होंने कहा)*

"अमेरिका वालों को इस तुलना में हम ज्यादा चालाक पाते हैं। भयानक चापलूसी और डर रूस में रहा है। मार्क्स, ऐंगल और लेनिन के अलावा चौथी जगह जो खाली है वहाँ, किसका स्टेच्यू आएगा, ख्रुश्चेव, ब्रझनेव या किसका? यह पूछते ही दुभाषिया हाथ दबा देता है।"

"पॉलिटिक्स मायने बाघेर सवारी करा। चेंपे धरो। अन्यथा पटकनी दिये खेये जाबे।" (पॉलिटिक्स बाध की सवारी है। दबाकर रखना पड़ता है उसे, नहीं तो पटखनी देकर खा ही डालती है।)...कहकर हँसने लगे वे।

14.3.91 शाम 4 बजे

वि–"आगे आने वाले दिनों में भाजपा के लोग केन्द्र में आने का सपना देखने लगे हैं। जब ये लोग सत्ता में आएँगे तो देश का साहित्यिक और सांस्कृतिक नक्शा कैसा होगा?"

बाबा–"भाजपा वाले तो आते हुए सौन्दर्यबोध को पीछे धकेलते हैं। उनको लगता है अगर ऐसा किया, याने नयी जीवन स्थितियों को स्वीकार किया, तो हमारा अस्तित्व ही खतरे में पड़ जायेगा।"

"अब, आजकल सब जगह लिखा रहता है 'अयोध्या चलो'। बजरंग दल वालों ने सब जगह लिख रखा है। अयोध्या जाकर क्या करें, कोई बताएगा? राम किस महल के, किस कमरे में पैदा हुए थे? विरही राम जिस तरह पेड़ों को पकड़ कर रोते थे, क्या उस तरह की आत्मीयता इनमें अपने आज के परिवेश को लेकर है?"–बाबा ने सवाल किया।

"बस्तर अंचल के सांसदों का भाजपा से कोई रागात्मक सम्बन्ध नहीं है। खेत में जैसे भेड़ों को बैठाने का पैसा देते हैं, वैसे ही मूर्खता, अज्ञान और गलाजत ही भाजपा की कमाई है। समझदार साक्षरता के साथ अगर विज्ञान भी हो तभी न? यहाँ तो भाजपा का सब चौपट है। दूसरी एक बात और देखो कि...अपने यहाँ तो ऐसे लोग हैं कि चार बार यूरोप हो आएँगे, पर मणिपुर, इम्फाल और कोहिमा नहीं जा पाएँगे? यही न राष्ट्रीय एकता हुई।" इसी विचार-क्रम में उन्होंने प्रसंग बदलते हुए कहा "अपने यहाँ सयाने लोग घर से नहीं भागते, क्यों? बच्चे ही क्यों घर से भागते हैं? आई.ए.एस. किस्म के लोगों को देखो, वो सुख-सुविधा

नहीं छोड़ना चाहते। अब तुम उनसे क्या उम्मीद करोगे?" बात समाप्त करते हुए उन्होंने कहा—"पानी स्थिर हो तब तो काई जमे।"

मैं उनके इस वाक्य का अर्थ-संकेत समझ नहीं सका।

(थोड़ी देर रुककर) "हमारी कसौटी ये होनी चाहिए कि कोई वस्तु अदेय न हो। आम लोगों की यह कसौटी नहीं होती। वो सारी बातों को सिर्फ भौतिक रूप से देखते हैं। दो-एक चीजें जो मेरी हैं, मैं यहाँ छोड़ भी सकता हूँ। दो-एक चीजें जो यहाँ की हैं, मैं ले भी जा सकता हूँ। फिर मैं जिसे प्यार करूँगा उसकी गड़बड़ियों पर पीठ न थपथपाऊँ तो ठीक है, पर उसके खिलाफ चला जाऊँ, यह न होगा।"

14.3.91 रात 8.30 पर

भोजन की थाली पर बैठते हुए अचानक अपने स्वभाव के विपरीत जाकर वे बोलने लगे।

"आजकल बड़े-बड़े महन्त पनसोहा हो गए हैं, पनीला, यानी कि उनमें तेज नहीं रहा। सब फायदे के पीछे हैं। तो समानधर्मा मित्रों के बीच ऐसी कौन सी स्थितियाँ बन सकती हैं जहाँ चरमतिक्तता पहुँच जाती है? हमारी निगाह उधर भी होनी चाहिए।"

बि.ब. सिंह—"तो इसका इलाज क्या है?"

नागा बाबा—"इसके लिये तो त्वरित चिकित्सा जरूरी है। आधुनिक चिकित्सा पद्धति के प्रति हमारी निगाह कानी थी। डॉक्टरों ने कहा—'यह करना पड़ेगा अगर जीना हो तो।' तो मैं चीं बोल गया। एक डॉक्टर ने मुझसे चीं बुलवा लिया।"

शलभ श्रीराम सिंह—"फिर आपने डाक्टरों के आगे हथियार डाल दिये।"

नागा बाबा—"हम तो निवृत्तिनाथ हैं। सामने आता है तो मना नहीं करते। एक दिन कहीं अच्छा खाना मिल गया तो पैर उसी ओर बढ़ जाते हैं। मलाई गुह्यांग में डाल दी जाएगी फिर तो।"

15.3.91 सुबह 6.30 पर

नागा बाबा—"अब अपने यहाँ यह सब जरा धीरे-धीरे होगा। सामान्य जनता का स्तर अपने यहाँ अलग है। रूस में दर्जा 10 से कम कोई नहीं है। झाड़ू लगाने वाली भी। वह ताल्सताय और प्रेमचन्द का नाम जानती है। मैंने पूछा तो उसने गोर्की की किताबों के दस नाम बताए। यहाँ तो सिर्फ किताबी पढ़ाई हो रही है। काम भी कर रहे हैं। पढ़ भी रहे हैं। साक्षरता वर्ष है, बालिका वर्ष है, यह कोई बात है? इससे क्या पढ़ाई हो जाएगी? यह जो लाख-लाख रुपये का पुरस्कार है, इससे क्या होगा? मिल गया एक लोंदा चंदन का। आपके पीछे फेंक दिया गया। कहते हैं, हाथी की लीद गिरती है तो उसमें दब कर कई कीड़े-मकोड़े

मर जाते हैं। और फिर दारिद्र्य के महासागर में एक घड़ा अगर किसी ने उड़ेल भी दिया तो क्या? फिर खाली द्रव्य दे देना पुरस्कार नहीं है। उसे उन जगहों पर घुमाना चाहिए जो उसकी चेतना को समृद्ध करें।"

15.3.91 शाम 6.30

वि.वि. सिंह–"साम्प्रदायिकता एक नई महामारी के रूप में आई है। इसका इलाज नहीं हुआ तो हम तबाह हो जाएँगे। शायद यह राष्ट्र इस रूप में बचेगा ही नहीं..."

नागा बाबा–"निर्वाचन का जो सिस्टम है, यही वह गंदी झील है जिसमें साम्प्रदायिकता के मच्छर पनपते हैं। कान्स्टीट्यूयेंट एसेम्बली फिर से बैठनी चाहिए। उससे यह होगा कि सब जातियों के लोग कहीं से भी खड़े हो सकेंगे, जैसे आचार्य कृपलानी सीतामढ़ी से खड़े होते थे। आपको याद होगा, मेनन को बम्बई से खड़ा किया गया तो वे हार गए।"

"अब देखिए चमत्कार। कुछ जातियाँ हैं, जिनकी बहुमत की बिरादरी नहीं है। पर हैं बहुत इंटेलीजेंट जातियाँ। अब अगर जातिगत आधार पर ही चुनाव होंगे तो ये लोग कैसे आ सकते हैं? परगना, तहसील, जिला, साम्प्रदायिकता के अलग-अलग जोहड़ (गन्दे जल का एकत्रीकरण) पश्चिमी जिलों में बन गए हैं। डोम जाति है उसका बहुमत नहीं है। माणिकर्णिका घाट का डोम सरदार है जो इतना सम्मानित है कि वह जब तक न कहे खोपड़ी नहीं फोड़ी जाती। पर क्या वह एम.पी. बन सकता है? राज्य सभा में है जरूर यह व्यवस्था, पर सत्तादल के लोग ही उसमें अपनी-अपनी चलाते हैं। आपको याद होगा पृथ्वीराज कपूर राज्यसभा में थे। समाजवाद तो इनके लिए बचावे की छतरी है। शादी-ब्याह में लाख डेढ़-लाख रुपया का औसत दहेज चल रहा है। नहीं होता तो बहुएँ जलाई जाती हैं।"

"दूसरा यह है कि अल्पवित्त, मध्यवित्त और बहुवित्त में समाज के लोगों को बाँटने का जो तरीका चला आ रहा है, जैसे भिलाई में 25 साल से जो मजदूर रह रहा है, तो उसका बेटा रूस–वूस घूम आएगा तो स्वभावतः उसका परिवार जागरूक मध्यवर्ग में आ गया न भाई! तो ऐसे वर्ग में दहेज वगैरह का शार्टकट चलता रहता है।"

"सबसे संगठित मजदूर-शक्ति जमशेदपुर में है। वहाँ का यह मजदूर वर्ग पढ़-लिख कर बाबू वर्ग में जा रहा है। यानी कि वर्गान्तरित हो रहा है। इस तरह से तथाकथित जो वर्गीय सम्बन्ध है उनका बहुरूपीकरण हो रहा है। हमारे यहाँ तो नामवर सिंह जैसा बुद्धिजीवी वर्ग है, वह न तो इन समस्याओं का अध्ययन करता है, न असम जैसी समस्याओं का। ये लोग दूसरों के अध्ययनों

का इन्तजार करते हैं। फिर पार्टी की राय का। इन्तजार का सेवन भी एक नशा ही है न?"

17.3.91 : 10.00 बजे

आज बाबा ने रघुनाथ सिंह चित्रकला प्रतियोगिता[1] के विजेता बच्चों के पुरस्कार समारोह की अध्यक्षता की। चित्रकार भाऊ समर्थ खास तौर से नागपुर से चल कर विदिशा आए थे। वृन्दा मोहता (भाऊ की शिष्या और प्रतिभाशाली चित्रकार) उन्हें भोपाल से अपनी मारुति में लेकर कल दोपहर को ही आ गई थीं।

समारोह में भाऊ अपने जीवन का अन्तिम व्याख्यान दे रहे हैं, यह हमें मालूम न था। उन्होंने कहा था "यहाँ आदमी के दिल पर हजारों सालों की जड़ हो चुकी व्यवस्था की गुलामी का असर है। यही असर हम अपने बच्चों पर भी डाल रहे हैं। हम सिर्फ अतीत को दुहराना परम्परा समझ रहे हैं। तो क्या हमें जंगलों और गुफाओं की ओर लौट जाना चाहिए? हमारे पुरखे अगर पेड़ों पर रहते थे तो हमें भी क्या अपने इन सुविधायुक्त मकानों के बदले परम्परा-पालन के हिसाब से पेड़ों पर रहने लगना चाहिए? आप क्यों सोचते हैं कि जो कुछ इस समाज के पास है, इसे उतने से ही सन्तुष्ट होकर रह जाना चाहिए। सोच में जब प्रगति होती है, तभी मनुष्य आगे बढ़ता है। और यह प्रगति सबसे पहले आदमी के दिमाग में उसके विचारों, कल्पनाओं यानी विज्ञान और कला-साहित्य में होती है। समाज इसी का लाभ प्राप्त करता है।"

भाऊ ने लगभग क्षोभ पूर्ण आवाज में कहा—"आज आलम यह है कि पढ़े-लिखे कहे जाने वाले लोग ही सबसे ज्यादा अशिक्षित और गँवार हैं। वे अपने बच्चों को अभद्र और असंस्कृत बनाने में लगे हैं। उनसे कहते हैं 'तुम ऊँचे हो और बाकी लोग तुमसे नीचे हैं।' तभी तो अच्छा कहे जाने वाले घरों में सबसे खराब बच्चे जन्म ले रहे हैं। उन्हें कविता, कला, नाटक सुनने-देखने की सुविधा और अनुमति तो है, पर कवि या कलाकार या अभिनेता बनने की छूट नहीं है। क्योंकि अच्छे घरों की अच्छाई बैंक बैलेंस से है। साहित्य और कला के धन्धे तिजोरियों को भरने नहीं देते। खाली दाल रोटी भर मिल पाती है, नमक भर जुट पाता है।"

उपस्थित लोगों के समूह से उन्होंने आग्रह किया था—"आप अपनी तरह अपने बच्चों को मत बनाओ, उन्हें आजाद करो, नया सोचने और करने के लिए। तभी एक नया समाज बनेगा, नयी दुनिया सामने आयेगी।"

"विदिशा से हमेशा नये विचार जन्म लेते रहे हैं। बोधिवृक्ष की शाखा लेकर दक्षिण-पूर्व एशिया में गौतम बुद्ध के संदेशों का प्रसार करने के लिए जाने वाले

---

1. पंडित गंगा प्रसाद पाठक ललित कला न्यास, विदिशा के द्वारा आयोजित की जाने वाली प्रतियोगिता/न्यास के संरक्षक (थे) कवि श्री नागार्जुन।

नौजवान महेन्द्र और संघमित्रा विदिशा के ही थे। इसलिए विदिशा को यह रोल आज भी निभाना है।"

भाऊ का यह अंतिम व्याख्यान अत्यन्त उद्दीपक और प्रेरणास्पद था। उन्हें खुद लगा था जैसे आज वे कुछ निर्णायक और ठोस बातें कह गए हैं। व्याख्यान के बाद उन्होंने मुझसे पूछा 'टेप किया या नहीं?' मैं निरुत्तर था। चूक तो हो चुकी थी। पर यह आशंका तो नहीं थी कि विदिशा से लौटते ही वे मृत्यु के भँवर में फँस कर हमेशा के लिए हमारा साथ छोड़ जाएँगे।

बाबा भाऊ के इन विचारों से प्रफुल्लित हुए। अपने अध्यक्षीय भाषण में जैसे इन पर अपनी मुहर लगाते हुए कहा—"बच्चों को सपना देखने दीजिए। उनकी निडर चेतना पर अपनी भयाक्रान्त बुद्धि मत थोपिए। तभी उनके सपने खुले पंखों से उड़ेंगे। उनकी तस्वीरें निडर बनेंगी।"

भाऊ ने उस दिन बाबा का हाथ अपने हाथ में लेकर बच्चों के चित्रों की विशेषताओं की ओर इशारा किया था। प्रदर्शनी देखते हुए बाबा उस दिन ऐसे लग रहे थे जैसे कोई बुजुर्ग बच्चा बन गया हो और अपने ही परिवार के किसी प्रतिभाशाली सदस्य के सहारे फिर से इस संसार को दुहरी—तिहरी आँखों से देखना चाहता हो। वह साहचर्य सचमुच अद्भुत था। चित्रकार बच्चों ने दोनों के साथ खूब तस्वीरें खिंचवाई।

18.3.91

बाबा आज सुबह 4.30 पर ही उठ गए थे। अन्यथा उनकी रोज की नींद प्रायः बी.बी.सी. के पहले प्रसारण, सवा छह के आसपास टूटती है। शलभ दो दिन पहले ही दूरदर्शन के कार्यक्रम में काव्य पाठ के लिए दिल्ली जा चुके थे। मैंने चाय तैयार की। आज वे अपने बिस्तर पर ही बैठे रहे। मैं भी चाय का कप लेकर उनके कमरे में चला गया। सेंटर टेबुल पर कई अखबारों और साहित्यिक पत्रिकाओं के साथ 'मामुलिया' का मैथिलीशरण गुप्त विशेषांक रखा था, जिसे रात में उन्होंने उलट-पुलट कर देखा था। उसमें हिन्दी के मनीषी और जाने-माने आलोचक डॉ. रामविलास शर्मा का भी एक लेख था, गुप्त जी के गद्य पर। चाय की पहली चुस्की पर ही जैसे किसी ने उन्हें कुरेद दिया हो—"सुनते हो विजय बाबू! हमारे राष्ट्रकवि से बेहतर प्रतिभा थी उनके छोटे भाई सियाराम शरण गुप्त में। पर छोटे होने के नाते दबे रहे बेचारे।"

मैंने पूछा—"यह वराटिका क्या है?"

—"कहाँ आया है पढ़ो?"

—"जब देव मन्दिर देहली/समभाव से जिस पर चढ़ी/नृप हेम मुद्रा और रंक वराटिका।' पढ़ कर सुनाया मैंने।

—"कौड़ी है! कौड़ी!" बाबा ने कहा।

"कोड़ी के लिए तो संस्कृत में कपर्दिका है न?" मैंने जिज्ञासा की।

"हाँ! है तो पर उसका अर्थ बड़ी वाली कौड़ी है। वराटिका यहाँ छोटी कौड़ी के लिए आया है।" बाबा ने समझाया। इसके बाद उनका मूड़ तीखा हो गया—"पर मुझे गुप्त जी के समभाव पर बहुत गुस्सा आता है। एक आदमी रोते हुए, दुखी मन कौड़ी चढ़ाएगा और दूसरा प्रसन्न होकर स्वर्ण मुद्राएँ। यह समभाव कैसे हुआ? इस बेसिक सोच में ही गड़बड़ी है। अमीर और गरीब, दोनों का एक साथ समभाव कैसे होगा?"

प्रसंग बदलते हुए मैंने राष्ट्रकवि के साहित्यिक आचार्य पण्डित महावीर प्रसाद द्विवेदी के बारे में सवाल किया—"बाबा! द्विवेदी जी तो रेल की नौकरी में थे। उन्होंने कैसे इतनी जबर्दस्त साहित्य साधना की? कैसे वे 'सरस्वती' जैसी साहित्यिक पत्रिका के सम्पादक बने?"

"अरे भाई! उनकी साहित्य साधना तो चलती ही रहती थी। झाँसी में रहते-रहते उन्होंने मराठी साहित्य से काफी सुसम्पन्न कर लिया था अपने को। उनका दिमाग काफी खुला हुआ था। गुप्त जी की तरह नहीं थे वे। 'सरस्वती' में उन्होंने महा महोपाध्याय गौरीचन्द हीराचन्द ओझा से मूल हिन्दी में लिखवाया। गुजरातियों, मराठियों से उन्होंने बहुत कुछ लिया। साहित्य से अलग विषयों पर उन्होंने लेख लिखवाए।" बाबा का उत्तर था।

19.3.91

दिन भर आज बाबा फिर सिलाकारी जी के यहाँ रहे। सिलाकारी जी 'नागार्जुन लोक सम्मान 1988' के स्वागताध्यक्ष थे। उनका परिवार साहित्यिक परम्पराओं का रहा है। विद्या और साहित्य की यह उपासना आज भी इस परिवार के साथ है। मेरे करीब बैठते ही उन्होंने कहा—"आपसे जब-तब कुछ बात करने का मन होता है। बातें तो मैं करना चाह रहा था, वो भी करनी हैं।"

—"तो क्या मैं पैड मँगवा लूँ? जो बाते हैं, यहीं हो जाएँ। नरेन्द्र जैन तो आए नहीं। उन्होंने 6 बजे यहीं पहुँचने को कहा था।" मैंने कहा।

बाबा—"नहीं, यहाँ नहीं करेंगे। वहीं आपकी कुटी में ये सब बातें ठीक से होती हैं। वहाँ चिन्तन स्फुरित होता है। वहाँ चलते-फिरते हुए विचार मन में आते हैं। कल वहीं करेंगे। शलभ आए या नहीं?" बाबा ने आतुर भाव से पूछा।

"आज तो नहीं आए। शायद कल आएँ। लगता है, रम गये। आपने आदेश दिया था न कि थोड़ा आगे बढ़ जाना, चण्डीगढ़ तक, तो कहीं आगे न बढ़ गये हों। फिर दिल्ली तो दिल्ली है।" मैंने उन्हें सूचित किया।

—"नहीं भाई—अरे जब आप जैसे उनके इतने घनिष्ठ मित्रों का वे ख्याल

नहीं रखते तो मेरी बात का क्या रखेंगे? दिल्ली में भी उनके चाहने वाले कोई कम थोड़े ही हैं।" बाबा ने कहा।

थोड़ी देर में नरेन्द्र जैन आ गये, अभयदान की याचना-सी करते हुए। बाबा के चेहरे पर तरल कोप का सूक्ष्म रूप था। सामान्य हल्केपन के बाद नरेन्द्र ने अपनी कुछ कविताएँ सुनाईं। बाबा ने मेरी ओर देखते हुए कहा–"इनसे कहो, खूब पके हुए पाँच गीत लिखकर बताएँ। हम इसके खिलाफ हैं कि एक ही ढंग से बरसों लिखते चले जायें।" फिर नरेन्द्र को जैसे नसीहत सी देते हुए कहा–"आप इस बात को भुला दें कि सौ कविताएँ लिखेंगे। टेकनीक बदलिये तो कलम पर पाबन्दी लगानी होगी। निराला से सीखना होगा इसे।"

"विचारों को उबालकर रख देना ही कविता नहीं होता। आप अनुवाद करो, जो भाषा आपके बूते में हो। श्रीहर्ष रोज लिखते थे और फाड़ देते थे। बड़ी चिन्ता हुई तो मित्रों ने वैद्यों से कहा इनकी प्रतिभा अति तीव्र हो उठी है, उसे कुछ मन्द करो नहीं तो दिमाग फट जायेगा। (*हँसकर*) जानते हो, अपने यहाँ क्या कहा गया है? कहा गया है कि जिसकी प्रतिभा मंद करनी हो उसे बासी रोटी और भैंस का मठ्ठा दिया जाए।"

(*थोड़ा रुक कर*) "अब हिन्दी क्षेत्र खाली हिन्दी क्षेत्र नहीं रह गया है। अखिल विश्व क्षेत्र हो गया है। उसके गुण-अवगुण भी अब इसमें आयेंगे। इनका वर्णन हिन्दी में होना चाहिए। अब जैसे कलकत्ता में मैंने रिजर्व बैंक की सरकाऊ सीढ़ियाँ देखीं तो उन पर कविता लिखी। कई जगह लोगों ने कहा–आप भी गपोड़ी करते हैं। तो हिन्दी क्षेत्र में घोंचूपन भी खूब है। हमारे कवियों को महासागरों का यह चमत्कार दिखाना चाहिए। उनका ध्यान उस तरफ जाए तब न हिन्दी के अनुभव क्षेत्र का विकास होगा। नामवर सिंह जैसे लोग हजारों के खर्च से दिल्ली से कोचीन और कोचीन से दिल्ली एक कर डालते हैं पर इस बात की चिन्ता कब करेंगे कि यह सब भी होना चाहिए। खाली रूस और अमेरिका की किताबें ही इनके चिन्तन का आधार बनी हुई हैं। यह कितनी बड़ी विडम्बना है।"

21.3.93 शाम 5.30 बजे

"मैं जो कहने आया था क्या फर्क पड़ा है ज्ञानेश्वर के कहने में और आज में। विज्ञान के समय में। उसको देखते हुए कहना पड़ता है कि शार्प और त्वरित चिकित्सा करनी पड़ती है, जान बचानी पड़ती है।"

"जैसे बहुत बड़ा अन्यायी है इलाके का। बहुत बड़े दुष्ट को तत्काल समाप्त करने के लिए नक्सलवाद बड़ा उपयोगी है। ये त्वरित चिकित्सा हुई। इसको समाज मूक सहमति देता है। गीता का कर्मयोग आज यही है। गीता को आज

भी पढ़ें-पढ़ाएँ तो त्वरित चिकित्सा वाली यह राय उसमें से निकल कर आती है। ये जो भले-भले लोग चुप हैं, मुस्करा रहे हैं और अन्याय वहीं सड़क पर बढ़ा जा रहा है, उस सड़क को काट दिया जाए, भले ही गाँव साला डूब जाए।

"संविधान की गलाजत भी बहुत हो गई है। चिप्पी वाली क्रान्ति हो गई है। अणु क्रान्ति। अब ये नहीं चलेगा। आचार्य तुलसी कहते हैं न अणुक्रान्ति यानी कि हजार तोला सोना नहीं, तेरह तोला सोना रखो। जैनियों का अणुव्रत यही हुआ न? लेकिन जो शंकर गुहा नियोगी को माननेवाला है उसके लिए इस अणु व्रत का क्या मतलब?"

"यहाँ तो अजीब-अजीब बात हो रही है। विनोबा को लगा होगा कि उनके लिए उनका अब कोई उपयोग नहीं है। उनके शिष्यों की अपनी पण्डागिरी चलने लगी थी इसलिए उन्होंने प्राणों को बचाए रखना जरूरी नहीं समझा। विजय बाबू! कितना विचित्र है न? हम नहीं जानते और हमारा सौदा हो जाता है।"

23.3.91 रात 9 बजे

शलभ आज लौट आए थे दिल्ली से। बाबा कुछ अतिरिक्त प्रसन्न थे। रात का खाना खाने सब लोग साथ बैठे। भोजन करते वक्त बाबा प्रायः बातचीत पसन्द नहीं करते। उनके हिसाब से इससे रसभंग होता है। रसबोध के लिए दत्तचित्त होना जरूरी है। पर आज वे खूब मुखर थे, जैसे आशीष वर्षा कर रहे हों—"शलभ का अपना गोत्र है। इन्हीं से शुरू होता है। इनको किसी मठ में शरण लेने की जरूरत नहीं। विजय बाबू! आप दोनों को हमेशा साथ रहना चाहिए।"

"क्यों भाई। पाण्डव नगर में कितने दिन रहे?" शलभ से पूछा बाबा ने।

"एक रात बाबा!"—शलभ

"एक रात तो तुम्हारे लिए एक युग होता है...।" बाबा ने कहा और हम लोग इस कथन का मजा लेने लगे। शलभ इस मजाक के लिए तैयार नहीं थे। उन्होंने भोलेपन के साथ कहा—"मैंने समझा नहीं, बाबा।"

"अरे! दो-तीन रात रह होते...।" बाबा ने कहा

"आप निकल जाते न यहाँ से?" शलभ।

"तो क्या? दिल्ली में भेंट होती"—बाबा नागार्जुन

"आप अगर पहाड़ पर निकल जाते तो"—शलभ

"पहाड़ पर चले आते"—बाबा

(*थोड़ी देर चुप्पी*)

"माइकेल मधुसूदन दत्त का बड़ा विरोध हुआ। किसी ने 'मेघनाथ-वध' पर 'छछुन्दर-वध' लिख दिया। चमत्कार देखो, रवीन्द्रनाथ का विरोध नहीं हुआ। अरविन्द के पिता का नाम मनमोहन घोष। ईसाई हो गए थे। जिद यह कि लन्दन

जाकर ही बच्चों को पढ़ाएँगे। अरविद की शिक्षा-दीक्षा वहीं हुई। माईकेल भी ईसाई हो गये थे पर ईश्वरचन्द्र विद्यासागर उनकी सहायता करते थे। यह उदारता रवीन्द्रनाथ में नहीं थी।" बाबा ने हमें सम्बोधित करके कहा।

शलभ से—"बंगाल एशियाटिक सोसाइटी का दो सौ बरसों का अंक निकला है। उसे देखा है?"

शलभ से—"नहीं देख सका बाबा।"

बाबा—"क्यों नहीं देखा?"

शलभ—"दिल्ली में मिलना मुश्किल था। कलकत्ता जाना नहीं हुआ इधर।"

बाबा उपदेश की मुद्रा में बोले—

"देखो। पण्डितों की परम्परा रही है, आसानी से जो पुस्तक प्राप्त होती है उसे नहीं लेंगे। ऊँट बबूल की टहनियों से काँटों को बचा कर पत्तियों को ले लेता है। जिनका ऐसा स्वाद है, वे कठिनाई से जूझते हुए इस स्वाद को ग्रहण करते हैं। वे ही अभिनन्दनीय हैं।"

"ये पुराने लोग बड़े विलक्षण थे। क्षेमेन्द्र कश्मीरी पण्डित थे। कायस्थों से बहुत नाराज थे। कहा—'काक से का, यमराज से, स्थ लिया उपस्थ से। इसी से बना है कायस्थ'—(*हँसी*) अब देखो, बड़े बुजुर्ग क्या कहते हैं कि सब लोग धन लेने को, सम्पत्ति लेने को तैयार हैं। पर बुद्धि और प्रतिभा की जिम्मेदारी लेने को तैयार नहीं। एक लाख अशर्फी मिली एक पण्डित को तो बदमाशों ने कहा—अभी एक इम्तहान और लो। कहा—'एक कम है'। तो उस पण्डित ने कहा—'लाओ, मैं उस पर पेशाब कर दूँ' तो यह हिम्मत चाहिए। *उन्होंने बात आगे बढ़ाई...*

"एक दरबारी पण्डित थे। उन्होंने अपने अतिथियों के लिए गेस्ट रूम (अतिथि गृह) बनवाया था। तो एक छह शास्त्रों के पण्डित थे। बेचारे घुन की तरह क्षीणकाय। अतिथिगृह में पलहे से कई विद्वान घुसे हुए थे। ये बेचारे किसी बरामदे के कोने में रातभर सिकुड़े पड़े रहे। सुबह पंडितों को कहा गया कि सब आएँ। ये भी गए तो दरबारी पण्डित इनसे क्षमा याचना करने लगे। कहा, 'क्षमा करें, मैंने आपको देखा नहीं।' तो इस षड्दर्शन विद्वान ने कहा—'आपकी बुद्धि तो स्थूल है न? सूक्ष्म चीजें देखेंगे कैसे?' तो ऐसा भी जवाब देने वाला प्रतिभाधर होना चाहिए। पर अपने अशोक वाजपेयी को देखो। पटवा ने उन्हें टेंगरा मछली की तरह टाँग कर रख दिया। यह हमारे आई.ए.एस. बुद्धिजीवी वर्ग की बहुत बड़ी मजबूरी है कि वह व्यवस्था का गुलाम है। वह त्यौरी नहीं दिखा सकता। उसकी सुविधा छिन जाएगी। अब अगर तेजस्वी है तो कहेगा कि नहीं, हम नहीं मानते यह आदेश। अब अशोक वाजपेयी जाकर ग्वालियर में एकान्त झेल रहे हैं। कहाँ गई उनकी मुद्रा और तेज? अब वे अपनी 'पतंग अनन्त में' उड़ाएँ तो जानें हम। क्या उनका अनन्त अब शान्त हो गया। अब वे अगर ऊर्जा नहीं दिखा पाते, चुप रहकर बर्दाश्त कर लेते हैं, तो क्या

हुआ? दिखाएँ वे अपनी अलग कुटिया बनाकर। (थोड़ा रुक कर) अब क्या शमशेरजी उनके काम आएँगे? क्यों नहीं बोलते अब?" बाबा आज बोले ही जा रहे थे—"उस दिन राजेन्द्र शर्मा आये थे न। कहा—'भोपाल चलिए। भोपाल चलिए।' हमको लगता है भोपाल चलकर हम क्या करेंगे। यहाँ हम ज्यादा सहज होकर बात करते हैं। भोपाल तो नकली लोगों का शहर है।"

(*थोड़ा रुक कर*) "ये जो आडवाणी होते हैं, जानते हो विजय बाबू। सिन्ध के बनिया होते हैं। इन लोगों को नानक तो ग्राह्य हो जाते हैं, क्योंकि नानक ज्यादा खतरनाक नहीं हैं। गुरु गोविन्द सिंह, गुरु तेगबहादुर को पकड़ें तो पता चल जायेगा। पेट फट जायेगा। लादी बाहर निकल आएगी। अपने यहाँ रामानन्द सागर की 'रामायण' में कुम्भकर्ण को देखा था न? उसके मुँह में जलेबी ठुँसवा रहे हैं। अरे भाई, उसे पूरा का पूरा एक बकरा देना था न? भुना हुआ मुर्गा दे देते।" थोड़ा वे फिर आगे बढ़े—

"हमारे यहाँ तो व्यवहार और विचार का इतना दारिद्र्य है कि कुम्भकर्ण को भी जलेबी खिलायेंगे।"

भाव यात्रा के लिए आता हूँ विदिशा

तीन दिसम्बर 91 की सुबह 5.50 पर विदिशा के रेल प्लेटफार्म नम्बर 2 पर था। बाबा, सलिल (सुरेश) जी के साथ मालवा एक्सप्रेस से आ रहे थे। आज हल्का-सा कुहरा था। गाड़ी के इंजन की रोशनी कुहरे में दूर से दिखती हुई सम्मोहक लग रही थी। इस रोशनी में उजाला तो था ही, गति भी थी। कुहरे में जैसे कोई शुक्लाभिसारिका हो। दिसम्बर की उस ठण्डी भोर में एक गुनगुनापन-सा था। गाड़ी रुकी तो बाबा से पहले सलिल जी दिखे। दिल्ली की ठण्ड का आतंक और उसका ठीक से सामना कर सकने वाले कपड़ों में। सलिल जी के बाद बाबा उतरे। कोट पायजामा और हवाई चप्पल में। कन्धे पर तहिया कर रखा गया एक ऊनी शॉल भी था। मैंने आगे बढ़ कर पाँव छुए। बाबा ने भी मुझे 'प्रणाम' कहा। श्यामाकान्त सलिल जी के साथ सामान उतार का प्लेटफार्म के उस तरफ से चलने की व्यवस्था में लग गए।

इस बार बाबा कुछ अधिक ही स्वस्थ दिखे। इतनी तेज ठण्ड में भी पाँवों में न मोजा, न जूता, बस एक स्लीपर। चेहरे पर यात्रा की कोई थकान भी नहीं। घर पहुँच कर बाबा ने सलिल को सम्बोधित कर कहा—"यह घर धर्मशाला भी है, मठ भी, और घर भी। यहाँ विवेक स्फुरण भी होता है। आरोग्यवर्धन भी।" मैंने चाय बनाई। चाय पीकर सलिल जी गहरी नींद में चले गए। श्यामाकान्त ने बाबा का बिस्तर खोल, उनकी चादर तख्त पर बिछा दी। कम्बल, शॉल आदि सिरहाने रख दिया। गमछा गले में पड़ा रहने दिया। यह पुरबिया लोगों का बाना है, गले में गमछा।

सात बजने वाले थे। आठ बजे तक पिछले चौबीस-पच्चीस सालों से मुझे कॉलेज पहुँचना पड़ता है। फिर तो दिन के पूर्वार्ध का सारा समय वहीं लग जाता है। जल्दी-जल्दी तैयार हुआ और कॉलेज जाने की अनुमति माँगी। उन्हें आश्वस्त किया कि श्यामाकान्त हैं। तब तक बाई भी आ चुकी होगी। मैं चप्पल पहन कर निकल ही रहा था कि उन्होंने पूछा, "सविता कभी-कभी आपका हाल-चाल लेने आती है कि नहीं?" मैंने कहा—"कभी-कभी तो आती है बाबा।" "अच्छा तो उसे मेरे आने की खबर है न?" मैंने कहा, "हाँ बाबा।

शायद शाम को लौटते वक्त आए भी।" यह कहं कर मैं निकल गया।

लौटा तो साढ़े ग्यारह बज रहे थे। बाबा सो रहे थे। सलिल जी बाथरूम में थे। नहा कर लौटे तो मैंने पूछा—"कुछ थकान मिटी कि नहीं?" उन्होंने अपनी सरल मुस्कान फेंकते हुए संक्षिप्त-सा उत्तर दिया—"हाँ।" खाना बन चुका था। मैंने बाबा को उठाया तो वे सोते से उठ बैठे। खाना खाकर हम तीनों फिर झपकी लेने लगे। ढाई बजे नींद खुली तो मैं चौके में चला गया। बाबा भी उठ कर मेरे पीछे-पीछे चौके तक चले आए—"उठ गए विजय बाबू?" उन्होंने पूछा। मैंने कहा—"हाँ बाबा।"

"अरे एकाध टुकड़ा नींद हुई कि नहीं?" उन्होंने अगला सवाल किया। मैं जवाब देता कि वे फिर कहने लगे—"पिछली 17 अप्रैल 91 को अपने भाऊ समर्थ आए थे न? यहीं आपके घर पर हमारी मुलाकात हुई थी। लौट कर सातवें ही दिन वे दुनिया से चले गए। देखिए विजय बाबू! भाऊ को लेकर स्मृति-दिवस मनाया जाना चाहिए। यह भी आपके न्यास (पं. गंगा प्रसाद पाठक ललित कला न्यास, जिसके संरक्षक हैं कवि श्री नागार्जुन और मैं अध्यक्ष हूँ) के फर्ज में आता है। भाऊ न्यास के लिए कितना करते थे। आपके विदिशा में आकर रह जाते थे यहाँ के नौजवानों के लिए।"

मैंने उन्हें आश्वस्त किया कि हम उनका स्मृति-दिवस मनाएँगे। वे फिर जाकर तखत पर बैठ गए। मैंने सलिल जी को भी जगाया। सलिल जी चाय पीकर पान खाने चले गए। बाबा ने पूछा—"सविता आज आएगी कि नहीं?" मैंने कहा—"गाड़ी पर चला आऊँगा। मिली तो लिवा लाऊँगा।" वे चुप रहे।

मैं गया तो पूरी गाड़ी खोज लेने पर भी सविता नहीं मिली। बाबा को यह समाचार अच्छा नहीं लगा। वे कुपित-से हो उठे। मैं स्लीपर पहन अन्दर अपने कमरे में आ गया। वे गम्भीर बने बैठे रहे।

4-12-91 सुबह चाय पीते हुए 6.30 बजे :

"अब इस लड़की पर हमें बहुत गुस्सा आ रहा है। क्या ये गाड़ी से उतर कर एक-दो घण्टे मिल कर नहीं जा सकती थी? इसने आपके साथ रह कर भी संस्कार नहीं ग्रहण किया। मैं कहता हूँ रोयेगी ये। इसके आँसू भी नहीं सूखेंगे..."

..."वो आपके साथ नजीबाबाद गई थी न, जीन्स पहन कर। तो वाचस्पति की पत्नी ने मुझसे पूछा—'ये कौन है?' मैंने तब बात को थोड़ा घुमाया।"

"क्या जीन्स पहन लेने से तुम आधुनिक हो जाते हो? क्या इसने आपका बौद्धिकता वाला गुण ग्रहण किया? फिर क्या सीखा इतने दिन साथ रह कर? वही जो अब कर रही है।" *मैंने इस मुद्दे पर कोई जवाब नहीं दिया तो वे अपने आप चुप हो गए। मैं भी उठकर बाथरूम में चला गया और दाढ़ी बनाने लगा। कुर्सी से उठ आँगन*

में आकर उन्होंने मुझे झांका और अपने बिस्तर की ओर लौट गए। मेरे बाथरूम से लौटते ही उन्होंने पूछा—"क्या विजय बाबू! कल सविता का जन्मदिन है न? अपन एक दिन एडवांस चल रहे हैं न?"

4-12-91 शाम 4 बजे

मैंने उनसे पूछा—"आपने कुछ लिखा?" तो जवाब दिया—"पढ़ रहा हूँ।" थोड़ी देर ठहर कर कहा—"पिछले साल डेढ़ सौ पंक्तियों की एक कविता सुधीर विद्यार्थी के लड़के पर लिखी। एक एक्सीडेंट में उसकी मौत हो गई। मैं उस घटना से काफी विचलित रहा। वही एक कविता छपी है।" फिर मैंने कहा—"जब आप पढ़ रहे होते हैं तब भी लिखने की तैयारी चलती रहती है। शास्त्रीय गायक स्टेज पर जाते हैं, तब तो गाते ही हैं, पर रियाज के तौर पर रोज चार-छह घण्टे गाते ही हैं।"

—"वह क्या गाना नहीं माना जायेगा?" उन्होंने प्रति प्रश्न-सा किया।

मैंने तब उन्हें एक किस्सा सुनाया—"पं. गंगा प्रसाद पाठक का। पाठक जी से एक दिन मैंने अपनी यह इच्छा प्रकट की कि उनका गाना सुनना चाहता हूँ। उन्होंने कहा—"किसी रोज 4 बजे शाम को आ जाओ। मैं तो रोज चार से छह तक यही काम करता हूँ। बस तुम आ के बैठ जाना।"

"और क्या? जो रचनाकार है, उसके हर काम में उसकी साधना का क्रम देखा जा सकता है।" बाबा ने कहा।

उनका मूड देख कर मैंने पूछा—"बाबा। हम लोगों को लिखते समय किसका ध्यान रखना चाहिए। आम जनता का या सिर्फ लेखक-पाठक और पढ़े-लिखे वर्ग का? कैसे लिखें कि साहित्य का संवर्द्धन भी हो और जनता का कल्याण भी?"

इस सवाल से वे गम्भीर हो गए और कुछ सोच में पड़ते नजर आए। फिर कहा—"चौरासी करोड़ में से आम जनता तो खेतों में काम करने से लेकर झाड़ू लगाने तक का काम करती है। साहित्य इससे ऊपर के क्लास की चीज है। फिर मध्यम वर्ग भी लोअर, मिडिल, अपर है। अब इसी में से पाठक हैं, जो आते हैं। इसी में से कई अरसिक भी होंगे, पढ़े-लिखे होने के बावजूद। अपने यहाँ ऐसे भी लोग हैं, जो कहने को उतने पढ़े-लिखे नहीं हैं पर गहरे रसिक हैं। जैसे अपने रघुनाथ सिंह थे। मैं उन्हें मर्मज्ञ मानता हूँ। आपकी बातें वे 'फील' करते थे। तुम्हारे छोटे भाई बुद्धदेव हैं न? मैं उन्हें एक नम्बर देता हूँ। वे आपको, सुनते हैं और मुस्कराते रहते हैं, आपकी रचना पर। भले ही मुँह से कुछ न कहें, पर हैं वे मर्मज्ञ। अब ऐसे ही लोगों तक हमारा साहित्य जाता है।"

6-12-91 रात 8 बजे

"अब मैंने सुरेश सलिल से कहा था—आप वहीं भोपाल से सीधे ग्वालियर चले जाना। पर वे नहीं जाएँगे। सामान तो यहीं छोड़ गए हैं। इसीलिए मैंने उन्हें कल तीन सौ दिए थे। इस बार हरिपाल त्यागी[1] मेरे साथ आना चाह रहे थे कि विदिशा के आस-पास घूमकर स्केच वगैरह तैयार करेंगे। पर ये कहने लगे कि मुझे जाना है विदिशा, तो मैंने वहाँ भी टिकट के साथ डेढ़ सौ रुपये दिए थे, इन्हें रास्ते में खर्चे के लिए।"

7-12-91 सुबह 6 बजे :

बाबा बिस्तर पर कुनमुनाये तो मैंने प्रणाम किया। उन्होंने प्रति-उत्तर में प्रणाम कहा। मैं चाय लेकर गया तो मुझे इशारे से पास बैठ जाने को कहा। मैं अपना कप लेकर उनके बिस्तर के एक कोने पर बैठ गया। वे कुछ कहना चाह रहे थे..."ये जो महिलाएँ होती हैं कभी-कभी महामूर्खता पर उतर आती हैं। ऐसी महिलाएँ निर्णय भी जल्दी लेती हैं।"

उनका विषय-संकेत तो मैं समझ रहा था पर आगे का उदाहरण उन्होंने खुद से जोड़ते हुए एक अलग ही किस्सा सुनाया—"इस बार गाँव में पाँच पोतों का जनेऊ एक साथ रख दिया श्यामाकान्त की माँ ने। मैं भी गाँव गया, नौ साल बाद। तीस हजार रुपया मैंने श्यामाकान्त की माँ को पहले दिया था, तो पंद्रह हजार का फिक्स डिपॉजिट करा दिया था, उनके और श्यामाकान्त के नाम। यज्ञ में पैसा कम पड़ गया तो उन लोगों ने श्यामाकान्त के नकली हस्ताक्षर करके बैंक में चेक भेज दिया। तो बैंक वालों ने पकड़ लिया। बुलाकर कहा—आप लोग तो पूरे देश के बारे में सोचते हैं, जब आप ही लोग ऐसा करेंगे तो क्या होगा?" (चुप्पी...क्षोभ...चिंता...का भाव) "अब ये बताइए। हुई न मूर्खता। मैं वाचस्पति के यहाँ से गया था तो साथ ढाई-तीन हजार रुपये थे। उसमें से मैंने पच्चीस सौ दिए तो यज्ञ का काम चला। अब श्यामाकान्त की माँ ने एकादशी वगैरह करके व्रतों से मुक्ति पा ली थी, लेकिन उन्होंने फिर उस बार वही सब किया"...

(थोड़ी देर रुककर)..."और ये पुरोहित वर्ग बहुत चालाक होता है, गाँव वालों की मूर्खता का लाभ लेता रहता है। कहता है—'बाबू साहब तो हाथी पर चढ़ते थे, यहाँ हाथी दोगे तो वहाँ स्वर्ग में भी हाथी पर चढ़ेंगे। नहीं तो इतने तोले सोना दो।' गाँवों में अभी यह मूर्खता खूब चल रही है। पर गाँव में और भी बातें हैं। अब मैं इतने दिन बाद गया था तो वाचस्पति से गाँव की औरतों ने कहा—जो ज्यादातर शूद्र वर्ग की थीं कि—'आप चले जाओ। इन्हें यहीं रहने दो। हम भी इनकी सेवा करेंगे। मटर के दाने के बराबर, 'पुन्य' हमको भी मिल जायेगा।' अब

---

1. जाने-माने चित्रकार

ये बातें गाँवों में ही रह गई हैं। वहाँ अब भी आडम्बरहीनता है। बातचीत में भी, भाव-प्रदर्शन में भी। तो असली भाव-यात्रा का सुख हमें वहीं मिलता है।"

विषय बदलते हुए उन्होंने कहा—"अब देखिए शलभ को। उनको इस बार आप दो-तीन लाइन का पत्र लिखिए। वो जो आप लम्बा महाकाव्य लिखते हैं, वैसा नहीं। मैं भी एकाध लाइन लिख दूँगा। वहाँ गाँव पर रह कर क्या कर रहे हैं।...हो सकता है, कुछ नया लिख रहे हों। पर मैं जब यहाँ आता हूँ तो भाव-यात्रा के लिए भी आता हूँ। चार-छह रोज में एक बार शलभ, आप, नरेंद्र जैन और हम सब मिल-बैठ कर अपने भीतर का आदान-प्रदान करते हैं। उस दिन नरेन्द्र जैन आए थे तो मैंने पूछा—आप विदिशा कितने दिनों से हैं, तो उन्होंने कहा—'दस-ग्यारह सालों से।' पर विदिशा के जीवन पर उन्होंने कुछ लिखा ही नहीं। यह क्यों?"

—"अच्छा विजय बाबू, सुरेश सलिल कह रहे थे आप तीनों में—(सन्दर्भ : पृथ्वी का प्रेमगीत : शलभ श्रीराम सिंह, विजय बहादुर सिंह और नरेन्द्र जैन की कविताएँ) उन्हें नरेन्द्र जैन अच्छे लगे। अब साहब, अपनी-अपनी रुचि है। रुचि भी बदलती रहती है। भिन्न-भिन्न भी होती है। सबको एक ही चीज जम जाए—ऐसा कभी होता नहीं।"

विजय बहादुर—"असल बात यह है कि नरेन्द्र जैन का जनवाद, आधुनिकतावाद की बघार से बघारा हुआ है। वे अनुभवों में उतने नये और सुन्दर नहीं हैं जितने कि अभिव्यक्ति में। फिर उनकी अभिव्यंजना में परम्परा की गंध नहीं के बराबर है। वे आधुनिकतावादी जनवादी हैं। शलभ में एक सचेतनता और सावधानी है, परम्परा के प्रति। दूसरी बात यह है कि नरेन्द्र जैन के यहाँ बिन्दु ही रेखा है, आप उस रेखा पर गौर करें तो पायेंगे कि वह मूल बिन्दु का ही विस्तार है, पानी पर तेल की बूँद जैसा विस्तार। शलभ के यहाँ यह बात नहीं है। वे एक उद्वेलित सागर की तरह अनुभवों के वृत्त बनाते चलते हैं। फिर उनके यहाँ विषय का वैविध्य भी बहुत है। स्त्री पर ही उनकी इतनी कविताएँ हैं कि हिन्दुस्तान भर की औरतें आ जाती हैं। शलभ की गाइड-लाइन उनकी अपनी है। आत्मविश्वास और आत्मनिर्देशन के मामले में उनका किसी से कोई मुकाबला नहीं।"

बाबा—"हाँ। नरेन्द्र जैन का काम उस सुनार की तरह का हुआ न, जो गहने बनाने के लिए नौ कटोरियाँ रखता है। गरम पानी, थोड़ा कम गरम पानी, और कम गरम पानी, ठंडा पानी, फिर तेजाब। उन्हीं कटोरियों में वह अँगूठी को मोड़ता, घुमाता, डुबाता चला जाता है और कहता है लीजिए साहब, अँगूठी तैयार है।"

विजय बहादुर सिंह—"हाँ! यह कारीगरी तो हैं उनमें। पर अकेले कारीगरी तो कविता नहीं होती न बाबा।"

बाबा—"याने कि आइरण्ड बिम्ब हैं उनके। अब मैंने उस दिन कहा था न, भवानी बाबू (कवि भवानी प्रसाद मिश्र) की कच्ची कविताओं के बारे में 'धुले हुए

कपड़ों का गट्ठर'। बिम्बों को पहले खूब धोना चाहिए। फिर उनकी तह होनी चाहिए। सलवटों से अच्छे नहीं लगते धुले कपड़े। तो कवि को मेरे हिसाब से तीन काम करना चाहिए–

1. बिम्बों को धोना

2. उनको तहियाना, और फिर

3. अपने युग के सांकेतिक अर्थ में भरकर आधुनिक भाव–बोध के करीब ले जाना। पर यह काम ऐसा न हो कि दूर से दिखे। नहीं तो सब बेकार।" वे बोलते ही गए–

"अब वो जयशंकर है न, पिल्ले। अभी उस दिन आप से लेकर मैंने उसकी दो-एक कहानियाँ पढ़ी हैं। वह हमें अच्छा लगता है। उसके पास स्मृतियाँ हैं। नरेन्द्र जैन के पास यह क्यों नहीं? पता तो चले, आपका लेखक कहाँ से चलकर आ रहा है। मुझे ऐसे लोग ज्यादा पसन्द आते हैं। यह फिर वसन्त पोतदार जैसे लोग–'मेरे प्रियजन' के संस्मरणों में। अपने रेखाचित्रों में वह बहुत जीवन्त है। खुलापन है उसमें। पिल्ले में एकाध बातें ही हैं। वसन्त में कई बातें हैं। पर यह सब होना तभी है, जब आपकी अपनी जमीन भी हो और अपने समय के लोगों के साथ तीव्र जुड़ाव भी।"
(विषय बदलते हुए)

–"इस बार मैं शचीन्द्र राउत राय की कविताएँ (*उड़िया से हिन्दी में अनूदित*) ले आया हूँ। राजेन्द्र मिश्र ने अनुवाद किया है। तुम्हें दूँगा पढ़ने को। अब वो सीताकान्त महापात्र है न? आई.ए.एस. अफसर था। तो बड़ा चालाक है। साहित्य अकादमी पुरस्कार तो मिल गया उसे 'पर ज्ञानपीठ' नहीं मिल सका। उसके मुकाबले ये राउत राय ज्यादा सहज है। उड़ीसा के लोग ज्यादा सहज-सरल हैं। उनकी बातचीत छत्तीसगढ़ के गरीब लोगों की तरह सहज है। उनके चेहरे पर वही भाव आयेंगे जो भीतर हैं। यह बड़ी बात है।" बाबा ने अपना कथन समाप्त किया। मैं भी उठकर कालेज जाने की तैयारी में लग गया।

8-12-91

सुबह मैं चौके में था। वे बिस्तर से उठकर वहीं आ गए। चौके की चौखट पर दरवाजे का बाजू पकड़ कर खड़े हो गए। समझ में आ रहा था कि उन्हें कुछ कहना है। बोले–"विजय बाबू। तुम्हें अपने बचपन का एक किस्सा सुनाता हूँ। मैं नानी के गाँव में पढ़ता था। मामी हमारी बड़ी सुन्दर थीं। मैं 'रघुवंश' वगैरह पढ़ता था, तो चौखट के पास खड़ी होकर कहती थीं–'हमें भी सुनाओ'। मैं पढ़ता रहता था और वो सुनती रहती थीं–'रानी सुलक्षणा गर्भवती हैं। जैसे-जैसे प्रसव का समय निकट आ रहा है, रानी सुलक्षणा के कुचों का अग्रभाग संवलाता जा रहा है, राजा दिलीप उसे सूंघते हैं।' तो मामी यह सुन कर बहुत क्रोध में आ गईं। कहा–'आने दो तुम्हारे मामा को, मैं पूछती

हूँ कि यही सब पढ़ाते हैं तुम्हें?' तो संस्कृति में बहुत बदमाशियाँ भी हैं, खाली दिव्यता ही नहीं है।" इसी की पुष्टि-सी करते हुए उन्होंने कहा—"जब पहला पानी गिरता है तो हाथी सूँड से धरती को सूंघता है और कूदता है, फिर सूंघता है और कूदता है तो हमारी मामी को यह सब बहुत बुरा लगा। कहा, 'क्या यही संस्कृत है?"

9-12-91

अब 'आर्या-सप्तशती' का तुम्हें एक श्लोक सुनाता हूँ जिसके मंगलाचरण में ही कहा गया है—'पार्वती की काजल वाली आँखों का शिवजी ने चुम्बन किया। ब्रह्मा ने देखा कि जो विष उन्होंने पिया था, वही वमन कर रहे हैं तो ब्रह्मा ने कहा—वमन मत करो, रोक (संवृत) लो।' चुम्बन से काले हो गए हैं पार्वती के अधर, ऐसे शिव तुम्हारा कल्याण करें।

"कलाइयों में सँपोले लिपटे हुए हैं, सलिलांजलि का पान कर रहे हैं, पर शिवजी का मन तो गौरी के मुख पर केन्द्रित है। विजया सखी उसे देख हँस रही है। ऐसे शिव तुम्हारा कल्याण करें। देखो न संस्कृत का यह रूप..." कह कर वे मेरी ओर देख हँसने लगे।

10-12-91

"भक्ति और श्रद्धा का जो जमा हुआ रूप हमको राजपूत बालकों में दिखाई पड़ता है, वह अद्भुत है। नागेन्द्र सिंह काशी में अस्सी पर रहता है। मैं काशी जाता हूँ तो मुझे चार घण्टा समय देता है। लेकर घूमता रहता है। मुझे काशीनाथ सिंह के यहाँ ले गया तो उनकी तीसरी बेटी आई और पैर छूकर भाग गई। वो उसे घर से नहीं निकलने देते। नागेन्द्र सिंह ने मुझे चुपके-से कहा, 'मैं जब तक बैठूँगा, वो उसे बाहर नहीं आने देंगे, तो मैं कुछ देर के लिए चला जाता हूँ।' अब किशोरी के प्रति किस नौजवान का आकर्षण नहीं होता? उनकी दूसरी बेटी ने आंध्र के किसी युवक से विवाह कर लिया तो तीसरी को निकलने ही नहीं देते।" उन्होंने बात आगे बढ़ाई—"काशी भी हमें खूब प्रिय है। बनारस जाता हूँ तो शिवाला घाट के राजगुरु मठ में स्वामी विमलानन्द जी के यहाँ मेरा अड्डा रहता है। उनकी उम्र हमसे दस साल छोटी है। सन् 38-39 में हम लोग किसान आंदोलन के वक्त भागलपुर जेल में थे। लगभग दस माह। अवध बिहारी 'सुमन' इनका नाम था। भोजपुरी में महाकाव्य लिखा है। 'बोधायन' उपन्यास भी लिखा।"

"इंदिरा गाँधी की हत्या हुई चौरासी में, तो मैं वहीं था, बनारस में। काशीनाथ ने कहा—'अब आप क्या करेंगे?' मैंने कहा—'क्या करूँगा? क्या मैं मुण्डन कराके श्राद्ध करूँ? मैं क्या मर जाऊँगा? वो कविताएँ 'इन्दुजी! इन्दुजी' आदि संग्रहों में आ जाएँगी। मैं और विषयों पर लिखूँगा। मैं कोई बाँझ नहीं हो जाऊँगा।"

"विजय बाबू! इस दृष्टि से मुझे शिवप्रसाद सिंह ज्यादा ठीक लगते हैं। तो वहाँ बनारस में वो जो स्वामी विमलानंद जी हैं मेरे पहुँचते ही कहेंगे—'अहो! वंश नारायण *(चेले को अपने)* कुल्हड़ में चाय लइहा। फिर मेरी ओर देखकर अपनी संन्यासगिरी के बारे में कहेंगे—'घृणित पेट के लिए हमको ये करना पड़ रहा है।' फिर अपने दूसरे चेलों के बारे में पूछते हैं—'का जी! प्रमोदवा कहाँ है?'

जवाब न मिलने पर कहने लगे, 'एम.ए. करके विद्यानिवास[1] जी के चंगुल में पड़ा हुआ है।'

"75 में जब मैं आपातकाल के दौरान बक्सर जेल में था चार माह, तो मुझे खबर दी गई कि खड़ाऊँ पहने राउर मुलाकाती आयल बाड़ें—केऊ स्वामी जी। मैंने कहा—बिठाओ, उन्हें कुर्सी-वुर्सी दो। स्वामी जी ने तब मुझे जेल में पढ़ने के लिए कल्हण की 'राजतरंगिणी' दी। ये कल्हण जाट थे। पर इन जाटों में काव्य-भावना पैदा हुई क्या? बाबा ने सवाल किया—'गोरी मेरी रूप को दीया'...अगर जाट यहाँ तक पहुँचा है, तो समझना चाहिए कि भविष्य है। हरियाणा वह प्रान्त है जहाँ जमीन तो मिल गई है पर भाषा चौपट है।"

विजय बहादुर सिंह—"अच्छा बाबा, आप कब-कब जेल में रहे?"

नागार्जुन—"38 के नवम्बर से 39 अगस्त तक कुल दस माह। सिवान, छपरा और हजारी बाग के जेल में अदला-बदली होती रही। हजारी बाग जेल की लिखी वो कविता है 'तुम खिलो रात की रानी' 1939 की। बक्सर जेल में लिखा—इन सलाखों से टिकाकर भाल। वहीं बक्सर जेल में वो 'नेवला' वाली कविता भी लिखी गई। अक्सर डाकू लोगों से मिलना-जुलना होता था। आकर कहते थे—'हम आपको दूध भिजवाते हैं।' हमने कहा—'दूध तो मिल जाता है' तो कहा—वो तो नकली है। हमारे लिए तो हरियाणा की गाय सामने लाकर खड़ी कर दी जाती है। वो ऐसा न करें तो हम टंगड़ी काट देंगे।"

11-12-91 : सुबह 6 बजे

"वैदिक प्रार्थना है कि हमारा गोत्र बढ़ता रहे। हमारे दाता बढ़ते रहें—धरती, बादल और वनस्पति और हमारी श्रद्धा बढ़ती रहे। यही न प्रवृत्ति मार्ग है। किन्तु जो पुरोहित वर्ग आया, उसने इसका भयानक दुरुपयोग किया। फिर तो बौद्ध और जैन आए—निवृत्ति मार्गी। छोटे-छोटे लड़कों को संन्यासी बनाने लगे। गीता में इसीलिए जो कर्मयोग है, वह श्रेष्ठ है। कर्म करते चलो, फल के पीछे दौड़ना ठीक नहीं। मनुस्मृति में कहा—बूढ़े माँ-बाप की सेवा और आचारयुक्त पत्नी का पालन करना चाहिए। शील की रक्षा इसी से होती है। अकर्म या अकरणीय भी करना पड़े तो जैसे-तैसे निबाहो। बच्चों की शिक्षा-दीक्षा के लिए माँ-बाप को काफी संयमपूर्ण

1. काशी विद्यापीठ के तत्कालीन कुलपति

जीवन जीना पड़ता है। नहीं तो बच्चे बिगड़ जाते हैं। मेरे पिता मेरी माँ की पिटाई करते थे। बीमारी में दवा तो नहीं करना, पर रात में अपनी भूख जरूर शान्त करना। माँ तो मेरी यह सब सह-सह कर मर गई।"

बाबा कहते-कहते बच्चों की तरह उदास हो गए। फिर थोड़ी देर बाद उनका मूड बदला। कहा—"सुनते हैं विजय बाबू? एक अच्छे व्यक्ति के पीछे कई लोगों की साधना होती है।"

फिर उनका ध्यान महानगरों के भीड़ भरे फुटपाथों पर जनमते बच्चों की ओर गया और भारत के इस भावी समाज पर सोचते हुए वे गम्भीर हो गए। कहा—"एक गूंगी तरुणी बाँसों के जंगल में झोंपड़ी बनाकर रहने लगी। कुछ दिनों बाद वहाँ किलकारी सुनाई पड़ने लगी। फिर लोग वहाँ गए।" मेरी पत्नी ने कहा—"तुम बताओ क्या हुआ होगा?" मैं उनका कथन सुन चुप रहा तो वे बोले—"आपने भी तो देखा होगा। कलकत्ता के फुटपाथ पर अल्युमीनियम की पतीली में भात पकता रहता है। माँ नहीं रहती। बच्चे वहाँ किलकते रहते हैं। छोटी बच्ची थोड़ी-थोड़ी देर से कलछी से भात चला देती है। पूछिए तो कहेगी—"अमार बाबा नेई।" (मेरे पिता नहीं हैं।) यह अजीब-सा जीवन है जो हमारे आस-पास विकसित हो रहा है। पर इसमें जीवन के सारे तत्व हैं।"

यह सोच कर वे जैसे कुछ आश्वस्त भी हुए।

(थोड़ी देर बाद) बाबा ने 'मौसम की चिट्ठी' (मेरा पहला काव्य-संग्रह) से मेरी तीन कविताएँ सुनीं—'काका', 'किस्सा प्रमोद शंकर' और 'बस्ती-दर-बस्ती'। फिर गीत पर आ गए। कहा—"गीत के लिए रागात्मकता चाहिए, कोमलता चाहिए। पकी हुई पीड़ा चाहिए। अब हमको वीरेन्द्र मिश्र पर गुस्सा आता है। डेढ़-ड़ेढ पन्नों का गीत लिखते हैं। खाली कवि सम्मेलनों में सुनाने के लिए।"

"चार पंक्तियों से बारह पंक्तियों तक हद है। सूर और मीरा के गीत, गीत हैं। तुलसी ने भी कुछ लिखे हैं। अब ये फिल्मों में आनन्द बख्शी के जो गीत आ रहे हैं, कोई गीत हैं?" फिर वे अपने गीतों पर आ गए—"आपको याद है, यहाँ विदिशा रहकर मैंने 'बेतवा किनारे' शीर्षक कुछ गीत लिखे—'मालिश फिजूल है बेतवा किनारे।' उस बार हम यहाँ डेढ़-दो महीने रह गए थे। मन बड़ा प्रसन्न था। अब वैसे गीत हम नहीं लिख सके। पर अभी गीत की सम्भावनाएँ खत्म नहीं हुई हैं। आदमी अगर कहीं दूर चला जाए तो एकान्त में ऐसी मनः-स्थिति बन सकती है। जैसे गाय-भैसों के थनों को गुनगुने पानी से धोते हैं तो थन नरम हो जाता है। फिर दूध झरता है। गीत भी ऐसी ही स्थिति में झरता है।"

गीत की बात चल ही रही थी तो मैंने उन्हें अपना यह गीत सुनाया—

दो लड़कियाँ
बैठी वहाँ छत पर

मुंडेरों की तरह
आकाश की दो खिड़कियाँ
दो लड़कियाँ

मशगूल हैं यों बात में
हो स्वप्न जैसे रात में
देती समय को घुड़कियाँ
दो लड़कियाँ...

कुछ छिप रहीं
कुछ खुल रहीं
तिनका लिए बुलबुल रहीं
ज्यों दोस्तों की झिड़कियाँ
दो लड़कियाँ...

गीत उन्हें ठीक लगा, ऐसा उनके चेहरे के भाव से पता चला। लगे हाथ मैंने उन्हें एक और कविता सुनायी—'पसीना बरस रहा है झमाझम'। पहली पंक्ति सुनते ही उनका सहज प्रसन्न चेहरा तनावग्रस्त हो उठा। कहा—"पसीना के झमाझम बरसने वाला बिम्ब असंगत है। उसमें नमक का कितना अंश रहता है, यह कोई वैज्ञानिक ही बता सकता है। आपने और शलभ ने इस बिम्ब पर विचार नहीं किया, क्यों?" उन्होंने जवाब-तलब-सा किया। किन्तु मैं आज भी इस अतिशयोक्तिधर्मी प्रतीकात्मक बिम्ब को छोड़ने को तैयार नहीं था, शलभ के कई बार कहने के बावजूद। जितनी मेहनतकश आबादी है, वह जिस तरह अपना पसीना गार रही है, यह बिम्ब उसी का प्रतीक है। मेरी कल्पना ने यह देख लिया है कि अब पसीना चुयेगा नहीं, बरसेगा और झमाझम बरसेगा, तभी तो धरती अँखुए फेंकेगी। पसीना यहाँ पौरुषवान, सामर्थ्यवान मेघ की शक्ल में उभर कर आया है। पर बाबा से इस मुद्दे पर बहस नहीं कर सकता था। यह आया है और इस बिम्ब को मैं छोड़ नहीं सकता। तब भी चुप रहा। डायरी मैंने चुपचाप बन्द कर दी।

मैंने देखा कि अब उनका मूड उखड़-सा गया है। पूछा—"चाय और चलेगी?"

"नहीं भाई।" इस कथन में हल्की-सी झिड़की थी। उनका ध्यान कुछ इधर-उधर हो चला था। पूछा—"शिवकुमार जी की चिट्ठी-पत्री आती है या नहीं?" मैंने कहा—"पिछले ही दिनों उनकी एक चिट्ठी सिलाकारी जी के नाम आई थी, जब उन्हें 'पृथ्वी का प्रेमगीत' की प्रति मिली थी। जवाब में उन्होंने मेरे बारे में लिखा था कि कविताओं में मैं स्वयं को दुहरा रहा हूँ। पर मुझे लगता है कि 'प्रेमगीत' वाली कविताओं में मैं अपनी पिछली जमीन छोड़ चुका हूँ। यहाँ गाँव की पृष्ठभूमि और गंवई

मन की जगह सचेत नागर-संवेदना और वैचारिकता प्रमुख हो उठी है। विषय भी कुछ अलग ढंग के आ गए हैं। 'मौसम की चिट्ठी' की मानसिकता में एकतानता थी। इसमें वह बात नहीं है। यहाँ फटकल-फुटकल-सा है मेरे मन का संसार।" बाबा मेरा वक्तव्य सुनते रहे। फिर धीरे से कहा—"वो जो अपने को तिहरा रहे हैं, कभी इस बारे में सोचा उन्होंने? कभी आत्मालोचन किया कि क्या हुआ उनके आलोचक का?"

कॉलेज जाने का समय हो रहा था। मैं अपनी कुर्सी से उठ गया। बाबा भी उठकर अपने 'आसन' की ओर चले गए और ट्रांजिस्टर सुनने लगे। कहीं से कोई मीठी धुन आ रही थी।

11.12.91 : शाम 4 बजे

चाय सामने थी। उन्होंने अपनी चाय स्टील की प्लेट में डाल दी, ठण्डी करने के ख्याल से, फिर बोले—"आज मैंने धर्मपाल जी की किताब 'अंग्रेजों से पहले का भारत' के कुछ पन्ने पढ़े। बहुत अच्छी किताब है। ये तो बेजोड़ आदमी हैं बहुत ही पके हुए। रेयर किस्म के गांधीवादी। इनसे मिलना चाहिए।" फिर जैसे एकदम कुछ उनके भीतर हुआ और बोले—"यार विजय बाबू, बिदिशा बहुत अच्छी जगह है। लोगों को पता नहीं लगता। आलतू-फालतू आदमी नहीं होते। लल्लो-चप्पो करने वाले नौजवान नहीं आते। जबलपुर में ऐसा नहीं है। भोपाल तो खैर बहुत रद्दी शहर है।" (*थोड़ी चुप्पी के बाद*)..."बड़ी मार कबीर की चित से दिया उतार ...आप तो समझ ही गये होंगे कि किसके लिए कह रहा हूँ।" *(थोड़ा रुककर)* "...वो 'सप्तर्षिलोक' किताब खो गई कटनी में। मेरी बांग्ला कविता वाली डायरियाँ भी खो गईं।" फिर आवाज को काफी भारी करते हुए उन्होंने कहा—"विजय बाबू! वो शोभाचन्द्र जोशी वाली किताब (सप्तर्षिलोक) तो खोजो। कहाँ चली गई?" कहते-कहते बाबा उदास हो गए।

किताब और डायरियों के खो जाने का गहरा दुख हम दोनों को तो है ही, शोभाकान्त और श्रीकान्त को भी कुछ कम नहीं है। पर किया क्या जा सकता है? 'सप्तर्षिलोक' तो वे बम्बई के किसी कबाड़खाने से ले आए थे। पर नन्दलाल सिंह की पत्नी के साथ कटनी में जिस रिक्शे पर बैठे जा रहे थे, उतरते वक्त पता नहीं झोला उसी रिक्शे पर कैसे रह गया। बांग्ला कविताओं वाली अमुद्रित सामग्री भी उसी के साथ चली गई, कुछ नई कविताएँ भी। शोभाचन्द्र जोशी की किताब 'सप्तर्षिलोक' का तो प्रत्येक अध्याय अद्‌भुत था। किसी अग्निल भारतीय की तपी-निखरी मार्क्सवादी दृष्टि वाली पोथी। हमने सोचा था, उसे किसी भी कीमत पर दुबारा छाप कर बाजार में डाल देंगे। पढ़ने वाले पढ़ेंगे और अपना-अपना उद्धार करेंगे। पर वह भी उन्हीं चीजों के साथ खो गई। कटनी में रिक्शे पर झोला क्या छूटा, बाबा का एक महत्त्वपूर्ण संसार ही जैसे विलुप्त हो गया। वे अब भी जब-तब उसके कारण विकल

और उदास हो उठते हैं। यह मैंने आज भी महसूस किया। थोड़ी देर में उनका मूड बदला तो बोले—"सुरेश सलिल की एक ही बात अखरती है कि बात बहुत लम्बी करते हैं। घण्टा भर लगा देते हैं, एक छोटी-सी बात पर। पर इनकी पत्नी बहुत समझदार है। इन्हें सम्हालती रहती है।" सलिल जी की बात करते-करते बाबा मेरे बेटे-बेटियों के बारे में तिखार-तिखार कर पूछने लगे। छोटे भाई बुद्धदेव के बारे में कहते और पूछते रहे। इसी क्रम में उन्होंने पूछा, "यह तो बताइए कि मान बहादुर सिंह का घर आपके घर से कितनी दूर पड़ता है?"

"मेरा गाँव दोस्तपुर से उत्तर पश्चिम बारह किलोमीटर की दूरी पर है। दोस्तपुर के पास ही चिरानी पट्टी है, त्रिलोचन जी का गाँव, उसी से कुछ आगे पं. रामनरेश त्रिपाठी का गाँव है," मैंने कहा।

"यानी कि घण्टा-सवा घण्टा का रास्ता है? और शलभ का?" उन्होंने पूछा।

"शलभ के गाँव के लिए पहले दोस्तपुर से या फिर मेरे गाँव से सीधे अकबरपुर या लोहिया नगर (शहजादपुर यानी डॉ. राम मनोहर लोहिया का जन्म स्थान) जाना पड़ेगा, जो मेरे गाँव और दोस्तपुर से बराबर की दूरी पर है। यानी कुल सत्तरह किलोमीटर। वहाँ से फिर जलालपुर होकर तब उनके गाँव पहुँचा जाता है। लोहिया नगर से जलालपुर भी पौने घण्टे के रास्ते पर है।"

"मैं एक बार उधर जाना चाहता हूँ।" बाबा ने इच्छा प्रकट की।

"मैं ले चलूँगा आपको। वह भी तो आपके प्रिय लोगों का ही इलाका है।" मैंने उन्हें आश्वस्त-सा करते हुए कहा। वे बोले—"हाँ वही, उस जनपद वाले कवि का"...(उनका इशारा त्रिलोचन जी की ओर था) उन्होंने जोड़ा और ...त्रिलोचन जी का जिक्र आते ही कहा—"त्रिलोचन जी की एक बात मुझे बहुत अखरती है। वो रिस्क नहीं लेते।"

मैंने पूछा—"यह क्या बात है?"

मुझे अनसुना-सा करते हुए उन्होंने अपनी बात बदल दी—"आई.ए.एस. अफसर जब रिटायर हो जाता है, तब उसकी मरोड़ ढीली पड़ जाती है। अब ये अशोक वाजपेयी बड़ा चमत्कारी आदमी था। पर अभी तो पटवा (म.प्र. के भाजपा मुख्यमन्त्री सुन्दरलाल पटवा) ने उसे टाँग कर रख दिया है। वो कुछ तो प्रोटेस्ट करता। घुटने टेक दिये। यह क्या बात हुई साहब।" कुछ क्षणों की क्षुब्ध किन्तु गम्भीर चुप्पी के बाद उनके होठों पर यह बुदबुदाहट हुई—"तेवर कहाँ चला गया, जमीन से ऊपर होने का?" उनका संकेत अशोक वाजपेयी की ओर था।

12-12-91 : 6:30 बजे सुबह

"केदार बाबू से हमारी मुलाकात पाँच-छह सालों से नहीं हुई। उनकी किताबें नहीं दिखतीं। वो साला...कायस्थ का बच्चा, उन्हें गोद लिए बैठा है। उनके साहित्य

को सबके सामने आने नहीं देता। उनके आगे-पीछे चार-छह लोगों को लगाए रहता है, जो उनको घेर कर उसके ही अनुकूल किए रहते हैं। यह धन्धा है। वो धूर्त धन्धेबाज है।" थोड़ा रुक कर..."विजय बाबू। इसके लिए निर्लिप्तता जरूरी है। केदार बाबू से मुलाकात हो तो हम उनसे कहें कि यह क्या करते हो—'हे मेरी तुम—ओ मेरी तुम' (केदारनाथ अग्रवाल जी के काव्य-संग्रहों के शीर्षक की ओर स्पष्ट संकेत करते हुए) कोई जरूरी नहीं है कि यह सब का सब छपवाया ही जाए। सोमरसेट मॉम ने अस्सी साल में अपनी बेटी से कहा—अब मैं कुछ नहीं लिखूंगा, जो कुछ मैं बोलूँ, उसे रखती जाओ। पाँच-छह साल बाद प्रकाशित करना। पर केदार बाबू जो कुछ बोलते और लिखते हैं, सब छप रहा है। अपने रामविलास शर्मा इसे उकसाते रहते हैं। निर्लिप्तता जरूरी है न? पर आस-पास के लोग आपको निर्लिप्त रहने दें तब न? मैंने तो इस बीच केवल एक कविता लिखी..वो लड़का...सुधीर विद्यार्थी का, जो ट्रक से कुचल कर मर गया...'चन्दन अभिषेक' में संकलित है। ...जबर्दस्ती लिखने का क्या मतलब?" किंचित रुककर उन्होंने फिर कहना शुरू किया—"अपने यहाँ कहा गया है योगक्रिया से अपनी देह छोड़ देना। इतने निर्लिप्त हो जाएँ हम कि यह भी न सोचें कि हमारी लाश का क्या होगा? अब मेरी इच्छा है जब मरूँ तो मेरी लाश को दशरथ की लाश की तरह भरत के आने तक तेल में डुबाकर न रखा जाए। मेरे पुत्रों और मेरे सम्बन्धियों तक को भी खबर न दी जाए। जो मेरे प्रियजन हैं, वही उसका कर्म, वहीं कर दें। मेरी इच्छा यही है। वह जो मेरे प्रेमी हैं। वही तो मुझे सम्हालते रहते हैं। अब ऐसे विदिशा साल में एक बार आता हूँ तो तबीयत मेरी सन्तुष्ट हो जाती है।" फिर जैसे उपदेश-सा करते हुए बोले—"आदमी को अपनी प्रिय जगहें भी बहुत नहीं रखनी चाहिए। अब सविता को चाहे कोढ़ हो जाए, चाहे चेहरा कुरूप हो जाए, अंग सड़-गल जाएँ, फिर भी आप उसे देखने जाएँगे। यह होता है प्रेम। उस दिन आपने कहा था न कि उसके लड़के को देखते ही आप सारा काम-काज छोड़कर भागते हो। यही न प्रेमभाव है।...मैं कहता हूँ उसके लड़के को आप अपने पास रख लो। सुसंस्कार के लिए।" उनका इशारा कुन्नु[1] की ओर था। थोड़ा रुक कर वे फिर बोले—"कस्तूरबा का देहान्त हुआ तो गाँधी जी सेक्स के मामले में उच्छृंखल हो गए। युवतियों के कन्धों पर हाथ रखकर चलने लगे। कोई बंगाली लेखक है, जिसने यह सब लिख दिया है।"

इसी बात पर एक और बात उन्हें याद हो आई। कहा—"माचवे जी के ससुर य.म.पारनेरकर गाँधीजी के भक्तों में से थे। कभी शमशेर और प्रेमलता माचवे जी के यहाँ रहते थे तो दोनों के हाव-भाव और इशारों को देखकर उन्होंने प्रभाकर माचवे से कहा—'ये तुम्हारे दोस्त मुझे अच्छे नहीं लगते।' तो माचवे की पत्नी शरद ने कहा '—अहँ। रहने दीजिए हमारे मेहमान हैं। तो उन्होंने कहा—'ये नागार्जुन तो तुम्हारा

1. नक्षत्र जिसका नाम था। अब अनाम भार्गव है।

दोस्त है, खरा है, साफ बोलता है। ये (शमशेर) तो गड़बड़ आदमी है, कैसे कविता लिखता हैं' प्रसंग बदलते हुए बाबा बोले—"पत्रकार मिलते ही मुझसे पूछते हैं, अपने प्रेम-प्रसंगों के बारे में बताइए, तो मैं कहता हूँ, 'गीदड़ असाढ़ में पैदा हुआ, भादों में आ गई बाढ़, तो कहा बाप रे बाप। ऐसी बाढ़ तो कभी देखी नहीं' तो मैं उन्हें कहता हूँ सालो, अपने नाना-नानी से पूछो। और उनको पूछने दो मुझसे।"

"ठाकुर गिरिराज सिंह (जिला सहकारी बैंक, मुरादाबाद) मुझे अपनी कार में ले जा रहे थे तो रास्ते में अमलतास के फूल दिखे, तो मैंने कहा—रोकिए। मैं इन टहनियों को थोड़ा देखना चाहता हूँ। उन्होंने गाड़ी रोक दी। मेरे पास दिल है तो उसकी चिन्ता भी मुझे ही करनी है। उनको परिहास में हम कहते हैं, आप तो गाँव के हैं, नगर में आ गए हैं। फिर इन टहनियों की अनदेखी कैसे करेंगे? वहीं बच्छे-बछिया कुलांचें भर रहे हैं और कोई उन्हें लाठी से हाँक रहा तो क्रौंचवध जैसा दृश्य उपस्थित हो जाता है। भावुकता उभर आती है। अब कोई इसे भावुकता में न शामिल करे, पर गिरिराज सिंह बहुत भावुक हैं। वो अच्छी कविता लिखते हैं। रोने लगते हैं पढ़ते-पढ़ते, इतने भावुक हैं," कहते-कहते बाबा खो-से गए।

"कुमारेन्द्र पारसनाथ सिंह भी अपने काव्य-पाठ के दौरान बरसने लगते थे, मुझे याद आया। और कविवर भवानी मिश्र की आँखों से तो टप्-टप् आँसू चूने लगते थे। मैंने कहा।"

"और नहीं तो क्या? सहृदयता और ईमानदारी यही न है।"—बाबा ने जोड़ा।

12-12-91 शाम 4 बजे

"भवानी बाबू से मेरी मुलाकात वर्धा में हुई थी। पर बाद में हम लोगों का मिलना-जुलना बन्द-सा हो गया। वो मेरे विचारों को लेकर खीझे रहते थे तो मैंने मिलना खत्म-सा ही कर दिया था। पर उनके पास दिल था। बहुत सारे लोग उनके रहन-सहन को लेकर उनकी आलोचना करते थे। पर वह तो संस्कारवश था। अच्छा खाना, अच्छा पहनना उन्हें अच्छा लगता था, तो वो चाहते थे, मैं भी वैसा रहूँ। श्रीलंका से लौटकर भी मैं गेरुआ पायजामा ही पहनता था। वो मुझे कहते थे—नागार्जुन भाई! यह क्या? पायजामा तो सफेद ही अच्छा लगता है। अब मेरी स्थिति तो वैसी थी नहीं। चार दिन में गन्दा हो जायेगा सफेद पायजामा, इसलिए मैं इसे कैसे पहनूँ? पर उन्हें मेरा यह बाना अच्छा नहीं लगता था। विचारों में वे कई पाखण्डियों से बेहतर थे। भावुक थे। उनके घर में सरला जी और भी खूबसूरत स्वभाव की हैं। पता नहीं आजकल पान-वान खाती हैं या नहीं। क्यों विजय बाबू ! उनके कितने बेटे हैं? तीन हैं न? उनमें सबसे अच्छा अनुपम ही है। बड़ा तो अहं पाले रहता है पर भवानी बाबू का कोई गुण नहीं है उसमें।"

बाबा ने कहते-कहते पूछा—"नन्दिता है न वहीं दिल्ली में?"

"पहले रीवाँ आकाशवाणी पर थी। अब दिल्ली में ही हैं।" मैंने कहा।

"आपकी आखिरी मुलाकात कब हुई थी उनसे?" मैंने पूछा।

"इमरजेन्सी में। जेल से छूटने पर पटना के कवि सम्मेलन में। शंकरदयाल सिंह लिवा ले गए थे, उन्हें दिल्ली से। मैंने उनसे कहा—इस उम्र में इतनी भाग-दौड़ नहीं करनी चाहिए तो उन्होंने मेरा हाथ पकड़ा और अपने कुरते के नीचे छाती तक ले गए। कहा, ये पेसमेकर लगा है, बैटरी है दिल की। अब कोई खतरा नहीं है। तो मैंने उन्हें कहा—पर मशीन तो मशीन ही है न? जो लोग आपको बुलाते हैं, वे तो चाहते हैं न कि आप उनकी इच्छा से यहाँ-वहाँ चाय पीने जायें। हाथ जोड़ेंगे कि चलिए—थोड़ी देर के लिए। किसको इस बात की चिन्ता रहती है कि आप बीमार हैं या आपको आराम की जरूरत है। मैंने उनसे यह भी कहा कि वो शंकरदयाल सिंह महाधूर्त आदमी है। तो उन्होंने कहा—'अब एम.पी हैं, वहीं दिल्ली में रहना, मिलना-जुलना होता है। मना भी कैसे किया जाए।' तो भवानी बाबू ऐसे सरल और शिष्ट आदमी थे। कई लोग समझेंगे कि उनमें नाटकीयता थी। पर ऐसी बात बिल्कुल नहीं थी। यह उनकी अपनी स्टाइल थी।"

13-12-91 : सुबह 6.45

मैंने देखा आज बाबा कुछ ज्यादा ही उदास थे। मुझे देखते ही बोले—"रघुनाथ सिंह (विदिशा के लोकप्रिय चित्रकार और साहित्य रसिक) चले गए हम लोगों को अनाथ करके। बहुत कम बोलते थे। पर थे बहुत संवेदनशील। मुझे एक बार कहा—आप कभी फैजाबाद गए कि नहीं, मैं तो हो आया। मुझे बहुत अच्छा लगा इनका गाँव। मैंने कहा—"मैं जाऊँगा।" थोड़ा रुक कर मेरी ओर स्नेहिल भाव से देखते हुए बोले—"अब आपके लिए करने वाला कोई नहीं बचा। शलभ तो चिन्ताएँ पैदा करते हैं। कुछ नहीं तो कोई न कोई तूफान ही उठा देंगे।"

"एक बार राममूर्ति (त्रिपाठी : उज्जैन) जी ने कहा, "विजय का लिखना-पढ़ना छूट-सा गया, अपनी एक छात्रा के चक्कर में।" मैं सुनता रहा। काफी पहले की बात है। मैं कुछ बोला नहीं। दूसरों का दोष देखते रहना भी कोई अच्छी बात नहीं।" उन्होंने जैसे टिप्पणी की। "मुझे तो हँसी आती है विजय बाबू। केशवदास के उस दोहे की याद करके 'केशव केसनि असकरी जस अरिहू न कराहिं। चंद्रबदनि मृगलोचनी बाबा कहि कहि जाहिं।' विजयलक्ष्मी पण्डित जब रूस में राजदूत थीं तो स्टालिन से मिलने की बहुत कोशिश की कि दस मिनट की मुलाकात हो जाए। स्टालिन के सलाहकारों ने उससे कहा—पण्डित नेहरू की बहन है, मिल लेना चाहिए। स्टालिन ने पन्द्रह मिनट का समय दिया। पर उसने अपने यहाँ के आचार्यों की सीख अपनाई—अदर्शनं, मौनं, अस्पर्शं। देखना नहीं, देख लिया तो मौन रहो, छुओ तो बिल्कुल नहीं। यह भी योग है," मुझे संकेत-सा करते हुए उन्होंने कहा।

13-12-91 शाम 6 बजे

बाबा आज सुबह से ही सिलाकारी जी के यहाँ चले गये थे। शाम 6 बजे के आस-पास लौटे। रास्ते में उन्हें म.प्र. लोककला परिषद के आमन्त्रण पर पधारी पद्‌मश्री तीजन बाई और अन्य लोकनर्तकों की 'लोकयात्रा' दिखी। लोक कलाकारों ने शहर में उपस्थिति जताने के लिए अपनी रंगीन शोभा यात्रा निकाली थी। बाबा उसे देख अत्यन्त पुलकित थे। उनके चेहरे पर प्रसन्नता का भाव कुछ ऐसा था जैसे कोई बच्चा अभी मेले से लौटा हो। वसन्त पोतदार कहता है, बाबा मुस्कराते हैं तो लगता है रामकृष्ण परमहंस मुस्करा रहे हों। कुछ ऐसी ही मुस्कान थी उनके चेहरे पर। वे मुझसे कहीं श्यामाकान्त (बाबा के चौथे बेटे) के बारे में न पूछें इसलिए पहले ही उन्हें सूचित कर देना चाहा कि श्यामाकान्त आज भी नहीं आए। यह सूचना उन्हें बेमौके की लगी और उन्होंने तत्काल इसे प्रकट भी कर दिया—"अभी दिन भर में अब आपसे भेंट हो रही है तो इस क्षण को बिगाड़िये नहीं। ऐसी बात मत कीजिए कि मेरा मूड खराब हो जाए।" मैं यह सुन चुप हो गया। तभी लाइट चली गई। इस शहर का हाल भी अब दूसरे शहरों जैसा हो गया है। थोड़ी देर तक हम अँधेरे में रहे, फिर तो मोमबत्ती जलानी ही पड़ी। मैं एक स्थानीय कवि को कार्ड लिख रहा था। बाबा मेरे पास किसी जाँच अधिकारी की तरह आकर खड़े हो गए—"आप तो कल फिराक[1] का प्रोग्राम (कहकशाँ) टी.वी पर देख रहे थे तो क्यों? संवेदनशील आदमी का मन इससे बदलता है। यह डिस्टर्व हो जाता है। अपने मन को इस समय डिस्टर्ब करने की क्या जरूरत है?" फिर कहा—"देखते नहीं हैं, मैं आजकल खाली न्यूज सुनता हूँ। पहले बी.बी.सी. सुनता था, अब ये भी बन्द कर दिया। कोई बात आती है और परेशान करने लगती है। तो अपने मन को बचाने के लिए यह जरूरी है।" उन्होंने मुझे सचेता, फिर परम्परा से अपने कथन की पुष्टि करने लगे—"अपने यहा संस्कृत के पण्डित लोग बड़े उस्ताद थे। मन को ठीक रखने के लिए खूब गाली बकते थे। संस्कृत में एक कविता है : राजा का साला चौराहे पर घोड़े को नचा रहा है, उसको यह परवाह नहीं कि लोग-बाग दब-कुचल रहे हैं। उसकी बहन अन्दर है न, उसी का...मजा ले रहा है।"

"दरबारी पण्डित के बारे में भी लोग पूछते हैं कि वहाँ दरबार में उसे क्या मिल रहा है, ओदन कि...ओदन माने क्या, यानी भात और क्या? दरबार में आँख भी सिंक रही है, नृत्य देखते हुए।"

"अब तुम्हारे शलभ पर मुझे बहुत गुस्सा आ रहा है। ये आदमी अगर ठीक से सहयोग करता तो तुम लोग कितना काम कर डालते। पर वो तो तुम्हें भी डिस्टर्ब करता है।..अब, आपके पास तो महा करुणा है न? वो साला आएगा तो माफ कर दोगे, सब भूल जाओगे। मैं इधर प्रायः आपके बारे में सोचता रहता हूँ

1. फिराक गोरखपुरी

कि उषा (तुम्हारी पत्नी) ठीक रहतीं और आपको अनुकूलता मिल पाती तो कितना काम हुआ होता।...सिलाकारी जी के यहाँ सोते-सोते उठता हूँ तो आपकी परेशानियों पर ध्यान जाता है।"

बाबा मुझे लेकर इस बार काफी चिन्तित लगे, यह मैं हर रोज महसूस कर रहा था। पर उन्हें किसी भी तरह आश्वस्त नहीं कर पा रहा था। अचानक प्रसंग बदलते हुए एक ऐतिहासिक मैत्री याद आई। वे बोले—"गोर्की और चेखव जब-तब टॉलस्टॉय से मिलने जाया करते थे। दोनों ने मिल कर उनका संस्मरण लिखा है। लिखा है कि एक बार गए तो 'काउण्ट' चुनी हुई गालियाँ बक रहे थे। रूसी में गालियों का जबदरस्त भण्डार है। थोड़ी देर में काउण्ट निकले और इन दोनों को बुला कर अन्दर ले गए। दिमाग में जो प्रेत था, चला गया था। कहा—'आ जाओ, बैठो।' तो भड़ास निकालने के लिए गालियाँ बकना जरूरी है।" बाबा ने कहा। फिर उनका ध्यान अभिजातों पर चला गया—"ये देखो कि यहाँ के अभिजात व्यवहार के नाम पर मन में कचरा भरे रहेंगे, पर बाहर नहीं निकालेंगे।"

14-12-91 : सुबह 5 बजे

नींद आज 4 बजे ही खुल गई। कपिल तिवारी (सचिव, लोककला परिषद) का आग्रह था कि 'लोकोत्सव की एक शाम' में मुझे जरूर आना है। बाबा की इच्छा तो नहीं थी, पर पप्पी[1] का मन था कि वहाँ जाएँ। उसका साथ देने के बहाने से मुझे भी छुट्टी मिल गई। हम गए तो बुन्देलखण्ड अंचल का राई नृत्य चल रहा था। स्टेज पर सजावट में जितना योग रंगों का था, उससे कम प्रकाश व्यवस्था का नहीं।

अपनी किशोरावस्था से ही मुझे लोकनृत्य बेहद पसन्द हैं। उनमें अद्भुत सहजता और जबरदस्त उन्मुक्तता रहती है। फिर वे कलाकार व्यावसायिक तौर पर उतने सजग नहीं होते। उनका मुख्य उद्देश्य रस में डूबना और डुबाना होता है। राई नृत्य मैंने पहली बार सागर विश्वविद्यालय में अपने छात्रावास के दिनों में होली के अवसर पर देखा था। मेरा दूधवाला ही मशालची था उसमें। बड़ा लम्बा-तगड़ा-सा मुच्छड़, पर भीतर से बेहर सरल और भावुक। नर्तकों का चेहरा गुदने से सजा हुआ था। उसके पांवों की थिरकन मुझे अब भी रोमांचित करती है। वैसी गति मैंने नृत्य सम्राज्ञी सितारा देवी के पाँवों में भी नहीं देखी। शास्त्रीय-नृत्यों की गति बहुत व्यवस्थित और नपी-तुली होती है। यह गणितीय नाप-जोख ही उसमें कौशल और चमत्कार भरती है। हम दर्शक भर रह जाते हैं ज्यादातर। होली के मौके पर जो राई बीच नींद से उठकर रात तीन बजे मैंने देखा था, उसने मुझे विभोर ही नहीं, चमत्कृत भी किया था। आज फिर उसी अनुभव से गुजरने का

---

1. प्रिया सिंह, मेरी छोटी बेटी।

मौका सामने था। पर न जाने क्यों वह यहाँ मिल नहीं सका। जो समाज स्टेज के सामने था, यह वह समाज नहीं था जिसे हम लोककलाओं का अपना जाना-पहचाना समाज कहते हैं। यह फिल्मी सुपरस्टारों वाला दर्शक वर्ग था, जो यहाँ उसी भाव से बैठा था और अपनी नकली सहृदयता का प्रदर्शन कर रहा था। कला का उपभोक्ता वर्ग। उपभोक्ता भी ठीक से क्या कहिए? जो परोस दिया गया, वही खाने लगे। जो खा लिया, पचा न पचा इसकी भी कोई परवाह नहीं की। हम लोग भीड़ के एक छोर पर कॉलेज के वर्क शॉप की दीवार से सटकर खड़े हो रहे। कई परिचित पुलिस वाले और इंस्पेक्टर बार-बार आग्रह करते रहे कि हम भी उधर सम्भ्रान्त भीड़ में जा बैठें, पर वैसा करना हमें ठीक नहीं जँचा। खड़े-खड़े राई नर्तकों का, गति-सुन्दरी नर्तकियों का कौतुक देखते रहे। फिर छत्तीसगढ़ी पन्थी नृत्य आया। बंजारे का पन्थी नृत्य मैंने चार साल पहले भिलाई में देखा था, जलेस के तीसरे राज्य सम्मेलन में। बंजारे का दल काफी दक्ष है, शारीरिक कौशल के प्रदर्शन में। शरीर भी शरीरों के सहयोग से न जाने कितने ऐसे दृश्य रच सकता है जिसे हम चित्रकला का आधुनिक कोलाज कहते हैं। कई बेढब संरचनाएँ। उसके साथ का संगीत पप्पी को मोहता रहा।

पद्मश्री तीजन बाई रात 9.30 के लगभग स्टेज पर आई...। लोगों के प्रति उमंग और उम्मीद में तालियों की गड़गड़ाहट से उनका स्वागत किया। पर जैसे ही उनका भाव-नृत्य (पण्डवानी) और गायन शुरू हुआ, तालियों वाली भीड़ उठ-उठ कर जाने लगी। कुछ इस तरह कि फिःफिः। मैं देखता और सोचता रहा कि ऐसा तो बालभवन नई दिल्ली के बच्चों ने ऋतु वर्मा के साथ भी नहीं किया। तीजन बाई या झाडूराम देवांगन—सब छत्तीसगढ़ के हैं। छत्तीसगढ़िया हुए बिना इनका रस नहीं लिया जा सकता, मैंने सोचा। विदिशा का जीवन न तो छत्तीसगढिया है, न मालवी, न बुन्देली। यहाँ की अपनी कोई बोली नहीं है। बुन्देली यहाँ खत्म जरूर होती है पर शुरू कौन सी होती है, कहना कठिन है। तीजन बाई ने दर्शकों के उस व्यवहार से अपमानित जरूर अनुभव किया होगा। पप्पी तीजन बाई के गायन के ढंग और अन्दाज पर मुग्ध थी, पर सबसे ज्यादा उसे कमर से घुटने तक की धोती और कमर से बंधे हुए हरे गमछे वाले पन्थी नर्तकों का संगीत पसंद आया। उसने कहा—'पापा! इसका कैसेट नहीं मिल सकता क्या?' बच्चे सब हर सुन्दर चीज को कैसेट्स के कैप्सूल में रख लेना चाहते हैं पर क्या वे उस सुगन्ध को कैसेटीकृत कर सकेंगे जो जगह-जगह की अपनी हवा और माटी से जुड़ी होती है? क्या कोई कला अपनी जमीन छोड़कर बच रहेगी? शायद उतना ही जितनी विद्या बच रही है, विद्या के संस्थानों में, मैंने सोचा।

बाबा का मूड तो रात में मेरे निकलते ही खराब हो गया था। मैं जाऊँगा, आऊँगा, फिर उनकी नींद टूटेगी और वे अनचाहे भी उठेंगे तो...। लौटा तो सोचा

चाय बना लूँ पर उनसे भी पूछ लेना ठीक रहेगा। पहले तो उन्होंने गम्भीर अनमनापन दिखाया बाद में 'हाँ' कर दिया। मैंने चाय का कप उनके सामने की मेज पर रख दिया। उन्होंने इशारे से बैठने को कहा—"ये जो कल[1] विधानसभा में हुआ उससे प्रमाणित हो गया कि जितने छंटे हुए गुण्डे और बदमाश हैं, सब विधानसभा में पहुँच गए हैं। आजकल राजनीति में जाता ही कौन है, और ये जो कुमारी कल्याणी पाण्डे है, यह भी तो राजनीति में ही है। वहाँ तो महिलाओं को भी लोग ताश के पत्तों की तरह फेंटते रहते हैं। यह सब बहुत दुर्भाग्यपूर्ण है। क्या होगा इसका?" मैं उन्हें चुपचाप सुनता रहा। चाय मैंने पी ली थी। उन्होंने भी अपना कप उठाकर, चाय कटोरी में डाल ली। मैं उठकर बाथरूम की ओर चला आया।

14-12-91 : शाम 4.30 बजे

कॉलेज में आज शाम तीजन बाई के साथ शहर के कुछ लोगों और सुरुचि सम्पन्न मेधावी छात्रों की बातचीत थी। मुझे भी निमन्त्रण था। गया तो अध्यक्षीय आसन की ओर बैठने का इशारा किया गया। मैं बैठा तो, पर अध्यक्षीय आसन से थोड़ा खिसककर। ऐसी मुलाकातों को जितना सहज और अनौपचारिक रखा जाय, कलाकार के सम्मान और उसकी गरिमा ही नहीं, उसकी उपस्थिति के सौन्दर्य के लिए भी ठीक रहता है।

तीजन बाई अपनी मण्डली के साथ आईं तो हम सब लोग उनके स्वागत में खड़े हो गए। उन्होंने भी हाथ जोड़ हमारे अभिवादन का उत्तर दिया। फर्श पर बिछे गद्दे, गावतकिए और सफेद चादरें थीं। डॉ. कपिल तिवारी ने मुझसे ही बातचीत शुरू करवाई। सबसे पहले मैंने कल के दर्शकों की ओर से उनकी पूरी मण्डली और उनसे भी माफी माँगी। फिर कला और समाज के रिश्तों पर चर्चा करते हुए तीजन बाई के सम्मान में कुछ प्रशंसात्मक वाक्य कहे। तीजन बाई के प्रति और संगतकार तुलसीराम जी के प्रति भी। दोनों को मेरा कथन रुचा। मैंने आग्रह किया—"कल आपको स्टेज पर देखा था। आज आप हमारे साथ हमारी ही तरह बैठी हैं। अभी भी हम आपको देख रहे हैं। पता नहीं कभी आपको जान भी पाएँगे या नहीं?"

तीजन बाई को मेरा यह कथन छू गया। वे शुरू हुईं तो पौने घण्टे तक बोलती ही चली गईं। अपने बचपन के दिनों की गरीबी, भुखमरी, भिखमंगई, फिर दुर्ग स्टेशन पर दातून बेचने से लेकर झाड़ू और चटाई-बनाकर बेचने और पेट भरने का किस्सा। तीजन बाई पारधी (बहेलिया) जाति की हैं, एक जानी-मानी शिकारी जाति। पर वहाँ कुछ नियम और पाबन्दियाँ हैं। औरतों का गाना-बजाना और तम्बूरा लेकर लोगों के बीच खड़े हो जाना, अच्छा नहीं माना जाता। तीजन बाई

---

1. 12 दिसम्बर 1991 को मध्यप्रदेश की विधानसभा में हुए हुड़दंग काण्ड की ओर इशारा

पण्डवानी के लिए खड़ी हुईं तो कुनबे वालों ने साथ छोड़ा, पति छोड़ गया। उनकी झोंपड़ी जलाई गई और जाने क्या-क्या हुआ। पर उन्होंने पण्डवानी नहीं छोड़ा तो नहीं छोड़ा। गाया तो गाती ही रहीं। बाँसुरी की आवाज आज भी सुनते ही वे यह विचार नहीं करतीं कि आधी रात है या डूबता दिन। वे पागल होकर निकल पड़ती हैं। पहले भी परवाह नहीं थी, अब भी उन्होंने अपने इस स्वभाव में कोई बदलाव नहीं किया है। पहले भी तीजन थीं, अब भी वही हैं। न पद्मश्री, न कुछ और। यही तो कलाकार है, मैंने समझा।

तीजन बाई जब अपने दुबारा विवाह का किस्सा सुना रही थीं तो उनमें एक हिंदुस्तानी औरत भी दिखी, जिसे अपनी माँग में सिंदूर भरे जाने का सपना खींचता रहता है। औरत अंततः औरत होना और रहना चाहती है और संस्कृत काव्य में अगर उसे लता कहा गया है तो ठीक ही है। लता को पेड़ का सहारा चाहिए ही चाहिए। तीजन बाई तुलसीराम की ओर देख कर कुछ इस आत्मविश्वास से मुस्करा रही थीं, जैसे वनमार्ग में स्त्रियों के द्वारा राम-लक्ष्मण का परिचय पूछने पर सीता।

डॉ. कपिल तिवारी ने गोष्ठी का समापन करते हुए तीजन बाई को जब बाबा नागार्जुन के बारे में बताया तो वे मिलने के लिए तत्काल मेरे निवास पर चली आईं। आते ही बाबा के पाँवों की ओर झुकीं। बाबा ने स्नेही पिता की तरह उठाकर उन्हें अपनी अँकवार में ले लिया। पति तुलसीराम ने भी बाबा के पाँव छुए और आशीष लिया। कवि नागार्जुन की आँखों में एक अपूर्व चमक और हर्षातिरेक था। बाद में देखा, उनकी आँखों के कोनों में हल्की आर्द्रता भी आ गयी है। तीजन बाई को बाबा ने अपनी बगल में, उसी तख्त पर बिठा लिया। वे एक बेटी की तरह बैठीं जैसे कोई यशस्वी बेटी अपने बूढ़े बाप के साथ बैठी हो। बाबा उनके गालों और ठुड्डी पर अपनी स्नेहिल हथेली फेरते रहे। देख कर लगा, तीजन बाई से जैसे उनका कोई जन्म-जन्मान्तर का सम्बन्ध हो। दोनों हर जन्म में जैसे बाप-बेटी रहते आए हों। तीजन बाई की आँखों में किसी खोई हुई अनूभूति को पा लेनेवाला आत्मविश्वास और दर्प था। उनके नीले होठों और कत्थई दाँतों के बीच फँसी कोई हँसी थी जो आज समाना नहीं चाह रही थी।

कपित तिवारी और तुलसीराम जी के साथ युवा रंगकर्मी शरद सबल और उनका परिवार भी था। हम सबने साथ फोटो खिंचवाए। शरद ने अपने ही कैमरे से कुछ तस्वीरें खींची। पड़ोस की किशोरियाँ भी तीजन बाई के साथ फोटो खिंचवाने आ गईं। पर जब गली में खड़े होकर ग्रुप फोटो खिंचवाने का प्रस्ताव आया तो अपनी-अपनी चप्पलें पहन चुपचाप खिसक गईं, मध्यवर्गीय नैतिकता की फूहड़ता लिए हुए। ग्रुप में खड़े होकर फोटो खिंचवाने में जैसे उनका शीलभंग हो जाता। मध्यवर्ग के निम्नवर्ग में नैतिक सावधानी के नाम पर अब यही बचा भी है।

तीजन बाई लगभग चालीस-पैंतालीस मिनट बैठ कर चली गईं। कॉलेज वाली गोष्ठी में उन्होंने जो आत्मचरित सुनाया था मैंने उसे ज्यों का त्यों लिख कर, कपिल तिवारी को भेजा तो तीजन जी ने उस पर अपने दस्तखत मार दिए। अब वह मेरी धरोहर है।

15-12-91 : सुबह 6.10 चाय पीते वक्त

बाबा—"देखिए। कल मैंने देखा कि आपके संग्रह में वासुदेवशरण अग्रवाल की कुछ किताबें भी हैं। कल्पवृक्ष, भारत-सावित्री आदि। ये वासुदेव बनिया थे। मैथिलीशरण और रायकृष्ण दास भी बनिया थे। तीनों पुनरुत्थानवादी थे।" बाबा ने अपना वाक्य समाप्त किया नहीं कि मैंने याद दिलाया—"दयानन्द जी भी तो पुनरुत्थानवादी थे। पर वे तो ब्राह्मण थे बाबा।" तर्क देते हुए उन्होंने कहा—"लेकिन दयानन्द साम्राज्यवाद—विरोधी थे। पोंगापन्थ के वे कट्टर आलोचक थे। जयशंकर प्रसाद भी बनिया थे पर वे पोंगापन्थी नहीं थे, धूर्त नहीं थे।" यह कहते हुए उन्हें राजपूतों की भी याद आई तो बोले—"देखिए, ब्राह्मणों में प्रज्ञा का बीज तो था पर उसको समाज में सक्रिय करने में क्षत्रियों का बड़ा योगदान है। बाद में पुरोहितों ने सब चौपट कर दिया तो विद्रोह करने वाले भी क्षत्रिय ही हुए। पर कमाल देखिए कि क्षत्रियों द्वारा प्रवर्तित बौद्ध और जैन धर्म व्यापक आबादी को अपने प्रभाव में देर तक नहीं रख पाए। बाद में ब्राह्मण और बनिया एक हो गए। सब पुराणमय हो गया। सब चमत्कार है न? ब्रह्म-चिन्तन तो पीछे छूट गया। प्रज्ञा का वध कर दिया गया। उसका स्फुरण खत्म कर दिया। अब देखिए अपने चन्द्रशेखर को, बनिये अम्बानी ने कैसा चौपट किया। 'युवा तुर्क' की क्या गत बनी। राजपूतों को चौपट करने में बनियों का योगदान यही रहा न? राजपूत तो सीधे-सादे लोग थे।"

कुछ क्षणों की चुप्पी के बाद वे फिर बोले, "विजय बाबू, आपको एक बात बताता हूँ। वो जो रायकृष्णदास थे न बनारस में, मैथिलीशरण जी के एजेंट के रूप में काम करते थे।"

"पन्त जी को तो ये लोग शिशु के रूप में देखते रहे। अज्ञेय को भी साधा। वे कुछ देर तक प्रभाव में आए भी। पर वात्स्यायान तो बहुत समझदार आदमी थे। बच निकले। इला डालमिया ने फिर भी उन्हें अपनी लपेट में ले ही लिया। उसकी कुछ कहानियों में यह संकेत आता है कि ये जो कुछ बोलते नहीं, इनको यानी अज्ञेय को समझना बहुत मुश्किल है। तो अज्ञेय अलग ही किस्म के आदमी थे। आ भी जाते थे, निकल भी जाते थे। कपिला से शादी करते वक्त बनारसीदास चतुर्वेदी ने खिलाफ में परचेबाजी की। पर डॉ. नगेन्द्र आदि ने साथ दिया। तो 'प्रतीक' में बालकृष्ण राव, नगेन्द्र आदि सम्पादक मण्डल में थे, (उनका इशारा 'नया प्रतीक' की ओर था।) अज्ञेय ने अपने आखिरी दिनों में उसे इला डालमिया

के सहयोग से निकाला।"

ब्राह्मणों, बनियों की बात चल रही थी तो मैंने कहा—"सबके बारे में तो आप बोल रहे हैं पर विश्वनाथ प्रताप सिंह के बारे में चुप्पी साधे हुए हैं क्यों?" तो कुछ कुढ़न और खीझ से भरकर उन्होंने कहा—"क्या उनसे लाभ लेना है हमको? हमें अभी और देखने हो। आप लोग जवान हैं। आप लोग बोलो हम तो बुड्ढे हैं। हमें अब चुप रहने दो तो अच्छा। जो हम बोलें वही सुनो।" विषय नाटकीय अन्दाज में बदलकर उन्होंने बात आगे बढ़ाई—"अब आपकी गली में सूअर फिरते रहते हैं, हड्डी चूसते रहते हैं, लगता है खाने को नहीं मिलता। रूस में हमने देखा कि चढ़े चले आ रहे हैं, लाल-लाल मोटे-मोटे। तो हमें जिज्ञासा हुई। हमने पूछा कि कहाँ जा रहे हैं। तो वहाँ के लोगों ने कहा—क्यों चिन्ता करते हैं? तीन दिन बाद प्लेट में आ जाएँगे सज के—तो मैं हँसा।" इसी के साथ उन्होंने जोड़ा—"पूर्वांचल के ईसाई गाय की लेकर तनाव में थे। बंगाल सरकार तो बहुत चतुर है। उसने किताबों में सूअरों के भी फोटो छाप दिए, लेख छापे। अब ये 'रामचरित मानस' में जो पुरोहिताई का अंश है, उसी का उपयोग ये अपने पण्डित लोग करते हैं। मैंने एकाध बार कहा तो कुछ लोगों ने सलाह दी कि ऐसा मत कहा कीजिए, नहीं तो सब भड़क जाएँगे।"

15-12-91 : दोपहर 2.30 पर

"अब कोई प्लॉट नहीं आता मन में?" मैंने पूछा।

"चाँपे रहते हैं। मन को उद्विग्नता में डालना अब ठीक नहीं लगता। अगर कोई बात ऐसी आ ही गई तो आप जैसे किसी प्रेमी को बता दिया।...आपका वो दोस्त नरेन्द्र मौर्य है न, हरदा में, बहुत अच्छा लिखता है। आजकल रचना के क्षेत्र में भी बहुत अनाप-शनाप लिखा जा रहा है। नकली लोग काफी घुस आए हैं। असली लेखकों को, अच्छा लिखने वालों को खतरा है।" बाबा ने कहा।

"आप गीता के पीछे बहुत पड़े हुए हैं। क्या इन दिनों उसकी काफी ज़रूरत महसूस होती है?" मैंने पूछा।

जवाब में वे बोले—"आप कहते हैं, मैं गीता के पीछे पड़ा हुआ हूँ। मैं कहता हूँ वो मेरे पीछे पड़ी हुई है। **गीता अमृत है। ऐसा ग्रन्थ दूसरा कोई नहीं है।** . ..अब एक बात जो मैं बार-बार कहता हूँ कि संविधान सभा फिर से बैठनी चाहिए। पर कोई सुनता है मेरी? मैं तो वेदव्यास की तरह दोनों हाथ उठा कर रो रहा हूँ पर कोई नहीं सुन रहा है कि धर्म से ही और सब काम होते हैं। उसी धर्म को क्यों नहीं पकड़ते? पर कोई तैयार है उसके लिए?" उन्होंने क्षोभ के साथ मुझे गहरे घेरे में ले लिया। मैं देख रहा था कि वे उत्तेजना में आ चुके हैं। चुप रहना ही ठीक समझा। तो जैसे बात का समापन करते हुए वे बोले—"महाभारत

खान है। रामायण तो उसके आगे हलुवा है। महाभारत तो बहुत सारे प्रसंगों में प्रासंगिक है। व्यास की प्रतिभा देखो कि महाभारत के बीचों-बीच गीता जैसी चीज भी डाल दी।"

"बाबा, 'कामायनी' को लेकर क्या आपके मन में कोई विचार नहीं आता कभी?" बात को आगे बढ़ाते हुए मैंने कहा।

'कामायनी' कोई खिलवाड़ नहीं है। बहुत गम्भीर चिन्तन चाहिए उसके लिए। अलग-अलग सर्गों का अलग-अलग महत्त्व है।" उन्होंने गम्भीर होते हुए कहा। इसी क्रम में वे फिर गुप्त की 'विष्णुप्रिया' के बारे में सोचने लगे। कहा—'विष्णुप्रिया' चैतन्य महाप्रभु से सम्बन्धित रचना है पर वह बात कहाँ जो 'कामायनी' में है।"

"आप गुप्त जी से मिले तो होंगे कई बार"—मैंने कहा।

"हम पहली बार चिरगाँव उनसे मिलने ही गए थे। यही दस या बाहर बजे दिन का वक्त रहा होगा। देखा आटा मिल, मैदा मिल का काम चल रहा है। बुन्देलखड की मजदूरनियाँ लगी थीं। मजदूर भी थे। एक को मैंने पकड़ा। इशारे से पूछा तो उसने कहा उधर पीछे से जाना पड़ता है। तो वो ले गया मुझे और ठीक जगह पर बिठा दिया। थोड़ी देर बार वो आए। मुझे नीचे से ऊपर तक नापा। कहा—'कहाँ से आए हो?'

"मैंने कहा—'इलाहाबाद से।' तो कहा—'महादेवी से मिलना होता है?' मैंने कहा 'नहीं।' फिर कहा—'कहाँ ठहरे हो?' मैंने कहा—'वृन्दावनलाल वर्मा के यहाँ।' फिर बहुत ठण्डेपन से कहा—'चाय पानी?' मैंने कहा—'नहीं। वो तो ले आया हूँ।' गुप्तजी से यह हमारी पहली मुलाकात थी। मुझे याद है, वे प्रायः बुन्देलखण्डी में ही बोल रहे थे।"

"दूसरी मुलाकात हमारी दिल्ली में हुई जब वो राज्यसभा के सदस्य थे। मैंने पाँव की तरफ हाथ बढ़ाया तो उन्होंने अपने पाँव खींच लिए। कहा—'तुम्हारे भीतर जहर ही जहर भरा है। कभी कुछ अमृत भी तो टपकाया करो।' मन में तो आया कि कहूँ अमृत तो सब आपके पास है, उसकी एक-दो बूँद भी तो आप नहीं टपकने देते। फिर मेरे पास अमृत कहाँ से आए। फिर भी मैं चुप रहकर थोड़ी देर बैठा। तब उनके यहाँ ऊपर के कमरे में रायकृष्ण दास ठहरे थे। मैंने उन्हें बताया कि मैं बनारसीदास चतुर्वेदी के यहाँ ठहरा हूँ।"

"तीसरी बार गया तो सियारामशरण जी बाहर बैठे थे। राष्ट्रकवि जी सो रहे थे। खबर करवाई कि 'जहर को मटको, आयो है। 'थोड़ी देर बाद गुप्तजी बाहर आए। कहा—'आप मत मिला करो मुझसे।' मुझे लगा कि उन्हें भय है कि लोग यह न जान लें कहीं कि मैं भी उनके यहाँ आता-जाता हूँ और कुछ हो जाए। मैं उठ कर आने लगा तो सियारामशरण जी ने कहा—'चाय बन रही है। पीकर

जाइए।' मैंने कहा—नहीं। उठकर चला आया। पानी भी नहीं पिया।"

"आज कितने बजे उठे?" बाबा ने पूछा।

"5.30 पर!" मैंने जवाब दिया।

"कुछ काम किया?" उनकी अगली जिज्ञासा थी।

"नहीं, सिर्फ मुँह-हाथ धोया, नित्यकर्म हुआ और चाय बनाई। तब तक आप उठ ही आए।" मैंने कहा।

"अब ये बहुत बड़ी बात है कि इतनी विपरीत परिस्थितियों में तो आप अपने स्वभाव को बनाए हुए हैं।" उन्होंने टिप्पणी की।

"यह पाखण्ड भी हो सकता है बाबा।" मैंन प्रतिटिप्पणी की।

"नहीं। अपने लोगों के बीच पाखण्ड नहीं चलता। खुल जाता है। उसको फलने-फूलने के लिए और तरह की जगहें चाहिए, जहाँ वह खिलता है। अन्तरंग मण्डली में तो वह टिक नहीं पाता।" बाबा ने समझाते हुए कहा।

17-12-91 : शाम 4.30

आज मैं बाबा के कलकत्ते वाले दरजी मित्र के बारे में जानकारी लेना चाह रहा था। कलकत्ता में एक वह अड्डा भी उनका रहता था। मैंने पूछा—"कलकत्ता में आपके वे दरजी मित्र थे न? हैं या गुजर गए?"

"हाँ। वो जनवाणी में बैकुण्ठनाथ झा थे, मेरे परिचित। रिटायर होकर जाने लगे तो कमरा एक और को दे गए, जिसके साथ मैं रहने लगा। फिर वो दरजी महोदय मुझ पर स्नेह रखते थे, तो मैं उनके साथ भी रहने लगा। वहाँ रहने का एक लाभ था। वो अर्चना चाय घर। आप भी तो आ चुके हैं वहाँ कई बार।" बाबा ने याद दिलाया।

"हाँ। एक बार की याद तो जाती ही नहीं। आप से मिलने मैं शील के साथ दोपहर बाद लगभग तीन बजे गया था। आपके दरजी मित्र खाना खाकर विश्राम कर रहे थे। आप चुपचाप उठे और हाथ से ही दोनों को इशारा किया कि यहाँ नहीं वहाँ चाय घर में बैठेंगे। फिर चाय घर में आकर कहा—हमारे दोस्त सो रहे हैं। वो डिस्टर्ब हो जाते। इसलिए मैं बाहर यहाँ आ गया। मजदूर आदमी की नींद तो बहुत कीमती होती है न। खूबसूरत तो खैर होती ही है।" मैंने उन्हें पुर्नस्मरण कराया।

फिर वे मुझी से 'अर्चना चाय घर' के बारे में पूछते रहे। उस पूछने के ढंग में काफी गहरी उदासी थी। 'अर्चना चाय घर' की जगह वहाँ और तरह की दूकानें बन गई हैं। बाबा का वह पुराना अड्डा टूट गया। इसी सिलसिले में उन्होंने मुझे बताया—'अर्चना' के मालिक नारायण बाबू गुजर गए। बेटों से धन्धा चला नहीं। उन्होंने गमगीन होकर कहा—"अड्डा था वो कलकतिया साहित्यिकों का छेदी लाल गुप्त, अवध नारायण, विमल वर्मा, सकलदीप सिंह, कभी-कभी कृष्णबिहारी मिश्र

भी, सब आ जाते थे वहाँ। सब किसिम की इधर-उधर की ख़बरें मिल जाती थीं। अब वो अड्डा नहीं रहा।" कहकर उदास हो गए। न जाने कितनी यादें जुड़ी थीं उस चाय-घर से।

अर्चना चाय घर का सहज, शान्त सौम्य किन्तु गम्भीर वातावरण मेरी यादों में भी उभर आया। उस जगह सब कुछ और दूकानों का होना भले ही प्रगति कहा जाए पर लेखकों के उस अतिसुलभ अड्डे का विलुप्त हो जाना मुझे अब भी खलता है। हम दोनों ही अपनी-अपनी स्मृतियों की बीहड़ पठारी खामोशी में चले गए। इन दिनों यों भी उदासी की क्या कमी है? मन ने कहा। याद आती रही भवानी प्रसाद मिश्र की कविता 'सन्नाटा' की ये पंक्तियाँ–'कुछ लोग यहाँ थे, अब वे यहाँ नहीं हैं।'

शाम 5 बजे

मैं बिस्तर पर लेटा कुछ पढ़ रहा था कि बाबा अपने तख़्त से उठे और मेरे पास आकर खड़े हो गए। मैंने उनकी मंशा भाँपने के ख्याल से कुछ कहना ही चाहा कि उनके होठों पर ये पंक्तियाँ खेलने लगीं–

सिकुड़ा-सिकुड़ा दिल है तेरा
आ जा इस पर लोहा कर दूँ।

उन्होंने इसे तीन-चार बार पढ़ा। मैं सुनता और गुनता रहा। वो मुझे ही सम्बोधित थीं, यह साफ समझ में आ रहा था। इस बार बाबा कुछ और ही ढंग से मेरी हिफाजत करने में लगे थे। उन्हें यह तीव्रता से महसूस हो चुका था कि सब मुझे अकेला कर चले गए हैं और मैं इस अकेलेपन को झेल नहीं पाऊँगा। फिर भी मैंने प्रसंग बदलते हुए कहा–'इसके आगे भी कुछ है या यही दो पंक्तियाँ।' वे चुप रहे और फिर उन्हीं दोनों पंक्तियों को खड़े-खड़े दुहरा दिया। मैंने पूछा–'क्या चाय-वाय पीने का इरादा है आपका?' उन्होंने प्रताड़ना-सी देते हुए कहा–"नहीं भाई। मूड है मेरा। अब इस मूड को भी समझा करो।" मैं चुप हो गया। वे फिर अपने आसन पर चले गए। मैं पढ़ता रहा। वो लेट चुके थे। थोड़ी देर बाद मैंने भी किताब बन्द कर दी और अपनी कविता वाली डायरी में रात तीन बजे लिखी कविता को दुबारा लेकर बैठ गया। मुझे मेज पर बैठा देख वे उठकर फिर मेरे पास आ गए। आज कुछ बेचैनी सी थी उन्हें, मैंने महसूस किया। उनके पास आते ही मैंने कहा–'रात तीन बजे एक कविता आई तो उसी वक्त उठकर लिखना पड़ा। परसों रात दो बजे आई थी तो अलसा गया और फिर लिखी नहीं जा सकी थी। कल रात तो फौरन उठ कर लिखा।' लगे हाथ मैंने कविता उन्हें सुना भी दी।

हम में से

कोई नहीं था
शब्द की तरह
शब्द भी तो
नहीं थे वैसे
जैसे थे अर्थ

अर्थ की तरह
तो
कोई भी
नहीं था।

"यह दार्शनिक कविता है।" उन्होंने कहा। "देखिए, रात में जो कविताएँ आती है, वो रील की तरह आती हैं। बहुत लाड़ली होती हैं। अगर तुरत-फुरत उनका स्वागत न किया जाए तो सबेरे तक उड़ जाती हैं।" कह कर वे लौट गए। मैं देर तक उनकी इस टिप्पणी पर सोचता रहा।

18-12-91 : रात 9 बजे

एकान्त श्रीवास्तव और माँझी अनन्त (युवा हिन्दी कवि) रायपुर के कोमा गाँव से आए हैं। एकान्त तो जब-तब आ ही जाता है माँझी पहली बार आया है। कोयले के रंग से मिलता-जुलता है उसका रंग। कद नाटा। आकृति आदिवासी, पर काफी गम्भीर और अल्पभाषी। शोध के दौरान एकान्त मेरा छात्र भी रहा पर वह मेरा सबसे कम उम्र का दोस्त भी है। ये दोनों आ गए हैं तो मैंने अपनी छात्रा श्रद्धा को भी बुला लिया कि काम में मदद करेगी। सब एक साथ भोजन पर बैठे तो श्रद्धा को लक्ष्यकर बाबा ने कहा–"यह लड़की गूंगी है क्या? जी करता है उसे दो चपत लगाऊँ।" फिर एकान्त को सुनाते हुए बोले–"अब वो एक लड़की थी जिसका नाम था सविता। बाहर लोग मुझसे पूछते हैं कि वो जो विजय बाबू के साथ जीन्स पहन कर आती थी, क्या हुआ उसका, कहाँ गई, तो मैं सुनता रहता हूँ। वो है कि इधर से ही ट्रेन से गुजर जाती है, इनकी तरफ झाँकती तक नहीं। ऐसे लोगों को तो ये सिर पर उठा कर चलते हैं। क्या थी वो, राई का पहाड़ बना कर खड़ा कर दिया था इन्होंने। अरे, मूर्खता की कोई हद है।" हम सब चुप होकर उन्हें सुनते रहे। खाने की प्लेटें रख दी गई थीं। पर वे रुके नहीं, बोले–"एक इनका वो दोस्त है साला शलभ। पलायनवादी है वो। भागा-भागा फिरता है। जब इनको उसके साथ की सबसे ज्यादा जरूरत है, तब वो वहाँ गाँव में जाकर बैठ गया है।" एकान्त, माँझी और श्रद्धा के साथ मैं भी उन्हें चुपचाप सुन रहा था। क्या जवाब था मेरे पास? प्लेटें सबके सामने लग चुकी थीं। दाल के लिए कटोरियाँ रखी जा रहीं थीं। उन्होंने अपना हाथ

उठाया और मुझे तर्जनी दिखाते हुए कहा—"तुम उसे (उनका मतलब शलभ से था) लिख दो, अब छह महीने और नहीं आए। मैं छह महीने यहीं मध्य प्रदेश में रहूँगा। मगर नहीं साहब। अभी आए तो ये दिल के सारे दरवाजे खोल कर बिछ जाएँगे। ऐसा ही उस लड़की का है। आती है तो इनका होश-चेत सब गायब हो जाता है। नाचने लगते हैं, उसके इशारे पर।" इतना कहकर कुछ नरम पड़े फिर भी बात खत्म नहीं की। साँस-सी ली और फिर कहने लगे—"तुलसीदास ने राम के गुणों का बखान किया है। उसमें से एक अपात्रों पर दया करने वाला गुण भी है। वो इनमें भी है। मैंने 56 से उस लड़की से जो मुँह फेरा तो कभी ताका तक नहीं उसकी ओर। वहीं दिल्ली में रहती है। पर हमारी मुलाकात नहीं होती। इन्हें तो चैन नहीं। बगैर देखे इनका मन नहीं मानता। (एकांत की ओर देख कर) इस मामले में हम शलभ को ज्यादा नम्बर देंगे। वह निवृत्त हो लेता है। कुछ भी छोड़ सकता है। कुछ भी भूल सकता है।" कह कर उन्होंने जैसी साँस ली थी, उससे हम सब सकते में थे। मैंने हिम्मत करके कहा 'खाना ठण्डा हो रहा है' तो उनकी निगाह खाने पर गई और वे गम्भीर होकर चुपचाप खाने लगे।

19-12-91 : सुबह 5.30 बजे

आज बाबा 5.30 पर ही उठकर बैठे। उनकी पीठ मेरी ओर और मुँह खिड़की की तरफ था। घुटनों पर कम्बल-रजाई, सिर पर ऊनी टोपी। धड़ वाले हिस्से पर ऊनी कोट, वही बरसों पुराना। अब तक मैंने चाय तैयार कर ली थी। उन्हें देने गया तो वे मेरी ओर गर्दन घुमा देखने लगे। चेहरे पर हल्की थकान थी। कहा—"कल श्यामाकान्त ने मीट में मसाला ज्यादा डाल दिया था। खा तो मैंने लिया, पर मेरा पेट, अब इतने मसाले का अभ्यस्त नहीं रहा। वो जो आप बनाते हैं, बथुआ वाली दाल, वही माफिक पड़ती है। रात में दो रोटी तो मैंने खा लीं पर मन नहीं हुआ कि खाऊँ।" कहते-कहते वे श्यामाकान्त (सबसे छोटे-बेटे) की शादी के बारे में गम्भीर हो गए। "अब इस बार श्यामाकान्त की माँ ने कहा—मैंने लड़की अपनी जात में देखी है। तुम वहाँ उधर विदिशा जाते हो, शादी के लिए क्यों नहीं तैयार करते? मैंने कहा—वो कोई छोटा बच्चा नहीं है।" इस वाक्य के बाद उनकी मुद्रा एक विचारक की हो उठी, "शादी कोई दो लोगों का मिलन नहीं है वह दो मनों का मिलन भी है। रुपए-पैसे से शादी कर लो तो होता क्या है। असली चीज तो मन है। मन नहीं मिले तो सब बेकार। अब श्यामाकान्त जवान है। जबरदस्ती कर भी लो तो दोनों में से कल कौन क्या करेगा, कौन कहे?" कहकर वे अपनी कटोरी में चाय डालने लगे। कप रखकर फिर बोले—"कल माँझी अनन्त को सुना। अभी वो कुछ प्रारम्भिक है। जैसे कि परात भर दाल दे दी गई हो कि तुम बैठे-बैठे इसमें से कंकड़, पत्थर चुनो।

चुनने वाले को यह भी नहीं मालूम कि वह अरहर की है कि खेसाड़ी की। बहुत सपाट है। कोई गोत्र नहीं है उसका। कोई रंग नहीं है।"

मैंने सोचा, अच्छा हुआ कि माँझी कल शाम ही जा चुका था। सुनता तो जाने कैसा महसूस करता। एकान्त भी अब तक उठ आया था। सुबह के साढ़े छह बज चुके थे। चौके में जाकर वह अपने लिए चाय बनाने लगा। मैंने कहा–'एक और बना लेना, बाई के लिए, वह आ रही होगी।' तब तक बाबा भी उठ कर आ गए। एकान्त उकड़ बैठा था, चूल्हे के पास। बाबा ने जोर देकर कहा–"तुमने कुछ गीत लिखे कि नहीं? बानबे में कम से कम पाँच गीत लिखो, लेकिन दस पंक्ति से ज्यादा के नहीं। गीत छोटा, कोमल और मधुर हो।" फिर मुझे सम्बोधित कर बोले–'सुनते हो विजय बाबू ! गीत में विद्यापति, सूर और मीरा बेस्ट (सर्वोत्तम) हैं। तुलसी बाबा तो बहक गए हैं। उनकी 'विनय पत्रिका' में तुकों की भरमार तो है, पर छाँटो तो बहुत कम अच्छे पद मिलेंगे। तुक को भ्रष्ट कैसे किया जाता है, इसको काका हाथरसी ने कर दिखाया। वहीं हाथरस में उनका जवाब निर्भय हाथरसी है। वो आदमी उनसे बेहतर है।"

मैंने महसूस किया कि इस बुजुर्ग शब्द-साधक की निगाह कितनी चौतरफी और बारीक है। कल माँझी को अपनी नापसन्दगी जताने के ख्याल से बाबा उसे कलभ कह कर सम्बोधित कर रहे थे। एकान्त ने तभी जिज्ञासा की थी, कलभ माने क्या? पर वे चुप रहे। मैंने बाद में उससे कहा–'हाथी का बच्चा।' तो वह खूब हँसा, पर डर भी गया कि माँझी जान जायेगा तो कितना अपमानित महसूस करेगा। कवि नागार्जुन कभी-कभी अपनी नापसन्दगी को इस तरह भी व्यक्त करते हैं।

सुरेन्द्र (मेरा शोध छात्र) ने एक दिन मेरी अनुपस्थिति में सब्जी जला दी थी तो बहुत नाराज हुए। पूछा–'ये कौन लड़का है भाई?' मैंने कहा–'सुरेन्द्र गुप्ता, शोध छात्र है मेरा।' तो कहा–'इसे तो कुछ भी नहीं आता। सब खाना खराब कर दिया।' मैंने कहा–'इसके पिता यहाँ आयुर्वेद के चिकित्सक हैं,' तो क्षण भर भी बिना रुके उन्होंने गुप्ता की ओर देखा और कहा–'आयुर्वेद दशानन', काफी देर तक हम लोग उनका यह विशेषण सुन हँसते रहे। सुरेन्द्र जरूर शरमाया और सकपकाया रहा। पर एकान्त पर तो उनका आशीर्वाद बरसता ही रहता है। वे उसके गाँव चलने का वायदा कर चुके हैं। इस साल नहीं, अगले साल। एकान्त का आग्रह है कि इसी साल क्यों नहीं। फिर अलग से उसने जैसे मुझे जिम्मेदार ठहराते हुए कहा–"आप चाहेंगे तो बाबा कोमा (राजिम) जरूर आ जाएँगे। नहीं आएँगे तो मान लूँगा आपका मन नहीं था।" मैंने कहा–वो कब क्या तय करेंगे, मैं भी नहीं कह सकता। फिर भी उसका दबाव मेरे ऊपर बना रहा। दिन के 10 बजे जब मैं उसे बस स्टेशन छोड़ने गया

तो बस पर बैठते-बैठते भी उसने यही आग्रह दुहराया–'बाबा को किसी भी तरह कोमा ले ही आना है आपको। इसी बहाने आपका भी आना हो जायेगा।' फिर उम्मीद में प्रफुल्लित होकर कहा–"बाबा अभी भी कितनी जीवन्तता दिखाते हैं।" मैंने कहा–"दिखाते हैं या हैं। तुम ऐसा क्यों कहते हो?" उसे अपनी चूक महसूस हुई है। फिर सहज हुआ और कहने लगा–"माँझी अनन्त को देखकर उन्होंने कहा कलभ है यह।" फिर कहा–'इससे शलभ का तुक मिल जाता है।' मेरी ओर इशारा करके आगे कहा–"तुम्हें भी दोनों प्रिय हैं शलभ भी और कलभ भी।" एकान्त यह सब याद कर हँसने लगा। उसे याद आया, कैसे 1982 में शलभ जी ने उसे दुर्ग के कवि किशोरों के बीच से पहली बार छाँटा था और सबसे पहले छापा था–'नया विकल्प' में।

16-12-91

आज हरदा जाना था। नरेन्द्र मौर्य और प्रेमशंकर रघुवंशी का बुलावा था। बाबा नरेन्द्र मौर्य को पढ़ चुके थे। प्रेमशंकर को विदिशा के दिनों से ही जानते थे। अब वे वहाँ शास्त्रीय महाविद्यालय के हिन्दी विभाग में हैं। सुबह से ही सामान बाँधने की तैयारी में लगे थे वे। साथ मुझे ही जाना था। अमृतसर दादर एक्सप्रेस थोड़ी लेट थी। फिर हम समय से स्टेशन पहुँच गए। समय से आधा-पौना घण्टा पहले निकलने का उनका नियम बरसों से देखता आ रहा हूँ। गाड़ी आई तो बैठने की जगह तो मिल गई पर लेटने की नहीं मिल सकी। हरदा तक आरक्षण की भी कोई व्यवस्था सम्भव नहीं दिखी। मैं रास्ते भर चिन्तित रहा कि कहीं थक न जाएँ और मूड की ऐसी तैसी हो ले। इसी ख्याल से भोपाल स्टेशन पर कुछ संतरे और अमरूद खरीदे। संतरे छील कर दिए तो कहा–'उँह, खट्टे हैं। आप भी, इतनी उम्र हो गई, अभी संतरे खरीदना नहीं जानते।' मैंने कहा–'अमरूद ले लीजिए।' बेमन से कहा 'नहीं। रखे रहने दीजिए। वहीं झोले में।' झिड़की-सी देते हुए कहा और 'इंडिया टुडे' के पन्नों में खो गए। हरदा तक की चार-पाँच घण्टे की यात्रा बैठे करनी पड़ी उन्हें आज।

हरदा 5 बजे शाम के आस-पास आया। हम लोग पिछली बोगी में थे। नरेन्द्र मौर्य, रघुवंशी और कवि माणिक वर्मा स्टेशन आए थे। हरदा का प्लेटफार्म काफी ऊँचा है, लम्बा भी। इस छोर से उस छोर तक पैदल चल कर ही बाहर निकलना था। सीढ़ियाँ चढ़ने से बाबा की थकान कुछ और बढ़ जाती। वे आज काफी थक चुके थे। प्रेमशंकर रघुवंशी के यहाँ चाय हुई। बाद में उनके कमरे का दरवाजा खुद बन्द करके मैं नरेन्द्र मौर्य के यहाँ आ गया प्रियंका नर्सिंग होम। डॉ. श्याम सुन्दर मिश्र पहले से वहाँ विराजमान थे। हरदा महाविद्यालय के हिन्दी विभागाचार्य और प्रलेस के महत्वपूर्ण सदस्य। भाजपा सरकार ने जब से उन्हें जबलपुर से हरदा कॉलेज में ला पटका है, वे नर्सिंग होम के इसी कमरे में अपना

डेरा डाले हुए हैं, पिछले छह महीनों से। नरेन्द्र में यह सहृदयता खूब है। फिर वह समर्थ भी तो है। पर समर्थ तो और न जाने कितने लोग हैं, क्या ऐसी और इतनी सहृदयता भी किसी कोने बची है उनके पास? कइयों के पास तो रत्तीभर भी नहीं। यह अलग बात है कि आपसे उनका कोई स्वार्थ हो और स्वार्थ पूरा होने तक वे आपको जानते-मानते रहें।

थोड़ी देर में हम सबके पुराने कवि मित्र नईम भी देवास से आ गए। कहने को तो वो प्रगतिशील बिरादरी के हैं पर कई संक्रांतियों के बीच उनका पक्ष घनघोर व्यावहारिक और नैतिकवादी रहा आया है। नरेन्द्र ने हरदा में नईम का अभिनन्दन रचा हुआ था। माणिक वर्मा की पहली कविता पुस्तक का विमोचन भी इसी के साथ जोड़ दिया गया था।

रात की बातचीत काफी विचारोत्तेजक थी। हम सब के हाथ में ह्विस्की के गिलास थे और दिमाग में सोवियत गणराज्य के पतन के बाद की चिन्ता। गोर्बाच्योव न नायक साबित हो पाए थे, न खलनायक। फिर भी वे एक विवादग्रस्त अविस्मरणीय राजनेता तो साबित हुए ही। कुछ-कुछ अपने विश्वनाथ प्रताप सिंह की तरह के ट्रेजिक और ऑयरनिकल हीरो। दोनों एक से साबित हुए। लगभग जितनी आशाएँ थीं, जनता के मन का उल्लास था, नाटकीय पटाक्षेप के साथ विषाद और क्षोभ में बदल गया। निराशा ही निराशा। फिर भी कुछ अच्छा होने की उम्मीद। हमने महसूस किया कि भारत को अब अपना रास्ता ढंग से खोजना और तय करना पड़ेगा।

बातें तो कविता और कहानी पर भी हुईं। नईम और मैंने अपनी-अपनी कविताएँ सुनाईं। अंत में नरेन्द्र की लेखकीय निष्क्रियता काफी तेजी से चर्चा में रही। नशे में वह क्षोभ और आत्मग्लानि के साथ काफी खूबसूरत दिखता रहा। बरसों कुछ न लिख पाने का दुख उसे घेर चुका था। वह हम सबके बीच स्वयं को आहत महसूस कर रहा था आज।

20-12-92 : हरदा

दिन के दो बजे बाबा के सम्मान में गोष्ठी थी। लगे हाथ बहती गंगा में हाथ धोने की तरह कवि माणिक वर्मा के प्रथम काव्य संग्रह 'महाभारत जारी है' का विमोचन भी। माणिक ने इसके लिए कुछ पैसे दिए थे आयोजकों को। नरेन्द्र का आग्रह था कि नईम का अभिनन्दन भी कवि श्री नागार्जुन के ही हाथों हो जाय। नईम उसके प्रिय हैं, आदरणीय भी। इन तीनों के साथ मुझे भी सभा का अध्यक्ष बना कर मंच पर बिठा दिया गया। बड़ा अजीब-सा मेल रहा। हरदा के आस-पास के निमाड़ी लोक नर्तकों के नृत्य से कार्यक्रम का शुभारम्भ हुआ। नृत्य के पहले उन लोगों ने सकल समाज को प्रणाम किया। प्रत्युत्तर में बाबा ने भी उन लोगों को प्रणाम किया।

बाबा को बोलने को कहा गया। वे तब तक नृत्य देखने के बहाने मंच से उतर नीचे श्रोताओं में जा बैठे थे। वहीं से उठे और बोलने लगे—"राजनीतिज्ञ मैदान खराब कर रहे हैं। अब जनता ही इसे ठीक करेगी। जनता पर से हमारा भरोसा उठा नहीं है। रूस में पार्टी का फोड़ा पक गया था। मवाद काफी भर चुका था। गोर्बाच्योव ने उसमें नश्तर मार दिया। पर इससे चिन्तित होने की जरूरत नहीं। वहाँ की जनता खुद अपना भविष्य तय कर लेगी। जनता को राह खोजना आता है।" फिर वे पलटे और कहने लगे—"लोग कहते हैं कविता का युग खत्म हो चुका है। मैं कहता हूँ, कविता का युग कभी भी खत्म नहीं होता। वो जो हमारे पड़ोस की छोटी-सी बच्ची है, कविता उसमें है। कविता कभी खत्म नहीं होती, हमारे प्यार में, हमारी भावुकता में, जानदार लगावों में वो हमेशा जिन्दा रहेगी।" कहकर उन्होंने अपना वक्तव्य समाप्त किया। उनकी साँस कुछ-कुछ भरने-सी लगी थी। वे वहाँ श्रोताओं के बीच बैठे रहे।

सभा में मैं भी बोला, अध्यक्ष के तौर पर। मैंने कहा—"जब धरती कीचड़ और पानी में निमग्न थी, महावाराह ने अपने थूथन में टाँग कर उसे बचाया था। नागार्जुन की कविता भी समकालीन विश्व में यही भूमिका निभा रही है। विश्व गले-गले तक अनाचार के अन्धकार में डूब गया है। कीचड़ और धुएँ की कोई कमी नहीं है। दुनिया में। आग मूतने वाले बढ़ गए हैं। नागार्जुन अपने काव्य-पौरुष से मूल्यवान मूल्यों की रक्षा में लगे हुए हैं। वे उन पुराने मूल्यों को भी बचा रहे हैं जो परम्परागत ऐतिहासिक आदर्शों की याद दिलाते हैं। कुछ नये जीवन आदर्शों की कल्पना भी कर रहे हैं, जिसकी ओर समकालीन समाज को बढ़ना चाहिए। मानुष-सत्य वाला भाव ही उनका प्रमुख निर्णायक भाव है। वे हमारे समकालीन काव्य के महावाराह हैं।"

गोष्ठी के बाद देर तक लोग बाबा से चर्चारत रहे। वहाँ भोपाल, होशंगाबाद की तरह 'एकलव्य' का कार्यालय भी है। चाय पीने का आग्रह उन साथियों का था। बाबा की थकान देखते हुए चाय तो रघुवंशी जी के यहाँ पी गई। मैं 'एकलव्य' के साथियों के साथ उनके कार्यालय गया। वहाँ हम सब लोगों की किताबें उनके पुस्तकालय में थीं। देखकर खुशी हुई।

'एकलव्य' के काम करने का तरीका मुझे हमेशा अच्छा लगता है। पहले लाल्टू (हिन्दी कवि और कथाकार) इसी में थे और कैरन (महिला चित्रकार और लाल्टू की विदेशी पत्नी) भी। नागार्जुन समारोह में दोनों ही विदिशा आए थे। कैरन के रेखाचित्रों की पहली प्रदर्शनी भी इसी अवसर पर हुई थी। मन में यह कृतज्ञता भरी याद भी थी। लाल्टू विदेश चले गए थे कुछ दिनों के लिए। अब लौटकर

पंजाब विश्वविद्यालय के रसायन विभाग में पढ़ाने लगे हैं। 'एकलव्य' में शामिल नौजवान कितने समझदार और समर्पित किस्म के लोग हैं, मैं सोच रहा था।

बाबा को दो-चार दिन अब हरदा ही रुकना था। वे जल्दी-जल्दी भागा-दौड़ी नहीं करते। मैं 23-12 को पंजाब मेल से लौट आया। यात्रा में प्लेटफार्म पर एक नौजवान मिला। उसमें एक किशोर कमनीयता थी—संतोष पाराशर। कहा—'आप मुझे नहीं जानते। पर मैं आपको कई सालों से जानता हूँ। आप मेरे स्कूल में आए थे। अपने भाषण में जो कहा था, वह सब मुझे अब तक याद है। आपने कहा था, आदमी को तेली के बैल की तरह नहीं जीना चाहिए। उसे हर दिन एक नया कदम रखना चाहिए। भवानीप्रसाद मिश्र की कविता भी आपने सुनाई थी 'कुछ लिख के सो। कुछ पढ़ के सो...तू जिस जगह जागा सवेरे/उस जगह से बढ़ के सो।' उसकी बात सुन मैंने समझा कि शब्द कितना काम करते हैं, अगर वे सही मन से कहे जाएँ तो। विदिशा वाली पट्टी, हरदा वाली पट्टी से तुलनात्मक तौर पर काफी गर्म है। खण्डवा भी प्रायः गर्म ही रहता है। निमाड़ का पठार तो है ही। तपता रहता है। विदिशा जलवायु की दृष्टि से ऐसा नहीं है। यहाँ थोड़ी ज्यादा ठण्ड किन्तु कम गरमी पड़ती है। इतनी कम कि अपने गाँव जयमलपुर, जिला फैजाबाद, उत्तर प्रदेश लौटने का मन कम से कम मई-जून के महीने में अब नहीं ही होता। फिर भी शादी-ब्याह आ पड़ने पर तो जाना पड़ता ही है।

29-12-91

बाबा आज शाम लौटे हरदा से। उनके चेहरे पर न तो बहुत ज्यादा खुशी थी, न बहुत ज्यादा अप्रसन्नता ही। ऐसा लगा, हरदा उनके लिए 'सो-सो' रहा। उनकी प्रसन्नता-अप्रसन्नता का कारण बहुत महीन और गम्भीर रहता है। उसे पकड़ना आसान नहीं। उन्हें छोड़ने रघुवंशी के फुफेरे भाई नरेन्द्र रघुवंशी आए थे। रसायन में स्नातकोत्तर कर रहे हैं। काफी समझदार लगे। मैं उन्हें शहर घुमाने ले गया। फिर देर रात झेलम से वे वापस चले गए।

बातचीत के क्रम में नरेन्द्र रघुवंशी ने बताया—'मौर्य (नरेन्द्र) साहब क्रिस्टल क्लियर आदमी हैं। पर हमारे भाई साहब में सफाई नहीं। उनकी हर बात में अस्पष्टता और गैर जरूरी सावधानी रहती है। एक अधूरापन भी, जो साथ रहने वाले को देर-सवेर पता चल ही जाता है।' मैं रघुवंशी के बारे में सोचने लगा। मैंने सोचा, किसी को बहुत बाद में बदला भी नहीं जा सकता। उसकी अपनी आदतें उसके स्वभाव में पक चुकी होती हैं। हमीं क्या अपने को बदल पाए? हाँ, कम उम्र के लोगों के साथ यह बात नहीं। उन्हें बदलने की प्रक्रिया में हमेशा से डाला ही जाता रहा है और वे बदलते भी रहे हैं। पर मैंने यह बात नरेन्द्र रघुवंशी को नहीं कही। प्रेमशंकर रघुवंशी जैसे हैं, उन्हें उसी रूप में देखना

होगा। उसके इस रूप से कुछ खास बनने-बिगड़ने वाला भी क्या है, मैंने सोचा। नरेन्द्र को स्टेशन छोड़ रात देर से लौटा तो बाबा गहरी नींद में थे। उन्हें तत्काल नहीं जगाया।

थोड़ी देर बाद खाने के बहाने आवाज दी। वे रजाई और कम्बल में लिपटे मुँह ढाँके सो रहे थे। कुनमुनाए और खाना न खाने का इशारा कर फिर सो गए।

1-1-92

पिछले दो दिन उन्हें थकान मिटाने में लग गए। ज्यादातर दोनों दिन वे चुप ही रहे। आज भी सुबह कोई खास-बातचीत नहीं हो पाई। पर कॉलेज से लौटा तो उन्होंने कहा—"सुनिये विजय बाबू। आज पहली तारीख है न? कुछ मिठाई-विठाई खाई जाए। क्या लाएँगे आप?" मैंने कहा—"छेने की।"

"ठीक है। वही लाइएगा।" उन्होंने सहमति दी। फिर कहा—"और हाँ, मेरे लिए एक डायरी भी।"

मैं बाजार गया तो डायरियाँ चुनने में काफी दिक्कत हुई। उन्हें कौन-सा रंग और आकार पसन्द आएगा, मैं इसमें उलझ गया। फिर दो-तीन रंग की एक साथ उनके चुनने के लिए उठा ले आया। उन्होंने वही चुना जो मैं सोच रहा था। मिठाई लाकर फ्रीज में रख दी। शाम को खाई जाएगी, ऐसी राय बनी।

वे कमरे में खिड़की के पास बैठे थे। दिसम्बर की ठण्ड के बाद वह जनवरी 92 की पहली सुबह का पहला दिन था। वक्त लगभग ग्यारह-साढ़े ग्यारह का। खिड़की से काफी गुनगुनी धूप आ रही थी। कवि नागार्जुन कुलही और कोट में थे। मुझे इशारे से बैठने को कहा। आज उनका मन कई दिनों बाद बातचीत के लिए कुछ-कुछ कुलबुला रहा था। मेरे तख़्त पर बैठते ही उन्होंने कहना शुरू किया—"अपने यहाँ ये पण्डित वर्ग भी खूब रहा है। कहा—'दरबार में जाने से कुछ नहीं तो मदोन्मत्त नर्तकी का रूप देखकर आँखें तो सिंकती हैं।' काम की संतुष्टि भी तो कई प्रकार से होती है। यह भी एक प्रकार का भोग ही है न? तान्त्रिक ने तो इससे आगे बढ़कर कहा कि घर और जीवन में द्वितीया की जगह रहनी चाहिए। घड़ा भर शराब रहनी चाहिए। यानी कि मुद्रा और मदिरा का सेवन होते ही रहना चाहिए। लिंग और भग के संयोग के बिना जीवन में न तो ऊर्जा है, न आनन्द।" वे शायद आगे भी कुछ और कहते तभी मैंने उन्हें टोका—"क्या आप मानते हैं कि हमारे समाज ने इसे मंजूर किया कभी?"

"अहँ। मंजूर नहीं किया कभी भी। पर भीतर ही भीतर यह सब चलता रहा, दो नम्बर के खाते की तरह।" उन्होंने स्पष्ट किया।

"आप कैसा जीवन जीना पसन्द करते हैं?" मेरा अगला सवाल था।

"अरे हम तो निवृत्तिनाथ हैं। पर खाली निवृत्ति से कुछ नहीं सधता। प्रवृत्ति पहले जरूरी है। जो भोगेगा ही नहीं, वह त्याग भी क्या करेगा। बिना भोग के त्याग सबसे बड़ा ढकोसला है।" उनका उत्तर था।

"यही तो उपनिषदों में भी कहा है।" मैंने याद दिलाया।

"तभी न अपने यहाँ वेदान्त की बड़ी महिमा है। उपनिषदों में भारतीय जीवन-चिन्तन का सार तत्व है।" उन्होंने पुष्टि की।

3-12-92 : सुबह 5.45

सुबह की चाय पीते वक्त बोले—"सती सावित्री और सीता का अपने यहाँ बड़ा गुणगान हुआ है। पर सीता मुझे अपील नहीं करती। द्रौपदी जैसी एक भी नहीं। द्रौपदी को समझकर ही महिलाओं को समझा जा सकता है। सीता को तो झेलना बहुत पड़ा। पीड़ा ही पीड़ा रही उनके भाग में। पर उसका प्रतिकार कहीं नहीं है। द्रौपदी ने तो प्रत्येक अपमान को खूँटे से बाँध कर रखा।" फिर वे अपने समय में लौट आए—"जानते हैं आप? महिलाएँ वियोग और अपमान में से वियोग का वरण तो कर लेंगी पर अपमान को बर्दाश्त नहीं कर पातीं। वे धीरे-धीरे इसका बदला लेती हैं। जैसे-जैसे उनकी समझदारी बढ़ती जाती है, उनके प्रतिशोध का रूप और गहरा होता जाता है।" इतना कहकर वे चुप नहीं हो गए। आगे भी कहा—"आप यह भी समझिए कि महिलाएँ सती धर्म को मनोविज्ञान के स्तर पर कभी भी स्वीकार नहीं करतीं।"

"किन्तु सतीत्व की महिमा तो बहुत गाई है" मैंने कहा।

"वो तो पुरुषों की बदमाशी है। पुरुष तो बहुत चालाक रहा है न? वह अपमान को लाँघ जाता है। स्त्री ऐसा नहीं कर पाती। वह या तो बर्दाश्त कर लेती है या फिर बदला लेती है।"

मैं समझ रहा था, बाबा मुझे समझा भी रहे हैं और सचेत भी कर रहे हैं। इन दिनों वे मुझे लेकर काफी चिन्तित जो रहे हैं। मैं ठीक से अपना काम कर सकूँ, अपने को सम्हाले रखूँ, इसकी गहरी चिन्ता उन्हें मथे दे रही है। सिलाकारी जी को भी उन्होंने यह कहा रखा है कि "विजय बाबू को सम्हालिये, यही मित्र धर्म है।" उनके इस व्यवहार से लग रहा था कि मेरी चिन्ता करने वाले पितृतुल्य लोग अभी भी हैं।

4-1-92

आज गंजबासौदा जाना था। लाल बहादुर शास्त्री कॉलेज में कवि नागार्जुन का सम्मान था। वे लोग महीने भर से आग्रह कर रहे थे कि बाबा एक बार वहाँ आएँ। बड़ी मुश्किल से हामी भरी। कॉलेज अपना रजत जयंती समारोह मना रहा था।

सुबह ही से तैयारी शुरू थी। झोला, किताबें, 'गगन घटा घहरानी' वाला उपन्यास (धनबाद से प्रकाशित 'कतार' के अंक के साथ प्रकाशित)। पढ़ने वाला वो शमशेर जी टाइप रीडिंग ग्लास। शमशेर जी ने उज्जैन यात्रा में बाबा को बताया था कि यही ठीक रहता है। तब से चश्मे की जगह बाबा यही इस्तेमाल करते हैं। उसे भी झोले में रख लिया। गाड़ी 9 बजे थी। सविता को पहले से खबर थी ही। स्टेशन पहुँचे तो पहले पंजाब मेल आ गई। सविता उसी से उतरी तो हम सब लोगों को लिवा कर उसी डिब्बे में चढ़ गई। कुन्नू भी साथ था। उसका असली नाम नक्षत्र है। अब भोपाल जाकर वह अमन हो गया। देखते ही मेरी गोद में आ गया। मैं काफी देर तक उसे गोद में लिए खड़ा रहा। फिर थक कर नीचे उतार दिया तो सविता की गोद में चला गया। बाबा को भीड़ के बावजूद एक जगह बिठा दिया गया था पर उनका मूड गाड़ी बदलने से खराब हो चुका था। उन्होंने सविता से हाल-चाल तक नहीं पूछा। चुपचाप बैठे बासौदा आने का इन्तजार करते हरे। आधा घण्टे में स्टेशन आ गया। उतरे तो लेने वालों में से कोई भी नहीं था। सब बिलासपुर पर आने वाले थे, जिसे पंजाब मेल के बाद आना था। हुआ भी यही। सविता गाड़ी से उतरते ही अपने रिक्शे पर बैठ जल्दी से कॉलेज चली गई। कुन्नू मेरे साथ रह गया। वह आया ही मेरे लिए था। वहीं प्लेटफार्म पर बाबा की कुबरी से छेड़छाड़ करता, उन्हीं से खेलता रहा। उसे उनकी दाढ़ी से खेलने में खूब मजा आता है। पहले तो उनकी दाढ़ी उसे लुभाती थी। अब तो उस के नोचने में कुछ ज्यादा ही जोर आ गया है। बाबा इसका मजा भी लेते हैं जब-तब। पर मूड न होने पर खीझते भी कुछ कम नहीं हैं।

कार्यक्रम दस बजे से था। पारस दासोत (चित्रकार और लघु कथाकार) उसी कॉलेज में भूगोल के प्रोफेसर और विभागाध्यक्ष हैं। थोड़ी देर बाद स्टेशन पहुँच बाबा को अपने घर लिवा ले गए। वहाँ से वे सब कॉलेज आए। कार्यक्रम काफी उबाऊ था। संचालन का कोई अनुभव नहीं। बाबा का परिचय देने के लिए मुझे खड़ा किया गया तो कुन्नू मेरी टाँगें पकड़ मेरे पीछे खड़ा हो गया। सविता श्रोताओं में सामने बैठी देखती रहीं। सब यही देखते रहे कि कुन्नू से मेरा इतना गहरा रिश्ता कहाँ से है? बाबा ने कुछ ज्यादा नहीं कहा। 'पाँच पूत भारत माता के दुश्मन था खूँखार' वाली कविता सुनाई। पहली ही कविता में उनकी साँस भरने लगी।

फिर 'कलाकार ने फिर-फिर सोचा। अगर कीर्ति का फल चखना है। आलोचक को खुश रखना है।' जैसी छोटी रचना सुनाई। थोड़ा रुक कर 'कालिदास सच-सच बतलाना' पढ़ने लगे। काव्य-पाठ बहुत बेमन से किया उन्होंने। कॉलेज के वातावरण में बाबा को आन्दोलित करने वाली कोई बात नहीं दिखी शायद। इसलिए उनका मूड उतरा हुआ था। काव्य-पाठ के बाद वे पारस दासोत के घर आकर धूप में बैठ गए। मैंने अनुभव किया कि आज वे कुछ ज्यादा ही थके हुए हैं।

शीत की ऋतु और दमा के पुराने रोगी कवि नागार्जुन। लाग-डांट तो लगी ही रहती है। फिर आज सुबह तो उनका नाश्ता भी प्रयोग-प्रयोग में मुझसे बिगड़ गया था। मैंने गेहूँ के आटे में मक्के का मिला दिया था। रोटियाँ कुछ खुश्क और जरूरत से ज्यादा मोटी हो गई थीं। उन्होंने डाँटते हुए कहा '—क्या आज ही सब प्रयोग करना था आपका' तभी से उनका मूड खराब था। फिर बिलासपुर एक्सप्रेस की जगह पंजाब मेल पर दौड़ कर बैठने से भी उखड़ा। स्टेशन पर बैठ कर कुछ देर तक इन्तजार करना पड़ा तो रहा-सहा भी चौपट हो गया। यानी कि दस-ग्यारह तक बिगड़ता ही चला गया।

प्रोग्राम के बाद सविता तो तीन बजे वाली गाड़ी से भोपाल लौट गई। कुन्नू मेरे ही साथ रह गया। बाबा दासोत जी के यहाँ रुक गये। सागर से विनय गोखले (शोध छात्र और युवा कवि) आ गया था। मैं उसे लेकर विदिशा आ गया। कुन्नू तो मेरे साथ ही था।

5-1-92

बाबा आज लौटे अमृतसर दादर एक्सप्रेस से साढ़े दस पर। बासौदा में उनकी भेंट शंकर पुणातांबेकर से स्टेशन पर ही हो गई थी। पुणातांबेकर जी उतरे थे पंजाब मेल से, उसी कॉलेज के प्रोग्राम के लिए। बाबा उसी वक्त अमृतसर-दादर से विदिशा लौट रहे थे। उन्हें एक नौजवान छोड़ने आया था। तुरंत ही पैसेंजर से वापस भी चला गया। मैं भी आज कॉलेज से जल्दी ही लौट आया था। कुन्नू तब तक अपने दोस्त-अट्टू (व्योमशक्ति निगम) के साथ खेल रहा था। अट्टू भी आज उसके कारण स्कूल नहीं गया। दोनों फोन पर खूब बातें करते हैं।

बाबा आते ही धूप में बैठ गए। थकान तो थी ही, फिर भी आँखों में आश्वस्ति का भाव था। कुन्नू दौड़ कर आया और उनके घुटने को अपनी उँगलियों से कुरेदने लगा। उन्होंने मजा लेते हुए डाँटा 'हं...क्या करता है? बड़ा बदमाश है। भाई अरे। इसे पकड़ो। मैं कोई खेल की चीज हूँ क्या?' बचने से ख्याल से उन्होंने अपनी कुबरी उसे थमा दी तो वह उसी में उलझ गया। बाबा ने मुक्ति जैसी महसूस की।

7- 12-92

तीन रोज बाद शाम की गाड़ी से सविता आई तो बाबा ने कोई बात नहीं की। कुन्नू उसके साथ भोपाल जाने को राजी नहीं हुआ। फिर उसे रुकना ही पड़ा। शाम सात बजे के आस-पास बाबा ने मुझे बुलाकर कहा—"देखो, मान बहादुर की चिट्ठी आई है न? मुझे पढ़कर सुनाओ। मैं एक बार उसके गाँव जाना चाहता हूँ।" मैंने कहा—"उन्होंने आपको बुलाया है। लिखा है कि बाबा जब चाहे आ सकते हैं। उन्हें खुशी होगी।"

"हाँ। लेकिन तुम कब चलोगे?" उन्होंने मुझसे पूछा।

"सर्दी ज़रा ज्यादा ही पड़ती है उधर। इसलिए फागुन या चैत ठीक रहेगा। पर उस वक्त मुझे छुट्टी नहीं रहती। अगर आप क्वार का प्रोग्राम तय करें तो अच्छा रहेगा। क्वार में धान के खेत महकते रहते हैं। पूरा सिवान बाजरे, अरहर और गन्ने की फसल से भरा रहता है। धरती एकदम हरी कच। वही मौसम ठीक रहेगा।" मैंने कहा।

"तो तुम उन्हें लिख दो कि हम लोग अगले क्वार में आएँगे।" बाबा ने कहा।

सविता पलंग पर बैठी कुछ पढ़ रही थी। बाबा ने जैसे उसका कोई अस्तित्व ही स्वीकार नहीं किया। काफी नाराज़ दिखे। वह इस नाराज़गी को भाँप तो गई थी पर करती भी तो क्या। सुबह उसके जाते ही बाबा ने कहा—"देखिए! झगड़े से या मनमुटाव से सम्बन्ध एकदम से खत्म नहीं होते। अगर आप सचमुच भीतर से जुड़े हैं तो लाख झगड़े होंगे, पर विश्वास टूटेगा नहीं। सम्बन्ध बने ही रहेंगे। टूट गए तो समझिए स्वार्थ था। नाटक था।" मैं उन्हें सुनता रहा। इस बार वे इस मुद्दे पर काफी चिन्तित और गम्भीर थे। हर तरह से मुझे सम्हाल रहे थे। मेरे पिता अठासी में गुजरे चौरासी की उम्र में। पर उन्होंने मेरे जीने-रहने के ढंग पर एक प्रकार से चुप्पी-सी अख्तियार कर ली थी। मेरे अभिन्न और आत्मीय रघुनाथ सिंह जा चुके थे, चौथे अटैक में। शलभ से किसी ऐसी जिम्मेदारी की उम्मीद की ही नहीं जा सकती थी। बाबा को लेकर मैंने कभी सोचा भी नहीं था कि वे मुझे इस तरह का भावनात्मक संरक्षण देंगे। इस बार उन्होंने यही अनुभव कराया, जाते-जाते तक। इस बार मैं उनकी चिन्ता के केन्द्र में रह उन्हें गम्भीर किए रहा। इसका अफसोस मुझे होता रहा बार-बार।

9-1-92

बाबा को कल राजगाँगपुर के लिए रवाना होना है। आज से ही वे श्यामाकान्त के साथ अपना सामान इकट्ठा करने और बँधवाने में लग गए हैं। जाना तो उन्हें पाँच या छह जनवरी को ही था पर उन्हें उम्मीद थी कि शलभ इस बीच गाँव से आ ही जाएँगे। छह जनवरी को भी नहीं आए तो वे बहुत क्षुब्ध हुए। कहा '—अब नहीं आएगा वो साला। झाँसा देता है। आप कहते हैं, दोस्त है आपका। कैसा दोस्त है? आपने कितनी चिट्ठियाँ लिखीं उसे।' उनके मन में काफी रोष था। अगर मैं छेड़ता तो बोलते ही चले जाते। चुपचाप सुनता रहा। श्यामाकान्त सामान बाँधने में लगे रहे। कुन्नू बीच-बीच में जाता और उन्हें छूकर भाग आता। आज वे उस पर मुग्ध थे और आशीष की वर्षा-सी कर रहे थे। नेपाल से लाई काली गुरियों वाली माला उसके गले में डाल दी। खेल-खेल में जब उसने वह माला तोड़

दी तो उन्होंने मुझे पुकारा–'अरे। विजय बाबू देखिए। इसने अपना काम कर दिया।' मैं घबड़ाया। देखा तो माला बीच से टूट गई थी और कुन्नू उसे दाएँ हाथ में लिए अपने गले में डालने की नाकाम कोशिश कर रहा था। गले में डालने के लिए वह बार-बार बाबा के हाथ पकड़ इशारा कर रहा था। बाबा को हँसी आ गई। उन्होंने मुझे बुलाकर कहा–'विजय बाबू! इसे आप अपने साथ रखिए। बड़ा तेजस्वी है। इसके संस्कार बहुत सुदृढ़ होंगे। वहाँ तो यह बिगड़ जायेगा। भोपाल में क्या संस्कार देंगे इसे?' मैं उन्हें कोई आश्वासन नहीं दे सका। अपने, कुन्नू और सविता के बारे में सोचता रहा सिर्फ।

10-1-92 : सुबज 6 बजे

आज ही बाबा को अपनी बेटी के यहाँ के लिए राजगाँगपुर (उड़ीसा) प्रस्थान करना था। सुबह 6 बजे उठे तो सूचना देने के ख्याल से उन्होंने कहा–'नमस्कार' और मेरे कमरे के दरवाजे पर आकर खड़े हो गए। मैंने उन्हें रोज की तरह प्रणाम किया। तब मैं अपने बिस्तर की चादर बदल रहा था। मैंने कहा–"अभी बनाता हूँ चाय।" उन्होंने कहा "–हाँ! हाँ! आराम से बनाइए।" चाय बना कर ले गया तो मुझे बैठने का इशारा किया। मैं बिलकुल उनके बगल सटकर ठीक से बैठूँ, इसके लिए उन्होंने अपना गमछा और तकिया पीछे सरका लिया। शायद कुछ जरूरी कहना अभी रह गया था। बोले–"देखिए, शलभ के बारे में सोचता हूँ तो वह कई लोगों से बहुत अनोखा लगता है। जगह-जगह जाता हूँ तो कहता हूँ कि उसमें जबरदस्त प्रतिभा है। अब कलकत्ता में बहुत लोग कविता लिखने वाले हैं पर और तरह के हैं। उनके मुकाबले में तो कोई नहीं है। आप भी रहे, पर कलकत्ता से वह नहीं ले सके–कहिए ग्रहण नहीं किया, जो उसने किया। उसकी कुछ कविताओं में एक सांगीतिकता है। कलकत्ता में तो जुलूस खूब निकलते हैं। नारे भी बड़े जोश में सांगीतिक शैली में लगाए जाते हैं। कवि और गवैया साथ-साथ चलते रहते हैं। शलभ ने इसे अपनी कविताओं में पकड़ा। और लोग नहीं पकड़ पाए..."

"एक और बात उसमें है। अपनी आवारगी और अपनी सारी गैर जिम्मेदारी के बाद, कि उसने छन्द को नहीं छोड़ा। अब आप चाहते तो हो कि कविता जनता के कण्ठ में उतरे, तो उसके लिए छन्द बहुत माकूल बैठते हैं। छन्द का मतलब यह नहीं कि आप जबर्दस्ती तुक बिठाओ। ऐसे छन्द से कोई बात नहीं बनती। मैथिलीशरण जी ने ऐसा कबाड़ा खूब किया है। एक गीत लिखना आसान नहीं है। अब वह 'धिन-धिन-धा-धमक-धमक मेघ बजे' डाँसिंग ट्यून पर है। संगीत नृत्य के लोग इसे झट से पकड़ लेंगे। शलभ में जनता के भीतर के इस संगीत का गहरा असर है। वह पकड़ लेता है, जो आप लोग नहीं कर पाए।"

"मुझे लगता है, इसमें शलभ की अव्वल दर्जे की प्रतिभा भी योगदान करती है। हममें से बहुतों के पास सिर्फआहार्या प्रतिभा है। शलभ सारस्वत प्रतिभा वाले सर्जक हैं।" मैंने कहा।

"हाँ! सो तो है। शास्त्रकारों ने कहा भी है कि प्रतिभा दो तरह की होती है। जैसा आपने कहा। सहज तो उसमें है ही, अभ्यासपूर्वक भी उसने काफी कुछ अर्जित किया है। अब बंगाल में रहकर उसने बांग्ला सीख ली। उर्दू पर उसका कमाण्ड उर्दू वालों से कुछ कम नहीं है। वह चाहता तो आप लोगों की तरह एम. ए. पी एच.डी. करके बता सकता था। पर उसने बदले में यह काम करके बताया, जो 'रेयर' है। यहाँ आप लोग उससे पिछड़ गए।" मैं उनके इस कथन से सहमत था। वे अचानक पारस दासोत पर आ गए। "अब पारस दासोत को देख कर लगता है कि जो प्राप्य था, वह प्राप्त कर गए। तृप्त हैं अब। अब उसी को छौंक-बघार कर इधर से उधर कर आह्लादित हो जाना चाहते हैं। तो भी क्या बात हुई हैं, अब शंकर पुणतांबेकर की प्रामाणिकता से तो बात नहीं बनेगी। अगर कभी बंगाल में जाकर रामकिंकर जी के पास रहे होते तो पता चलता कि कला की गहराई और उसकी साधना क्या होती है?" बाबा बहे ही चले जा रहे थे। मैंने उन्हें याद दिलाया कि समय का ध्यान अपने को आज रखना है। 'आप बताएँ कि क्या नाश्ता लेंगे?'

उन्होंने कहा "वृन्दा (युवा चित्रकार और भाऊ समर्थ की शिष्या) के पति भोपाल स्टेशन पर आएँगे न? आरक्षण तो महानगरी से है और वह गाड़ी दो बजे के बाद आती है। तब तक तो हम लोग खाना खाकर थोड़ा आराम भी कर लेंगे?"

मैंने कहा—"हाँ। सो तो होगा ही।" "तब ठीक है।"

उन्होंने कहा "वही चाय और आंवले के अचार के साथ एकाध परांठा।"

मैं उनके पास से चाय के खाली कप लेकर आंगन में चला आया। उन्होंने मुझे पीछे से आवाज दी—"विजय बाबू! सुनिये एक जरूरी बात!" मुड़कर उनके पास गया। वे जरूरत से ज्यादा गम्भीर हो गए थे। कहा—"देखिए! भवानी बाबू आपके स्नेहियों में थे। आपको काफी प्यार करते थे। आप उनकी रचनावली वाला काम कर डालिए। किसी काम को ज्यादा दिनों तक लटकाना उसके महत्व और प्रयोजन को नष्ट करना है।"

फिर उन्होंने मुझे एक श्लोक सुनाया जिसका अर्थ था, यदि कोई काम समय से नहीं किया गया तो काल उसे पी जाता है।

'सुनने के लिए भी
उतने ही सधे हुए काम चाहिए
जितना सधा हुआ मन चाहिए।
लिखने के लिए।'

– नागार्जुन

21 मार्च 91

कुछ चुने हुए पत्र

गुड़िया रानी,[1]

मुझे तेरी याद रोज आती है–बार-बार आती है। मैं तेरे को सपने में भी देखता हूँ।

मुझे पप्पी की भी याद बार-बार आती है...मैं तुम दोनों से सपने में बातें करता हूँ और कभी-कभी तुम दोनों को साथ लेकर तेरे स्कूल तक जाता हूँ। तेरी मम्मी और तेरे पापा मेरे लिए खाना तैयार करते हैं। आज ऐसा लगा कि मेरे लिए उन्होंने गाजर का हलवा और पकौड़े बनाए थे। फिर हम सभी ने गोविन्द मामा और शोभाकान्त मामा भी तो थे–नाश्ता किया साथ-साथ।

अब हम कब मिलेंगे? दो महीने बाद या तीन महीने बाद। तू बासोदा कितने दिन रही? मैं ठीक-ठाक हूँ। कभी-कभी उसी तरह खाँसता रहा हूँ...

तेरा बाबा,
नागार्जुन

दिनांक 20-3-79

प्रियवर विजय बाबू,

आपका पत्र बहुत पहले मिला था और इस खाली लिफाफे पर आपका पता डाल कर रख लिया था कि यह याद दिलाता रहे आपकी...

कल बड़ौदा जा रहा हूँ। 2 अप्रैल तक लौट ही आना है–इधर काफी काम पड़े हैं। लौटने में अपनी ओर से कोई ढिलाई न हो, इसके लिए जी को अभी 'कड़ा' बना लिया है...पाँच-सात लम्बी रचनाओं पर आप नये सिरे से ध्यान देंगे,

1. अब युवा कवयित्री चित्रासिंह, लेखक की बेटी

यह जान कर अच्छा लगा। उनमें 'हरिजन-गाथा' 'युग-बोध' में गत वर्ष प्रकाशित और यत्र-तत्र बहुचर्चित—अवश्य शामिल रहे। ऐसा मेरा अनुरोध है आपसे। फोल्डर के रूप में दो रचनाएँ अलग से भी उपलब्ध हैं, भिजवाऊँगा।

अभी-अभी 'पश्यन्ती' के ताजे अंक में एक रचना आई है। उसे आपने देखा ही होगा। वो बिहार-आन्दोलन की अवधि में रचित हुई और पुरानी कापियों से उतार कर उसे इधर प्रकाशनार्थ 'पश्यन्ती' वालों के हवाले किया गया...उस पीरियड की दो-चार रचनाएँ और भी पुरानी कापियों से उतार ली गई हैं...छपने से पूर्व ही इन्हें आप देख सकें, इसकी व्यवस्था मैं करूँगा—गुजरात से लौटने के बाद।

वस्तुतः इन सभी रचनाओं को अब संकलित रूपों में (तीन-चार संकलनों में) इस वर्ष आ जाना है। यहीं—दिल्ली के प्रकाशक इन्हें छापेंगे...इस प्रसंग में अलग से तुम्हें सूचित करूँगा।

गर्मियों में आप कहाँ रहोगे? क्या दो-एक सप्ताह के लिए (जून में) कलकत्ता जाने का इरादा नहीं है? मैं तो 15 जून के बाद बीस रोज के लिए कलकत्ता जाऊँगा—आगे या पीछे वहाँ पहुँचना तो होगा ही, क्योंकि बांग्ला में रचित अपनी कविताओं को प्रकाशनार्थ मित्रों के हवाले करना अब अनिवार्य हो उठा है...

चुनी हुई 40 बांग्ला 'कविताओं' का प्रथम प्रकाशन 'मूल बांग्ला लिपि' में ही होना है। (हमने उन्हें मूलतः बांग्ला लिपि में ही तैयार किया था...) अभी और कितना लिखूँ? तुम्हें और अधिक बोर करूँ? आपने विगत 20-25 महीनों में क्या-क्या लिखा? वो सब कहाँ और कैसे प्रकाशित होगा आदि? 'निभृत-सूचनाएँ' भी तो कभी भेजो न? और स्वास्थ्य! वो कैसा रहता है?

बस, भई, बस...

तुम्हारा,

नागार्जुन

131, टैगोर पार्क, दिल्ली-9

दिनांक 5-11-79

प्रियवर विजय बाबू,

पिछला पत्र मिला होगा। मैं 16 की सवेरे छत्तीसगढ़ एक्सप्रेस से (निजामुद्दीन से) रवाना होऊँगा। इन दिनों पिछले छह महीनों से चि. शोभाकान्त (37) निरन्तर मेरे साथ चल रहे हैं। वो भी साथ होगा ही। 15 की संध्या को हमें श्रीराम आर्ट सेंटर (सप्रू हाउस के निकट) महाश्वेता देवी के एक विशिष्ट (बांग्ला) उपन्यास (1084 में की माँ-हिन्दी रूपान्तर) पर आधारित नाटक देखना है। यह प्रोग्राम पूर्व-निश्चित ठहरा...देखना ही होगा...देखना ही चाहता हूँ—देख ही लूँगा...और अगली सुबह ट्रेन भी पकड़ना सुनिश्चित है। हाँ, श्रान्त-क्लान्त

रहूँगा। इसी से 16 वाले समारोह में शामिल नहीं हो सकूँगा। यह बात आप ध्यान में रक्खेंगे। दूसरी बात जो आपको अपने ध्यान में जमा लेनी है वो है कि यह मेरा 'दमा का अपना सीजन' ठहरा। जरा-सा अधिक दवाब पड़ते ही दम फूलने का अंदेशा लगा रहता है...आहार आदि भी इन दिनों सुनियन्त्रित चल रहा है। सूखे फुलके, उबली हुई हरी सब्जियाँ आदि। मेरे स्वास्थ्य की ऐसी स्थिति के चलते ही शोभाकान्त साथ रहने लगे हैं...क्या मैं 17 की शाम तक नहीं पहुँच सकता हूँ? क्यों नहीं! यों, मैं सावधान रहूँगा कि 16 की शाम तक ही पहुँच लूँ...हाँ, नाटक देखने के कारण उस रात कहीं नींद बिलकुल नहीं आई और फिर अगले दिन विश्राम अनिवार्य हो उठा तब तो 17 की शाम को ही पहुँचना सम्भव रहेगा...क्योंकि नाटक की थीम लगभग 'नक्सलाइट' है। यह बांग्ला का बहुचर्चित उपन्यास है। इसी से इसका मंचन देखना अपने लिए अनिवार्य मानता हूँ।

26-27 साँची वाले समारोह का तो ढंग ही निराला रहेगा—मैं उस अवसर पर कम से कम तीन 'अहोरात्र' साँची रहना चाहूँगा...यह आप 'भन्ते' जी से बतला दीजिएगा। 28 या 29 को हम इलाहाबाद के लिए कटनी वाली ट्रेन लेंगे...दिसम्बर का पूरा महीना मुझे इलाहाबाद रहना है। रवीन्द्र कालिया वाला प्रोजेक्ट मेरे कारण ही अंशतः अधूरा पड़ा है। लघु उपन्यास पूरा करके कालिया के हवाले करना है। फिर जनवरी के आरम्भ में दिल्ली वापस आ जाना है। वहाँ 15 अप्रैल तक रह कर ढेर सारे काम निबटाने हैं...बतलाऊँगा। अशोक अग्रवाल 20/- 20/- कीमतों वाले दो संकलन निकाल रहे हैं। पिछले 15 वर्षों की कविताएँ हैं इनमें...चार संकलन (पिछली कविताओं के) और भी तैयार हो जाएँगे।...

तुम्हारा,
नागार्जुन

पत्र अब आप फौरन डालो—प्रति सप्ताह एक-एक पत्र डाला करो इस अवधि में।

नागार्जुन
131, टैगोर पार्क, दिल्ली-9

7-1-80
प्रियवर विजय बाबू

अभी दिन के दस बजने वाले हैं और ट्रांजिस्टर सामने रख आपको याद करने बैठे हैं...यह भूमि तो चमत्कार ही चमत्कार दिखलाती आई है। इस बार भी वही होने जा रहा है न?

हम आज शाम को इलाहाबाद जा रहे हैं। कम से कम एक महीना वहाँ रहना है। कालिया के लिए उपन्यास पूरा करके इलाहाबाद से निकलेंगे। अधिक से अधिक 15 फरवरी तक इलाहाबाद रहना है...शोभाकान्त साथ रहेंगे। इससे उपन्यास शीघ्र पूरा होगा। होली इस वर्ष 2 मार्च को पड़ेगी। शोभाकान्त होली के दिनों में, एक सप्ताह के लिए तरौनी (दरभंगा) जाएँगे।

सम्भवतः उतना समय मुझे पटना रहना पड़े। यों, कलकत्ता जाने की इच्छा जोर मार रही है। हो सकता है, शोभाकान्त को दरभंगा रवाना करके, मैं स्वयं कलकत्ता जा बढ़ूँ महीना दो महीना..

यह सप्ताह पूरा होते-न-होते नई सरकार केन्द्र में शासन सम्भाल लेगी। ज्यादा उम्मीद तो नहीं करनी चाहिए मगर उत्तर प्रदेश, बिहार, राजस्थान, मध्यप्रदेश के मतदाता शायद मातेश्वरी का कुछ अधिक 'सम्मान' करें...9 की शाम तक तो पूरा नक्शा सामने ही आ चुका होगा।

अभी और क्या लिखूँ? कैसे लिखूँ और क्यों लिखूँ? और क्यों नहीं लिखूँ और क्या नहीं लिखूँ और कैसे नहीं लिखूँ?

वामपंथ यदि 50 सीटें खींच सका!—यों तो कल तक भाई लोग कहते थे कि 80 सीटें तो आ ही जाएँगी...यानी सी.पी.एम.—सी.पी.आई. (बंगाल, त्रिपुरा, बिहार मिला कर) वालों के प्रभाव में यहाँ के मतदाता हैं वहाँ यदि 50 भी आसन इन्हें मिल जाते हैं एक बात होगी (आँसू पौंछने लायक न)

मगर, अपन तो 'तप रे मधुर मधुर मन!' 'वाला माहौल कभी पसन्द नहीं कर सके न? यहाँ तो जड़ता का 'अचलायतन' खिसकाने के लिए छद्म वाम के इन्द्रजाल को नग्न करने के लिए सामाजिक-राजनीति सड़ांध से छुटकारा दिलाने के लिए लम्बी अवधि तक गृह-युद्ध की परिस्थिति पैदा करके आम जनता में प्रबल प्रतिरोध की अकूत शक्ति उभारने के लिए, शोषक-शासक वर्गों को आपस में ही विनष्ट होने देने के लिए नग्न फासिज्म तक की 'अगवानी' करने को उतावले हो उठते हैं कभी-कभी। बहरहाल, अति एकान्त के लिए आकुलता जोर मारेगी तो तुम्हारी यानी 'साँची' के परिवेश में रहने वाले सुहृद मित्र की याद आ ही जाएगी।

इलाहाबाद भी मुझे अब उतना पसन्द नहीं आता है...हाँ, साँची एवम् विदिशा उसकी तुलना में कहीं अधिक पसन्द हैं...

आप अभी कार और स्कूटर के चक्कर में न पड़ना...नये ढंग की परेशानियाँ माथे चढ़ जाएँगी। इससे तो यह अच्छा रहेगा कि अपना काटेज जल्दी तैयार करवा लीजिए। विदिशा में कार या जीप या स्कूटर रखना तभी संगत होगा—आपके लिए, जब कि सप्ताह में दो बार भोपाल जाने की अनिवार्यता आ पड़े..और अनुभा के रहते अभी तो आपको इस प्रकार की असुविधा नहीं होगी न?

इलाहाबाद से लिखूँगा,

—नागार्जुन

आपका

1-1-80 इलाहाबाद-2

विजय बाबू,

हम सोमवार को (8 को) यहाँ आ गए थे। शोभाकान्त साथ रहेंगे।

निर्वाचन के बारे में कुछ कहना बेकार है, बेकार होगा—अपनी सीमित एनर्जी को बर्बाद न करके यथाशक्ति अपनी समझदारी एवम् अपनी क्षमता का उपयोग चुपचाप करते चल जाएँ...

अब तो यही आशीष हम एक दूसरे को दें न?

साहित्य सम्मेलन के अतिथि निवास में एक कोठरी ले ली है। एक महीने के लिए शायद डेढ़-दो महीने भी रहना पसन्द आए। यह सब 'मूड' पर निर्भर करेगा। लिखाई 14 से आरम्भ करेंगे। शायद 20 दिन लगें इस उपन्यास में। बीच में तीन रविवार छोड़कर। समझो कि 25 रोज। फरवरी 10 तक न! प्रस्तुत उपन्यास का नाम है 'अग्नि पुत्र'

पत्र आप इस पते से नहीं, दूसरे पते से भेजो...

द्वारा : अजित पुष्कल

9/8 कल्याणी

इलाहाबाद-3

अभी और कुछ लिखने को जी नहीं करता। लिखाई के लिए ढेर सारा सोचने के लिए मन-मिजाज को 'एकाग्र' करना ही मुख्य धन्धा है इन दिनों। दैनिक पत्र देखना छोड़ दिया है। हाँ, ट्रांजिस्टर का सहारा जरूर लेता रहूँगा। बिल्कुल ही 'लोकोत्तर' या 'आलौकिक' तो नहीं बन सकूँगा न? आशा है, स्वस्थ हो। गुड़िया, पप्पी, उषा सभी स्वस्थ हैं न?

भाई, वह कम्बल तो बड़ा ही अच्छा रहा। एक या दो और लेंगे। आप उसका पता तो भलीभांति जानते हैं न? चादरों के खोल में डाल देने से वह बड़ा ही शानदार एवम् आरामदेह हो गया है, मैं ही उसका उपयोग कर रहा हूँ आजकल...उसकी बुनी हुई दो दरियाँ भी लेने का इरादा बन गया है...

हमें दरअसल विदिशा की बड़ी याद आती है—भोपाल की याद नहीं आती...उपाध्यायजी, रघुनाथ सिंह जी, अनुभा का परिवार, हरिसिंह जी, और भट्टाचार्य बाबू...सबकी याद आती रहेगी।

नागार्जुन

आपका

28-12-1981

विजय बाबू,

आज ही लैन्स डाउन (गढ़वाल) से लौटे हैं। अब तक कितबिया सम्भावना से मिल चुकी होगी? प्रोडक्शन शानदार रहा। पुस्तक[1] का अन्तरंग तो अनूठा है ही? मैं 8 या 9 जनवरी की शाम को विदिशा अवश्य पहुँच रहा हूँ। फिर इटारसी एवं होशंगाबाद वाले बंधुओं को समय मिलेगा ही? विस्तृत पत्र दो रोज बाद डालूँगा।

नागार्जुन

131, टैगोर पार्क,

दिल्ली-9

प्रियवर विजय बाबू,

संस्कृत वाला कवि सम्मेलन (30-11) निबटा कर अब जी में आया कि आपको विस्तारपूर्वक लिखूँ...

डॉ. रा. त्रिपाठी[2] ने बतलाया—'विजय को आप पत्र क्यों नहीं लिखते? उस पर रंज है क्या?' शायद तुमने उन्हें पत्र में यह बात लिखी होगी...भाई, मैं रंज क्यों रहूँगा और सो भी किस पर? विजय बाबू पर? अकल्पनीय होगी यह बात खुद मेरे लिए भी। क्या आपने यह सोचा क्या? 18 शाम को उज्जैन पहुँचा। लगभग दस रोज पहले से ही 'कालिदास' की अगवानी में शामिल हुआ मैं। गत वर्ष ठीक इसी अवसर पर दमा की गिरफ्त में आ गया था—इस वर्ष भी अंदेशा था...गत वर्ष ही कमलेश जी को वचन दिया था। लेकिन वो वचन खाली गया...इस वर्ष हर हालत में कालिदास को अपनी समस्त रचनाएँ अर्पित करनी ही थीं...चाहने पर जगदलपुर नहीं जा सका। आरक्षण बेकार गए...इसीलिए अपनी इस काया को यहाँ डेढ़ सप्ताह पहले ही खींच लाया। वो सदर्न थी। विदिशा से 17 की सुबह निकल आई। भोपाल में प्लेटफार्म पर तीन घण्टे आपका अनुस्मरण करता रहा। बारह बजे दिन में उज्जैन वाली गाड़ी खुली...

शमशेर यहाँ थे नहीं। मेरठ गए हुए थे। लौटे हैं 23 को। मैं डॉ. पवन कुमार मिश्र के साथ 26-11 तक रहा...30 को संस्कृत में काव्य-पाठ का दौर चला। पाँच घण्टे चलता रहा। अध्यक्षता की थी नागार्जुन महोदय ने। चार रोज पहले ही इसके लिए कहा गया था। गत वर्ष ही चाहते थे। मगर आए नहीं नागार्जुन महोदय।

हमने दस-पन्द्रह ताजा रचनाएँ सुनाईं, कश्मीर में रचित और हाल वाली भी। अन्त में 'भारत भवनं मायादृष्ट्वा' सुनाई तो सभी स्तम्भित रह गए। इस रचना से

---

1. 'नागार्जुन का रचना संसार'
2. डॉ. राममूर्ति त्रिपाठी

श्रोताओं को थिरकन–पुलकन–ऊर्जा आदि बहुत कुछ मिला। यह जोरदार सटायर तो था ही जिसका अन्दाज़ा पारम्परिक संस्कृत कविता में वर्तमान समय में किसी को शायद ही हो...डॉ. रेवा प्रसाद द्विवेदी, डॉ. प्रभु दयाल अग्निहोत्री, डॉ. रमाकान्त पाठक आदि पचासों प्रथितयशा विद्वान, सहृदय श्रोताओं में थे। इस प्रकार हमें स्वयं भी परितृप्ति मिली और इन सहृदय श्रोताओं को भी। कवियों की संख्या लगभग साठ थी। पाँच घण्टे पूरे नहीं पड़े। मुझे लगी थी भूख और थक भी तो गया था।

पिछले कई महीनों से, मानसिक तौर पर, मैं उज्जैन रह रहा था। डॉ. त्रिपाठी (राममूर्ति जी) के विभाग में 'बीस-दिवसीय' नाट्य शिविर (नाट्य-प्राध्यापन–प्रशिक्षण–शिविर) चल रहा है। वो 8-12 तक चलेगा...प्रतिदिन दो सत्र चलते हैं उनके. ..'कालिदास' वाले श्रोता-समुदाय में इस बार वे नहीं थे, पहली तारीख को (1. 12 को) शिवकुमार जी मिले, वो अमृतसर से लौट रहे थे। नाट्य प्राध्यापन वाले शिविर में उनका भाषण निश्चित था किन्तु हुआ नहीं। उस दिन कोई अवकाश पड़ गया था।

इस अवधि में पत्र नहीं लिखे मैंने। कदम-कदम पर मुझे शंका होती थी, कोई विघ्न आ पड़ेगा। इस बार भी उज्जैन नहीं पहुँच सकूँगा। खैर, 30 के बाद अब जी हल्का हुआ है और आपको याद कर रहा हूँ...

'जनवादी लेखक संघ' में भैरव प्र. गुप्त जैसे दो-चार वयस्क बुजुर्ग ऐसा कुछ कर रहे हैं जिससे मैं अत्यधिक चौकन्ना हो गया हूँ। मिलने पर ही बतला सकूँगा...और सब ठीक है। अगला पत्र 8 के बाद लिखूँगा। गुड़िया, पप्पी अलग रहने लगी हैं, यह जान कर अच्छा नहीं लगा। मगर इसमें आपका तो कोई कसूर नहीं।

नागार्जुन तुम्हारा
द्वारा : शमशेर बहादुर सिंह
प्रेमचंद पीठ
विक्रम वि.वि. उज्जैन

विजय बाबू,

आपका पत्र उज्जैन में मिल गया था। मैं फौरन तुम्हें लिख नहीं पाया इसलिए कि वहाँ बेहद व्यस्तता रही–जी हाँ, शमशेर के क्वार्टर में मुझे इस बार खल गया। वहाँ सब कुछ था सिर्फ 'अनवरत एकान्त' का ही अत्यन्त अभाव था। कहने को शमशेर अकेले रहते हैं, मगर।

खैर, मध्य जनवरी में विदिशा पहुँचना असम्भव तो न होगा किन्तु आपके वे प्रयोजन (व्याख्यान आदि) मैं पूरे नहीं कर पाऊँगा...यों ही कुछ बोल देना ठीक नहीं होगा। कम से कम एक सप्ताह का अनुशीलन अपेक्षित रहेगा–और फिलहाल उतना समय मुझे मिलेगा ही नहीं।

आप मैनेजर पाण्डेय को क्यों न बुला लें? वो बहुत अच्छा बोलेंगे, बहुत अच्छा...विदिशा की साहित्य रसिक जनता पूर्णतः परितृप्त होगी...

दूसरा नाम कर्णसिंह चौहान का और तीसरा नाम तो मैं आनन्द प्रकाश का सजेस्ट करूँगा...और फिर डॉ. केदार नाथ सिंह (जे.एन.यू.) भी तो विदिशा पहुँच कर प्रसन्न होंगे...

क्या जरूरी है कि बूढ़ों को ही बाँधा जाए? कमलेश दत्त त्रिपाठी निराला पर बहुत अच्छा रहेंगे। जरा सोचिए तो...हाँ, विदिशा पहुँच कर आपके साथ दो दिन रहना तो मुझे बेहद भाएगा...यह भी क्या लिख कर बतलाने की बात है?

मैं दरअसल में, केरल जाने की उतावली में हूँ—20 और 30 जनवरी के मध्य कभी भी विदिशा से गुजर सकता हूँ। हाँ सच! बिल्कुल सच...आप, पत्र पाते ही हमारे उस पते पर (दिल्ली वाले नये पते पर) मेरे नाम पत्र ड्रॉप कीजिए ताकि 3-1 तक वो पत्र यमुना विहार वाले पते पर जरूर मिल जाए। मैं अगला पत्र अब तो दिल्ली पहुँच कर ही डाल सकूँगा। अवश्य डालूँगा। यहाँ से आपको भाई वेदव्यास का तार मिला होगा। मिला था न? मेरी आन्तरिक इच्छा थी कि आप जयपुर पहुँचकर सम्मेलन का (प्र.ले.सं) माहौल सूंघ जाते। अच्छा ही रहता...

जबलपुर का सम्मेलन ज्यादा अच्छा नहीं था—इसकी तुलना में हाँ...मिलने पर बातें करेंगे...सुविधा और नेतृत्व से लाभ उठाने की नीयत रखने वाले 'चन्दअदीब' आपको नजर नहीं आए अब तक क्या? हमें तो ये यहाँ भी नजर आए, जबलपुर में भी दिख थे।

खैर, अभी और नहीं लिखूँगा।

नागार्जुन—तुम्हारा

लखनऊ-1

द्वारा : हिन्दी संस्थान

महात्मा गाँधी मार्ग

14-12-84

विजय बाबू,

18 को कलकत्ता पहुँच रहा हूँ। यहाँ से सीधे कलकत्ता ही पहुँचेंगे इस बार...

17 को 'हिमगिरि' या 'पंजाब' लेंगे। 'हिमगिरि' सप्ताह में तीन बार ही जाती है। सुपर फास्ट ट्रेन है। और पंजाब मेल से तो आप भलीभाँति परिचित हो, हाँ, जी ऽऽऽऽ...फिर क्या हुआ?

लो, और करें अमेरिका (न्यू वर्ल्ड) की तारीफ सुधी-जन वाले!! जहरीले केमिकल्स का 'रिसाव'...भोपाल की 'सौभाग्य-लक्ष्मी' को तो फिलहाल लकवा मार

ही गया। यहाँ तो आपके और हमारे बहुतेरे 'निडर-डियर' रहे हैं, क्या हुआ बेचारों का?

भगदड़ क्या अरेरा कॉलोनी से न हो रही होगी। हाय, शिवाजी नगर से भी लोग-बाग भागने लगे क्या?

बी.बी.सी. ने कल बतलाया—लोग कम से कम अपने बाल-बच्चों को भोपाल में नहीं रखना चाहते फिलहाल...अब आपका पत्र मुझे कहाँ मिलेगा? कलकत्ता में मिलेगा। आप अविलम्ब पत्र डालो। अरविन्द से ले लूँगा। बुद्धदेव से ले लूँगा, कहाँ है? शलभ-हाँ, हाँ, वही। उसे कलकत्ता भेजो...क्या 'सारा सुख' कटनी में ही लूट लेगा साला।

द्वारा : श्री गीतेश शर्मा। जन संसार। चौरंगी रोड 19-बी/कलकत्ता-87... ठहरने की जगह यही रहेगी। अविलम्ब पत्र डालिए।

नागार्जुन आपका

विजय बाबू,

रघुनाथ सिंह उठ गए।

सहसा इस पर यकीन ही नहीं आया।

चन्द्र कुमार तारन ने सिवनी में बतलाया...

31 को विदिशा स्टेशन पर उन्होंने मुझे विदा किया था।

क्या पता था कि इस तरह वे आँखें मूँद लेंगे।

14 को दिल्ली पहुँच रहा हूँ...

अगला पत्र इधर से ही डालूँगा।

बीच में दो दिन सतना...

नागार्जुन आपका

5-12-84

विजय बाबू,

यह जो अनहोनी मुसीबत भोपाल परिसर में घटित हुई आज बी.बी.सी. ने सुबह वाले अपने प्रोग्राम में मरने वालों की तादाद 500 से ऊपर बतलाई, संत्रस्त-बेहोश आदि 5000 (पाँच हजार) से ऊपर...

'कामचोर-लापरवाह ऑफिसर, सिफारिश के बलबूते पर जब टेक्निकल-क्षेत्र में योग्यतम की भूमिका में अपने को स्थापित करने-करवाने में महारत हासिल किये हुए हैं तब ऐसे-ऐसे खण्ड प्रलय वाले महासंकट अभी और भी हमें झेलने होंगे..भोपाल के मित्रों का कुशल समाचार अविलम्ब सूचित कीजिए...

आप अगला पत्र हमें फौरन भेजो—अपनी दुकान वाले पते पर। मैं 10 दिस. को इधर से निकलूँगा, हावड़ा के लिए। सवेरे साढ़े आठ पर कालका मेल यहाँ से छूटती है। ठीक 24 घण्टों में हवड़ा पहुँचाती है। कल आरक्षण लिया जायेगा। अगला पत्र 10 के बाद ही डालूँगा। कलकत्ता पहुँच कर।

नागार्जुन आपका।

□□□

17.1.80.

गुड़िया रानी,

मुझे तेरी याद रोज़
आती है—बार बार आती है
मैं तेरेको सपनेमें भी
देखता हूं।
मुझे पप्पीकी भी याद
बार बार आती है... मैं
तुम दोनोंसे सपनेमें
बातें करता हूं और
कभी कभी तुम दोनोंको
साथ लेकर तेरे स्कूल
तक जाता हूं। तेरी
ममी और तेरे पापा

मेरे लिए खाना तैयार करते हैं। आज,
ऐसा लगा कि मेरे लिए उन्होंने गाजरका
हलवा और पकौड़े बनाए थे। फिर हम
सभीने — गोविन्द मामा और शोभाकान्त
मामा भी तो थे — नाश्ता किया साथ साथ।

अब हम कब मिलेंगे? दो महीने बाद या
तीन महीने बाद! तू बासोदा कितने दिन
रही? मैं ठीक-ठाक हूं। कभी कभी उसी तरह
खांसता रहता हूं...

—तेरा बाबा
नागा अर्जुन

नागार्जुन का गुड़िया रानी, विजय बहादुर सिंह की बेटी, चित्रा के नाम खत।